百年佛缘

百年佛缘

星云

4

僧信篇

星云大师 口述

佛光山书记室 记录

生活·讀書·新知三联书店

台湾佛光山宗委会独家授权

图书在版编目(CIP)数据

百年佛缘/星云大师著. —北京:生活·读书·新知三联书店,2013.10
ISBN 978-7-108-04720-5

Ⅰ.①百... Ⅱ.①星... Ⅲ.①星云—传记 Ⅳ.①B949.92

中国版本图书馆 CIP 数据核字(2013)第 203522 号

目录

百年佛缘 4 僧信篇

迷時師度
悟時自度

星雲

师恩高于山

有一回,我受到一位师长的责罚,
师父知道我受了委屈,遣人叫我去问话。
一番开导之后,问起我的近况,
我坦然告诉他,衣单不全,纸笔不周。
他不但没有给我丝毫安慰,
反而端起桌上的一杯茶,说道:
"你以为没有钱,我就会给你吗?
明白告诉你,我把喝茶的茶叶钱省下来给你,
你也用不完,但我就是不给你。
什么道理,我现在不说,
你将来自然会明白。"
当时,我听了师父的话,心里一直不以为然,
甚至想:"你不给我就算了,
何必讲这许多好听的话?"
直至几十年后,我终于明白师父的苦心。

出家，要亲近善知识，这是很重要的事，只是在我十二岁出家后，一直跟着年龄大我许多的学长们在栖霞律学院读书。在六年期中，我连走出山门的自由和胆量都没有，哪里能亲近什么善知识呢？不过还好的是，由于栖霞山位于“六朝圣地，千佛名蓝”的南京，是一个相当有规模的丛林道场，许多大德长者时常法驾光临，因此我也或久或暂，总算亲近过一些前辈老师。

融斋法师

在我出家后，除了家师志开上人以外，第一位亲近的师长应该就是融斋长老了。融斋法师是一位慈眉善目的老人，记得我刚剃度的时候，他把我叫到他的面前，看着我，对我微笑，跟我说：“我替你起出家法名。”因为我的师承是临济宗的支派，他就依着“湛然法界，方广严宏，弥满本觉，了悟

于栖霞山亲近之师长。左起:峻岭、志开、觉民、融齐、大本、合成等诸上人(摄于栖霞山千佛岩)

心宗”的法脉偈语,替我起名叫“今觉悟彻”,意思是:到今天觉悟了,而且要悟彻人间。

我很喜欢这个名字,一直用到即将离开大陆到台湾的时候。由于国民政府抗战胜利后返回南京,要我们报名登记领发身份证,那时我并不懂时事,也不知道局势好坏,只是正好在学习查《王云五大辞典》,有一次查到“星云团”,意思是“宇宙未形成之前,无数云雾状的星体结合,又大、又古老、又无际”。那时非常欣赏这种宽广、浩大、无边的境界,觉得很有意义,就用“星云”二字报领了一张身份证。

我到台湾时,随身所有的东西都散失了,只剩下这一张身份证藏在裤袋里;因为这一张身份证上面写着“星云”的名字,所以后来在台湾报户口,也就以“星云”为名。

那时候虽然共产党解放了南京,但是还可以通信,原本想要写信报告师父,但是很惭愧,因为身份证上的名字换了,觉得对不起师父。一直到一九五二年，我写的《释迦牟尼佛传》出版，才把这一本“释星云”著作的《释迦牟尼佛传》寄给师父，告慰师父对我的希望，并祈能获得师父谅解我换名字的苦处。

信寄出后没多久，我就收到师父的回函，他在一张香烟盒的锡箔纸上写了几个字：“不必写信，好好弘法利生。”我获信，揣摩此中，师父必定有他许多困难之处。

多少年来，每回想到师父，就会忆起融斋长老，我想家师在我剃度的这一天请他光临，为我举行起名典礼，无非是要让我感受一位佛门长老的风范。

听说融斋长老是栖霞律学院的讲座老师，但是因为我当时太年幼，无法亲近，后来我十五岁进入戒坛受戒以后，就不知道这一位长老驻锡何方，也只有常常为他祝福了。

大本法师（月基法师）

融斋法师之外，给我印象最深刻的，应该就是大本法师了。大本法师就是后来从香港到台湾的月基法师，他是江苏江都人，一九一四年出生，在东台庆隆庵出家。算起来他应该是我的同乡，但是我们从来没有互相提起过我们是扬州人，可见我们对于家乡的观念是很淡泊的。

记得那时候他在栖霞山担任律学院院长，口才流利，行止庄严，尤其他在走路时，每逢转弯处，必定先咳嗽一声，很礼貌地召告大家，我要转弯了。

当时栖霞律学院的学生依照程度，分为甲、乙、丙三班，我自忖自己的成绩，如果能进入乙班就已经算是不错了，但在最后放榜时，我竟然可以就读甲班。我想，这一定是院长大本法师为我做了功夫，或许他想到家师和他是同门法兄弟，而家师只有我这么一个徒弟在律学院读书，因此基于同门之谊，特别给我提携，加速我的成长，也算是他对家师一种友好的表现。

一九四一年春，栖霞山传戒，以我十五岁的年龄，并没有受戒的资格；但是在整个戒期中，只有我一个小孩，要放在哪里呢？家师就叫我去受沙弥戒。十五岁受沙弥戒，可以做驱乌沙弥，这是合法的。当时我也很欢喜，因为只要受过沙弥戒，可以提早出戒堂，免得受严厉的戒坛规矩限制。

可是一晃眼，沙弥戒就完成了，但我并不能出戒堂。为什么？因为一个小孩子在十方丛林里，没有人带，能走到哪里去呢？所以师父就叫人送信，嘱咐我继续留在戒堂里。后来我也就随顺因缘，继续受比丘戒，甚至圆满了菩萨戒。

在受戒期中，家母从扬州来探视，由于我和母亲分别时日已久，当然很想念母亲，希望和母亲多聚一聚。于是当天晚上，我和母亲谈话到很晚还没有回到戒堂。戒堂里发现少了一名戒子，就派人到处寻找。

记得在不远处的大本法师，他并不知道我在哪里，但他知道我母亲住的地方，就大声地对找我的人说："在我这里啦！我会送他回去！"我一听，顿时感到压在心上的那块天大石头消失了。因为在戒堂里私自出外，和母亲在一起，应该算违反戒规，是要受到处罚的，但是感谢不常相处的院长上人，他为我解除困难，所以这份恩情我一直谨记在心。

一九五四年，大本法师在香港写信给我，说他要来台湾。那时候从香港进入台湾非常困难，我自知无力完成这个使命，就请悟一法师帮忙。因为悟一法师在台北交游广阔，又是善导寺的监院，但是他回复我，说他不愿多管这件事。我想，悟一法师是大本法师的法子，应该比我更亲，为什么连助人一臂之力都要如此推诿呢？于是激起了我的豪情，我就为他奔波。没想到竟然天从人愿，不久后，他的准入证就签发下来了。

记得他是在一九五六年春天申请入台，一九五七年来到台湾，他告诉我在基隆港上岸的日期。到达以后，我跟他说，我在台湾有两个落脚处，一个是宜兰念佛会，地方很小；一个是高雄佛教堂，正在兴建中。由于他是“大本”法师，所以我都称他为“大法师”，我请他从两个地方选择其一，后来我带他到两处观察过后，他选择了高雄佛教堂。

大概是过了三年以后，佛教堂已经不像我当初在的时候那么融洽了，信徒慢慢分成很多派系，有台南派、高雄派、澎湖派。在这许多派系里，又再分为前金区派、盐埕区派、苓雅区派。我曾慨叹地说：“你们为什么要分派呢？你们硬要分派的话，那么释迦牟尼佛是印度人，你们就请他回去印度吧！”

这时候月基法师正好也有一些他自己的因缘，大概有一些信徒拥护他，要在高雄和凤山之间的五块厝，为他建一座栖霞精舍。照理那时候他应该跟我说，要把高雄佛教堂交还给我，但是他没说，只说他要走了，之后就不管佛教堂了。我想，你走了，也不说要还给我，那我也不要好了！因此就引起了后来佛教堂多年的纷争，这一段历史，也只有我们当事人知道了。

不过在一九六〇年代，我也有一些忠诚的信徒，他们一直要我到高雄来，如朱殿元、陈慈如等，他们在寿山公园旁边买了一块地建寿山寺，要交由我管理。从此我和高雄的缘分就一直延续下来，直到后来在大树创建佛光山，甚至数十年来，从寿山寺到普贤寺，再到今天的南屏别院，我和高雄的信徒，一直有着很深的法缘。

当时大本法师在栖霞精舍，我一直执弟子之礼在照顾他；承他之情，每次过年的贺年卡，以及对外的一些法会通知，上面都是写着他是住持，监院则写我“星云”的名字。

当然我并不计较称谓，我们的关系一直都很和谐，直到一九八七年大本法师圆寂以前，他曾多次住院，也都是我去照顾。我在佛光山开山时，每到农历年初一的早上，他都是我唯一搭衣持具前往拜年的长老，当时在高雄，我也只有这么一位师长了。

与就读栖霞律学院时的院长月基长老（中坐者）合影。左一为煮云法师

由于他在栖霞精舍，经常没有人替他煮饭，我甚至特地派了一个徒众叫心明，替他煮饭。这位徒弟很忠诚地奉献，为他煮了二十几年的饭菜，但是到了大本法师圆寂的时候，来接受他财产的人就很多了。所以后来栖霞精舍一直诉讼了一二十年，我也不清楚他们诉讼什么，也无暇过问，我只是忙着建设佛光山。直到今天，栖霞精舍究竟是什么样的情况，我也不闻不知了，对于大本上人最后住世的这一个疏忽，我也只能徒叹奈何了。

觉民法师

我的师友当中，接下来要说到觉民法师。觉民法师生于一九一三年，闽南佛学院毕业，在栖霞律学院担任教务主任兼佛学老师。我承其教诲，受他的恩惠最大，因为我十五岁那年，在戒期中，燃烧戒疤过分，十二个戒疤烧成一团，导致头盖骨凹陷，记忆力也消失了。因为没有记忆力，不会背书，所以每次上课时，都会受到觉民老师的责打，或是罚跪。

有一次他在打我手心时，一面打，一面呵斥，他说："你好笨喔！你要拜观世音菩萨才能开智慧啊！"每说一句就打一下。好奇怪，我当时一点都不觉得痛，本来我以为人生没有希望了，因为我很笨，念书念到下句就忘了上句，重读上一句又把下一句给忘记了，这样没有记忆力的人还有前途吗？但一听到觉民法师说拜观世音菩萨会有智慧，顿时感到人生出现了光明和希望。

可是那个时候也没有地方拜佛，平日我们除了早晚课诵以外，是不能进入大雄宝殿的。所幸学院里面有一间小礼堂，后来我就在半夜三更，偷偷地从床上爬起来，在深山古寺里，正当大地寂静时，一个小沙弥，用纯真的心礼拜观世音，一边礼拜，嘴里还一边唱着："悉发菩提心，莲花遍地生，弟子心朦胧，礼拜观世音，求聪明，拜智慧，南无大慈大悲，救苦救难，观世音菩萨。"

就这样持续每天礼拜，数月之后，我并没有见到观世音菩萨来为我摩顶，也没有得到观世音菩萨为我洒甘露；但是我忽然觉得心开意解，不但记忆力恢复，还比以前超越很多。所以在我往后的人生，不但感觉是观世音菩萨的加被，也是觉民法师这位恩师所赐。

圆湛法师

一九四四年，我转入焦山佛学院，那时候所亲近的老师当中，有芝峰法师；我曾经说过，几年当中我都听不懂他的话，我只听懂一句："不要做焦芽败种！"除了芝峰法师以外，我能听得懂、对我

栖霞山的法系。左起：达道、悟一、法宗、圆湛、超尘等法师，右一为本人

的知识具有启发作用的，那就是圆湛法师了。

圆湛法师是一个真正有学问、真正会教书的老师，那时候他为我们上《庄子》与《俱舍》，这两部真是开智慧的书，当时我为他讲说的《庄子》、《俱舍》所迷，每逢上课，他讲得笑容满面，口沫横飞，我们在下面也听得津津有味。

圆湛法师是泰州人，一九一三年生，二〇〇三年于海南岛三亚南山寺圆寂，曾任焦山佛学院院长、定慧寺方丈，同时创办佛

至海南岛三亚市参加“海峡两岸暨港澳佛教圆桌会议”，并与海峡两岸暨港澳佛教领袖共同主持“南山海上观音圣像开光大典”（二〇〇六年）

学月刊《中流》。记得他在为我们上课时，尽管有时候不修边幅，钮扣都扣错了，衣服长短不整地站在讲台上，我们也不以为怪。所以一般人讲恩师，我想这种善于教授的老师，大概都叫恩师吧！

后来和恩师一别，我就到了台湾，一直到一九八七年台湾开放准许探亲，我除了设法派人多次探望慈母、亲戚以外，也邀请圆湛、雪烦、合成、介如、本昌等法师陆续访问香港。我到香港和他们会面，也特地在香港找房子让他们居住，以便我们在那里畅叙别后的生活情况。

他们都是经历过“文革”、饱尝过大时代苦难的人。谈话中，除了诉说他们多年的辛苦，以及“文革”期间的惨状，他们尤其关心当时栖霞山寺百废待兴，希望我出资为他们兴建十一间楼，甚至远从缅甸恭请玉佛一尊供在楼中，并重修月牙池。

虽然那个时候正值佛光山开山困难之际，我也不遗余力，倾囊相助。

一九八九年，我率团从美国返回大陆探亲，先到北京，圆湛法师特地赶来北京接我。数日后，中国佛教协会要引导我们正团的七十二名团员，访问中国各名山古迹。圆湛法师要求同行，但不蒙批准，他就求助于我。我跟赵朴初会长表示，很希望圆湛法师能跟我们同行。后来我们师生在大陆名山大川同游一个月，相知更深；之后我请他到美国小住月余，我们的道情法爱又因此更加增进。

一九九五年，圆湛法师在海南岛三亚创建南山寺，这是解放以后大陆兴建规模最大的一座佛教寺庙。他就任南山寺方丈以后，曾多次来信要我前往，他不知道那时候我正因为“不被北京政府所了解”，因此不能成行。

多年期间，他不断来信催问，最后甚至跟我说：“我到海南岛来建设南山寺，就是为了你，你怎么可以一直不来呢？”这时我只好明白地跟他说：“你让政府给我一封信函，我就可以来了。”从此他再也没有催促我前往海南岛了。

后来得知圆湛法师生病的消息，我曾派在香港弘法的弟子满莲多次前往探病。一直到他圆寂之后，二〇〇六年国家宗教事务局局长叶小文，特地用专机从香港把我带到海南岛三亚。看到南山寺，风光明媚，景色宜人，但是圆湛法师已经不在了！物换星移，不胜唏嘘，万分慨叹之余，我只有在南山寺亲手植了一棵树，借以纪念恩师。

圣璞法师

在我的老师当中，有两位年轻的师长，他们的教学很令人感动，一位叫圣璞法师，一位叫合成法师。

当我在焦山佛学院就读时，圣璞法师刚以学长的身份出来教书，他为我们教授国文。有时候上作文课，他不出题目，任我们撰写，给我们自由发挥的空间。如此新潮的作风，在当时真让我们这群青年学生有耳目一新的感觉，因为过去学生的作文，都像八股文章，一切都有既定的模式，但是他的教学方法新颖，思想开放，对我们有非常大的鼓励作用。

还记得有一次，我写了一篇作文，题目是“一封无法投递的信”。由于一九三七年中日战争爆发，翌年，家父在外出经商途中，与家人失去联系，后来一直音讯全无，想来应该是在南京大屠杀中牺牲了。写这篇作文时，正是不知道父亲死活存亡之际，为人子者，虽然出家为僧，也难免对父亲的思念，所以我就写了这篇作文，应该有五千余言。

圣璞法师批阅后，在我的作文簿上写着：“铁石心肠，读之也要落泪。”隔天，他在课堂上花了整整两个小时，读给全体同学听。他拿我的作文作为教学，这也罢了，数日后，我在《新江苏报》上，忽然看到副刊里有我这篇文章。我讶异于报纸的新闻记者，怎么会把我的作文刊登在报纸上呢？后来才知道，原来是圣璞法师把它抄写下来，寄给报纸发表的。之所以不事先告诉我，是怕万一报纸不愿刊登，会让我失望，他想等到报纸刊出来以后才告诉我，这应该就是我和报纸副刊最初的结缘了。

因为圣璞法师的慈悲，让我受到极大的鼓励，后来我对写作产生很大的兴趣，就不断地在镇江的数家报纸上作文发表，如《平等下的牺牲者》、《钞票的话》等，另外也写了数十篇新诗。

其实那时候我对旧诗，如唐诗、千家诗倒读过一些，对新诗的押韵、作法则完全不懂。但因为焦山位居扬子江的中心，常常在吃过晚饭后，和同学数人在沙滩上散步，这时长江正值退潮时刻，江水一退，整片沙滩忽然绵延数里之长。

我们走在夕阳西下的沙滩上，看着潮汐涨落，这些大自然的美景，不自觉地引动我，心湖里忽然涌现许多新诗的句子，正如潮水一样地在心中汹涌澎湃，这时我就赶快用笔写下来，回学院后再作整理。

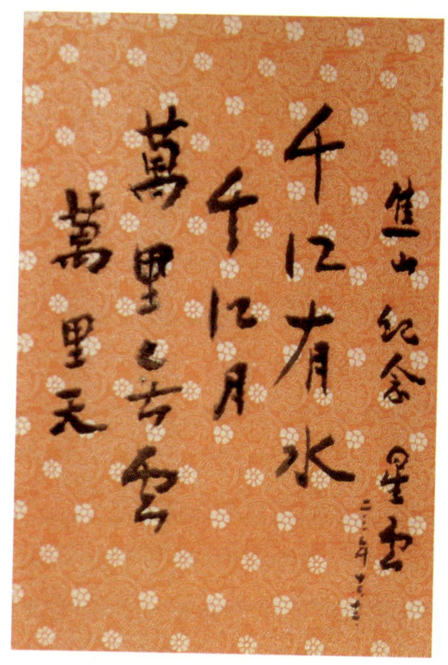

于焦山题的墨迹(二〇〇〇年)

尤其，栖霞山有一个华严阁，当我们从《古文观止》里读到王勃《滕王阁序》里“落霞与孤鹜齐飞，秋水共长天一色”的字句时，那种如诗如画的境界，也挑动了我们的心弦，所以也不知道通与不通，就常常信口吟弄，好像每天都有泉涌般的文思，因此就时常可以从许多报纸上，看到我的小诗发表，至于内容写些什么，今天都不复记忆了。

我对写作产生兴趣，完全应该感谢圣璞法师的鼓励，真是恩情难报。在此之前，我也有一个好的国文老师，叫海珊法师，他的文学素养非常高。记得是我十五岁那年，他在课堂上出了一道作文题目，叫“以菩提无法直显般若论”。

当时我实在不懂什么是“菩提”，自然也就无法直显“般若”了，但是老师交代，我又不能不交卷，只有东抄西拼，勉强凑了一篇。他看过以后批示说:“两只黄鹂鸣翠柳,一行白鹭上青天。”

最初我还很欢喜,觉得老师替我批了诗句,这么美丽;后来同学告诉我,说:两只黄鹂在柳树上鸣叫,你知道它们在叫什么吗?一行白鹭从空中飞过,你知道是什么意思吗?后来他们就直说:“老师这两句话,是批评你的文章不知所云!”我这才知道惭愧。其实也不必老师批评,我自己就已经知道了。

后来海珊法师又出了一道作文题目,叫做“我的故乡”。这种题目就显得非常简单了,我再怎么没有学问,总知道我的故乡有弯弯的流水,有青青的翠柳,有小桥,有晚霞,有村庄,有炊烟,那应该就是我美丽的扬州故居了。

但是老师阅后,他不相信那篇文章是我写的,认为我是抄袭的,就在我的文末批示:“如人数他宝,自无半毫分。”我想,像这样的老师,学问虽好,但给学生如此打击,应该是非常危险的。好在我的个性不轻易受外界影响,不过圣璞法师后来的鼓励,对我在文学方面及写作上的喜爱,都有莫大的帮助,至今想来,对圣璞法师依然无限感念。

在一九八九年两岸开放探亲时,我特地专程寻访圣璞法师,但是那时候的人都很冷漠,不愿意跟我多言,也不愿意告诉我圣璞法师在哪里。后来几年,经过多次的查访,才知道圣璞法师在一九九〇年代就已经往生了。据闻他晚年得了疯癫病,被送进疯人院,生活无法自理,就被人用麻袋套起来,每天大小便溺都混在一起,那样子的遭遇,令人闻之,心里万分不舍。想到天下有很多不幸的人士,真是深深为他们悼念。

行文至此,也为圣璞老师寄予最大的祝福,愿他离开五浊恶世,早生净土,也是幸事。

合成法师(合尘法师)

影响我文学的是圣璞法师,影响我正义感的,就是合成法师了。

合成法师出生的年月,我虽然不很确切知道,但应该不会比我年长超过十岁。在我青少年时期,觉得这一位老师很年轻,长得英姿焕发,豪气干云,总是非常地羡慕。

记得我十五岁在栖霞山受戒以后,进入律学院读书,当时并不知道自己是正班生,还是旁听生,但我知道,我的纠察老师就是合成法师。由于他在我们上殿或到斋堂时,偶尔会走到我的身旁来,作出一些表示关怀、友善的动作,所以我对他也一直感到很亲切。

合成法师虽然没有很高深的学问,但是对学生关怀、鼓励、慷慨,因此大家都拥护他。本来纠察这个工作,应该是惹人讨厌的,因为纠察就是要管理人,大家自然会反抗。不过合成法师的管理方法不是限制,不是要求,他总是尽可能地顺着人意,所以大家也不会故意跟他唱反调,总是欢喜配合。

他让我最感动的一件事是,一九四一年我求受三坛大戒时,头上刚烧过戒疤,常住依照往例,都会用香菇煮面给大家吃,好让刚烧好的戒疤能像发糕一样,发大一点,比较像个出家人。

当天,我因为烧戒疤时,老师在燃烧的香珠上用力一吹,致使十二个戒疤烧成一个,把整个头盖骨都给烧得凹陷下去,以致头感到非常晕眩。晚餐吃香菇面的时候,我只勉强吃了两碗就放下了碗筷;换作是平时,至少可以吃个五六碗,不过那天实在吃不下去了。

合成法师知道我的食量,他看我吃了两碗就没有再添,大概是

尊敬师长之一——合成法师(黄惇靖师姑提供,一九八九年)

想,怎么忽然只吃两碗?就走到我的后面,说:“再吃一碗。”因为平时他跟我很亲切,我就回过头,轻松地向他示意说:“我饱了。”

不料,他立刻打了我一个耳光,说:“再添一碗。”这一个耳光,打得我眼泪直流。但是为了感念他对我的好意,我真的又再吃了一碗。后来回想,当时大众正在晚餐,他为了让我多吃一碗面,竟然给我一个耳光,实在是感谢他对我的慈爱。不过这种情况,如果是现在的年轻人,大概就不会这样想了。

后来,合成法师和我的关系,可以说“亦师亦友”,尤其他和家师私交甚笃,所以在我临到台湾前,家师上人请我吃晚饭,约他奉陪。我已记不清那时候他的职务是什么了,但在饭席间,他当着我的面,对我的师父说:“他此去台湾,路途遥远,你给他一点黄金嘛!”

两岸开通后,回栖霞寺礼祖演法,与全寺大众合影(二〇〇一年)

家师大概没有黄金,就拿了二十块袁大头给我。那时候袁大头应该和美金等值,两个袁大头可以买一担米,二十个袁大头等同于二十块美金,那可是不得了的天文数字啊!

后来两岸开放互通之后,我邀约过去的师长、同学到香港会晤;我还把合成法师请到美国洛杉矶一游,那时我五十多岁,他应该六十多岁。六十多岁的合成法师,一别近四十年了,尤其他经过了“文革”。他告诉我当时那种饥饿的情况,听了令人心酸。

之后他常住在上海龙华寺,虽是在那里挂单,但由于他也是幼年出家,已为常住服务、奉献多年,所以并不要他做事,等于是在养老。后来我派遣弟子慈惠法师、萧碧霞等人,多次前去探望。有一次他亲口告诉我,说:“我现在所以能不死,就是靠着你叫人送给我长白山的人参啊!”

其实那些参都是别人送我的，我也不知道那个东西有这样的价值。不过一九八九年我回大陆探亲，在栖霞山时，就是雪烦法师与合成法师扶着我上台登宝座的。

当我坐到上面之后，看到雪烦、合成法师都站在我的下面，不免感慨万千，想到当初这一栋房子，我连门口都不能到，四十年后，这许多老师竟然扶着我登上座，他们却站在下面。不禁想起战国时期的苏秦，功名未成时，家人都不屑理睬。后来他官封六国相印，当他快到乡里时，万人空巷迎接，尤其他的嫂嫂蛇行匍匐在地。苏秦问："过去你对我那么傲慢，看不起我，今天为何如此谦卑呢？"嫂嫂说："因为你现在尊而多金。"苏秦不禁慨叹地说："人生没有办法的时候，父母不以我为子，妻不以我为夫，嫂不以我为叔，有了荣华富贵以后，亲戚畏惧！可见世间上，富贵名位怎么能说不重要呢？"

一九九二年佛光山与大陆合办"中国敦煌古代科学技术特展"。有一天，一位参与筹备工作的小姐忽然对我说："大师！您是因为慈悲才到红尘里来的！"这句话虽然是她过誉，我愧不敢当。不过倒引发了我的思绪，使我想起七十多年前，我刚出家不久，合成法师曾经说过一句话，他说："一个人宁可什么都没有，但是不能没有慈悲！"我觉得慈悲是做人本来应该具备的条件，所以老师的这句话，自觉深得吾心。

志开上人

说过了多位师长之后，最不能忘记的当然就是我的剃度恩师志开上人了。

志开上人，法名又叫"智开"，江苏海安县人。据大本法师告诉我，他"与民国同生，与药师佛同寿"，也就是出生于民国

剃度恩师志开上人

元年（一九一二年）。不过，我到现在还是没有办法了解，他怎么会从海安到宜兴的大觉寺去出家的？在那个时候，不说生长地和出家地没有地缘关系，尤其大觉寺虽然建于宋朝年间，是有历史的古寺，却是个简陋、贫穷的寺庙，何况在那个荒凉的白塔山下，前不着村，后不巴户，据说还经常有土匪出没，打家劫舍。

在我师祖辈的时代，应该是在一九三一年左右，为了保卫寺院，防范土匪侵犯，曾经请有工人数十名，并拥有土枪十几支。现在我想查我师祖的资料，但因为师父早逝，所有有关人等也都不在了，所以也无从了解了。

我所知道的是，一九三七年，家师因为在栖霞山救济难民有功，后来常住为他授记，请他担任监院。一九三九年我随他出家时，他告诉我："栖霞山是一个十方丛林，不可以说在栖霞山出家！"意思是说，栖霞山是十方共有的道场，就像现在的县政府、市政府，是公共场所，不是个人私有的。接着他说："我们的祖庭，我们师承的寺院，是在宜兴白塔山大觉寺。"当时我就记住了这句话。

我出家的时候，他在律学院兼任训导主任，后来升任为教务主任，再后来做院长，再做栖霞山的住持，但是那时我已经离开栖霞山了。记得有一次寒冬的早晨，天色未明，朦胧的，我叫大家从栖霞山的月牙池到明镜湖跑步，我就像教官一样尾随在后，突然看到前面有一个人戴着帽子，我很不喜欢人戴帽子，就大喊一声："拖拉鬼,戴什么帽子!”后来,他把帽子拿下来,我定睛一看,不得了,竟然是师父,心想不妙,这一下可麻烦了。最后跑到学院,院长(志开上人时任院长)集合,他就讲了:“今觉,我倒不因为他是我的徒弟就觉得可以怎么样,我觉得他好,公平正直。”训完话后,师父还给了我五块钱,他认为我很公平正义。在栖霞山的六七年中,基本上,虽然他是我的师父,但在丛林里没有师徒的关系,所以不可以叫他师父,我也跟别人一样,叫他“当家师”;他也不常叫我,免得别人说十方丛林里面还有师徒关系。

为了避嫌,故而在那六七年当中,我获得他给我的开示,现在回忆起来,顶多只有一两次而已。不过,虽然很少和师父见面,不常获得他的开示,但是心灵上还是能感受到他对我的关心和慈爱。

后来我离开栖霞山,先到常州天宁寺,当时我没有要求进佛学院,因为没有赶得上他们的考期;我也没有要求进禅堂,因为觉得不能天天在那里晃来晃去,于是就讨了一个行单,在常州天宁寺做了一个短期的行堂,三餐为人添饭添菜。

后来,接到我报考的焦山佛学院录取通知,我才兴高采烈地向天宁寺告假。天宁寺的职事们都非常意外,想要留我,并允诺给我很多优待的条件,我当然没有被他们说动,所以就这样进入了焦山佛学院。

在焦山佛学院读了将近三年,本来可以顺利毕业,但为了院长东初法师,我提早离开了学院。虽然我没有毕业,不过却亲近到不少名师,如北京大学的薛剑园教授,他是国文老师;佛学权威芝峰法师,他是我们的佛学导师。其他如圆湛法师、圣璞法师、介如法师、普莲法师等,都是一时之选的好老师。可以说,在这两三年之中,我才真正在学业上打下了一点基础。我自问自己不是一个用

回到昔日就读的焦山佛学院(二〇〇〇年十二月十二日)

功的学生,只欢喜发心作务,不认为读书有前途,觉得只要热爱佛教、为教奉献就好了。

在焦山佛学院读书期间,记得是二十岁的那一年,忽然染了一场业障病,全身长满脓疴疮,一粒一粒如十元硬币般大的脓包相连着。当时也没有衣服可以每天换,都是穿了好多天才换洗一次;每次脱下衣服,身上都是红色的肉,皮都连同衣服一起剥下来了。

当时听说有不少人得了这种病,为什么会这样?有人说,因为南京大屠杀,河流里到处漂流着死尸,我们喝了那样的水,身体感染了尸毒,所以发而为脓疮。

记得就在那年的七月二十二日,我在学院里,午餐时间大家都去过堂了,我不能搭袈裟随众过堂,就坐在丹墀上看门。这时有两个游客,看起来像是才刚结婚的小夫妻,无意中看到我,因为我脸上并没有长脓疮，他们看我长得还蛮清秀的，就问我："你今年几岁了？"

我一听，忽然想到今天正好是我的生日，就说："我今天二十岁。"当然，他们不会知道，一定以为我说的是"今年二十岁"。就因为这件事的触发，让我有所感慨，想到自己二十岁，都没有人问，也没有饭吃，身上的病也不能好，所以写了一封信给师父，信的内容已经记不得了，不过师父回我一封信，他说："你那装腔乞怜的信，我已收到。"

师父这句话对我侮辱很大，我觉得很受伤害。我想，您打我、骂我，我都不计较，但这句话伤害了我的尊严。

不过这时候有人告诉我，有一种药片叫"消治龙"，专门治疗我这种脓疴疮，不会很贵，一包大概就是现在的十几、二十块钱。这样的价钱我还买得起，于是赶快买了来，结果今天一吃，明天就好了，第二天身上的脓疮都消退、结痂了，真像灵丹一样，自然感到无比欢喜。

可是问题又来了，虽然身上的皮肤好了，不过衣服没有肥皂可洗，只用水洗一下就再穿起来，于是又再复发。不过没有关系，我已经有药，就再吃两颗，又好了。于是我就写信给师父，记得我在信上有这么两句，我说："请您了解，这不是一封装腔乞怜的信，也不是一封'哀的美敦书'……""哀的美敦书"是当时很新的一个名词，就是英语 ultimatum，下"最后通牒"的意思。

师父一看，很生气，他认为我信中的意思，就是说我现在已经成功了，可以不要师父了，我们可以脱离师徒关系了。师徒之间一下子陷入僵局，后来还是我师父的好朋友出面，替我说项。其实我也无心违背师父，所以事情很快就过去了。

不过，那时因为东初法师做我们的院长，我在焦山已经住不下去了。师父就问我做何打算？我当时也没有地方去，不过忽然想起大觉寺，就说，我要回到祖庭礼祖。

师父听到我要回祖庭，很高兴，就说："你到栖霞山来，我带你回去。"师父说这话时是七月二十二日，一直到他带我回去，已经是十一月了，因为当时一封信来往，都要好几个月的时间。

就在师父带我回到宜兴大觉寺后，有一天，宜兴的教育局任局长来看师父。他一看到我，知道我是从南京回来的，就说："这里有一个国民小学，你来做校长。"我一听，觉得人生好像从此就将起飞一样，心里无比欢喜。但其实我一点经验都没有，不过没有关系，那时胆子也大，心想应该没什么了不起，我想自己应该可以胜任，就赶快写信请在南京的同学，帮我买了一些教科书来参考。

不过随着学校开课后，苦难还是纷至沓来，因为左近的学校经常举办国语、说话、作文、美术等各种比赛，经常来函要我们派人前去参加。我自己都还在学习中，哪里懂得那么多的比赛？这还不打紧，这时国共内战爆发，白天国民党的军队武装整齐，前来要我帮忙"剿共"；夜晚共产党的游击队来了，要我提供国民党驻扎的情报。可怜的我，初来乍到，对于偏僻乡村的道路都还没搞清楚，也还不认识什么国民党、共产党，不过我心里很明白，这是很严肃的问题，一个不小心，就会送了小命。

虽然我自己意识到事态严重，知道要谨慎应付，但周遭还是不时传来有人被暗杀身亡的消息，甚至在各地的同学、朋友，如松风、松泉在上海被逮捕，实权也在青浦被抓，罪名都是利用贴壁报、写标语弘扬佛法。至于逮捕他们的是国民党还是共产党，也都搞不清楚。

这时候智勇法师仗义前来学校，给我打气，并且帮助我编《怒涛》月刊，因为我们感于佛教太守旧，一些佛教人士思想顽固、执着、乡愿，我们希望通过办杂志，借助文字的力量来改革佛教，为新佛教的理想大发狮子吼。因此当《怒涛》一出刊之后，就如“洪水猛兽”一般，大大地震惊了佛教界。

好在那时我们是在宜兴偏远地区，不致招来佛教人士的攻击，但是战争带给我们这一代青年的苦难，却是不断汹涌而来。我的许多同学在各地被捕、被打、被刑罚，但是我知道，我们彼此是谁也救不了谁。甚至有一天，半夜之中有几十个大男人，拿着长枪短刀对着我，我也被捕了。至于是什么人抓我的，不敢询问，也不能有什么动作，只是眼看着一起被捕的同伴当中，今天被带出去枪毙两个，明天又有三个被砍头。好在我有一个可爱的师兄，他花钱买通狱方人士救了我，才能免于一死。但这时我做了一年多的小学校长，眼看着实在做不下去了，只好跟智勇法师商量，一起回到南京。

于是囊空如洗的我们，只能带着几本才发行十几期的《怒涛》月刊，踏上了往南京的道路。所幸天无绝人之路，有一位南京华藏寺的退居荫云和尚，由于他的继任者生活不知检点，把一个曾经拥有学校、书店、水厂的大规模寺庙，挥霍殆尽，土地变卖到所剩无几。荫云和尚于是找我们去负责，我们也正走投无路，便欣然前往。

我与智勇法师商量，谁做住持，谁任监院？智勇法师说我身材比他高大，比较像住持；我说您的学历、能力超过我许多，您才像个住持。最后约定名分不计，两人共治华藏寺，把这里当做推动新佛教的基地，一时能培、惟春、净山都从各地前来，实权也从普陀山赶来聚会。

但是，大家聚集以后，发现一个严重的问题，华藏寺已住有二十几位住众，他们以经忏为业。尽管我们言明互相尊重，互不干涉，但这群僧众除了念经拜忏以外，经常不做早晚课，有的连佛殿在哪里都不知道。有时候甚至夜不回寺，平时在房间里更是喧哗唱歌，并且带回一些军人、警察等，男男女女来往不断，进出复杂，整个寺院简直像是个大杂院。

我们一群热血僧青年，当然看不惯这种生活，迫不及待地要为寺院树立新风气，于是订定僧伽规约。现在想来，这不就像我受戒时的教授阿阇黎仁山法师"大闹金山寺"的再版吗？例如我们规定：

第一，所有住寺的人必须做早晚课；第二，社会、寺庙有别，非僧众不可安单寺院；第三，三餐不准自制饮食，不准从外面购买食物回寺，一切由常住供应；第四，进出山门必须经过请假；第五，每个月的单银、傢钱，只给一半，另一半由常住代为储存，将来离寺时再发还带走等等。

新生活规约发布以后，起初并没有引起他们的抗议，他们也知道我们是一群有着新佛教思想的人。但时日一久，抗争的行为还是难免。于是我们就以寺中经济困难为由，每天只吃稀饭，希望让他们吃不习惯而自动离开。

这时正逢徐蚌会战（淮海战役）国民党失利，南京战局不稳，过去暂住寺院的军人眷属纷纷撤离，前往四川、广州、台湾等地。但是他们临走之前又把房间廉价卖给后来者，我们一群革新派的人正愁房间不够用，就阻止他们不当的行为。但寺里数十名经忏派的一致站在他们这一边，替他们搬家、通风报信，寺中就分成了新僧与旧僧两派。一所寺庙已不像个寺庙，每天警察、宪兵川流不息，黑白两道在里面公然活动，我们所依赖的政府自顾不暇，哪有力量来保护我们呢？所以注定我们的新佛教运动，必然要遭到失

于栖霞山宗仰上人塔前上香(慈容法师提供)

败的命运。

后来国共协商,傅作义在北京主持和谈会议,我们以为有了一线希望。但是和谈破裂,这时智勇法师花了几个月召集的“僧侣救护队”正想付诸行动,谁知他忽然打退堂鼓。我只有毅然出面,接下任务,但也不知道如何善后,就求救于师父志开上人。师父说:“你们要救护伤亡,必须经过军队训练。”于是便委托宗仰中学董事孙立人将军帮助我们,我们因而得以顺利成行到台湾。

那时候我们人虽不多,但也有一些人才,总之,船到桥头自然直,路是人走出来的,什么事情到了台湾再说,就跟师父告辞。临行,师父请我吃饭,并给了我二十块袁大头。

后来我在台湾,如前所说,因为报户口、领身份证时用了“星

时隔六十年，应南京栖霞古寺邀请，为在家居士传授三皈五戒，有千余人受戒。我右侧为住持隆相法师，左侧为曙光法师（二〇一一年三月二十三日）

云”这个名字，觉得改了名字对不起师父，一直没有联络。直到一九五二年才写了一封信，连同我的著作《释迦牟尼佛传》寄给他。不久收到他的回信，说：“佛传收到，不必写信，好好弘法利生。”

后来他在“文革”中被清算斗争，游街示众，画地为牢，想必是经过了一番很大的折磨，而不幸在一九八七年左右逝世。等我一九八九年返乡探亲的时候，他已经往生两年多了。

想到当年是师父把我付诸十方，让我得以在教下、律下、宗下等各大丛林道场参学，亲近诸方大德长老，并且走上弘扬人间佛教之路，不禁感慨万千。

在亲近的许多师长中，记得有一位老师曾有意推荐我进国立教育学院读书。我兴高采烈地向师父禀告，却遭来一顿责骂："混蛋，佛教教育都没有读好，还要到外面去受什么社会教育。"我当时没有反驳师父，甚至一点不平之感也没有，当下只是随着师父的话："哦，混蛋！"就摸摸鼻子离开了。

后来师父送了师弟今慈去念书，我心里也觉得这是当然的。但过了几年以后，师弟离开了佛教，我才恍然大悟，原来师父严厉地骂我，是故意用一种激烈的方式，让我安住在佛道上，这才深深地体会到师父的殷切期望。

还有一回，我受到一位师长的责罚，师父知道我受了委屈，遣人叫我去问话。一番开导之后，问起我的近况，我坦然告诉他，衣单不全，纸笔不周。他不但没有给我丝毫安慰，反而端起桌上的一杯茶，说道："你以为没有钱，我就会给你吗？明白告诉你，我把喝茶的茶叶钱省下来给你，你也用不完，但我就是不给你。什么道理，我现在不说，你将来自然会明白。"

当时，我听了师父的话，心里一直不以为然，甚至想："你不给我就算了，何必讲这许多好听的话？"直至几十年后，我终于明白师父的苦心：那是他爱护我，希望养成我在物质上以无为有、不贪的性格。

尤其最让我感念的，是在我十七岁时，曾有一次罹患疟疾，每日寒热交迫，痛苦万分，如此折腾了半个多月，已是奄奄一息的时候，师父特地派人送给我"半碗咸菜"。

半碗咸菜现在不算什么，但在当时物资缺乏的时代，真是弥足珍贵！何况这当中还有师父对我无声的关怀与期许，因此当时我是含着热泪，将这半碗咸菜吃下去，并且在心中暗暗发愿：未来，我一定会做好一个出家人，我会把身心奉献给佛教，以此报答师恩。

寂然心湛禪師
仰山心培禪師
第四七世大本月基禪師
覺民月世禪師
志開月燈禪師
第四八世法宗悅宗禪師
起塵悅忍禪師
悟一悅悟禪師
達道悅道禪師
星雲悅慈禪師
當大本月基禪師為星雲悅
慈付別時說偈曰
悅門多俊彥
推師最突出
慈心擔荷承
悲念大地生
星光照九界
諸眾悉庇蔭
雲淨天空朗
八部俱共慶
即今吾等為棲霞中興第五
代星雲悅慈再創佛光山寺並
為佛光第一代今謹體佛心將
此正法眼付於汝汝為臨濟宗
第四十九代棲霞中興第六代
佛光山寺第二代望汝善自護
持弗令斷絕合示心印而說偈
曰
攝山棲霞寺
分燈到台灣
佛光永普照
法水廣流長
中華民國七十四年夏曆八月八日
仗法心平智宗大德
剃徒沙門星雲謹記

乙丑夏曆八月初八

正法眼藏

心平智宗受持

攝山棲霞寺佛祖源流

夫佛陀為一大事因緣降誕於世初為迦毗羅衛國王子後出家成道於菩提樹下金剛座上佛陀住世說法四十九年談經三百餘會一日於靈山會上拈花示眾迦葉尊者默然微笑瞬然佛意佛陀遂付以正法眼藏涅槃妙心是乃西天第一祖自此心心相印祖祖真傳在室第二十八祖菩提達摩尊者東來說法度眾是為東土第一祖此後代代相傳名曰

数十年来，想到师父上人，我除了努力弘法利生以外，也只有对他的家人多所赞助，以报其恩于万一。

说起我的老师，当然还有很多，中国有“一字师”、有心仪的老师，在我也有很多怀念的师长，如楞镜法师、大实法师、介如法师、普莲法师、惠庄法师、尘空法师、茗山法师、雨昙法师等，都是师恩浩荡，此处就不一一叙述了。

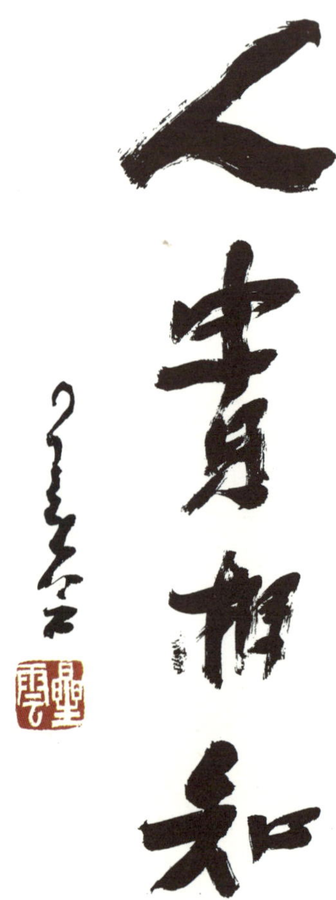

我的同学道友们

世间上有的人看重朋友更甚于妻子儿女，
三国的刘备就曾说，
“朋友如手足，
妻子如衣服；
衣服破了可以补，
手足断不能合”。
可见朋友的重要性。
在佛教里，
也重视“友直、友谅、友多闻”，
尤其能交到一个诤友、畏友，
像菩萨们十方相互往来，
道情法爱，
共相学习，
这就是善知识了。

我常说，我从小没有读过书，没有见过学校，也没有进过学校。事实上，我十二岁出家后在寺院里生活，受了寺院的教育。书是读得不多，教育不是没有。

我就读栖霞律学院六年，在宗门的常州天宁寺参学一年，在焦山佛学院也近三年时间。之外，禅宗的金山江天寺、律宗的宝华山隆昌寺，我每年必定前往参学，赶上戒期或是禅堂起七。可以说，佛门的宗下、教下、律下我都参学过，就如海陆空各个军种，我都有过资历。甚至，为了了解经忏制度在中国的影响力，我也参加过短期的经忏佛事。

净土宗的灵岩山、各个道场里的念佛会，我参加过一七、二七，甚至七七也有过多次。我在焦山住的时候，每年冬天都要打七个七。在宜兰主持过的佛七，前后也有三四十年，从来没有缺席过。其他像在

江苏镇江金山寺的大雄宝殿(慧是法师提供)

虎尾、龙岩、罗东、三重、台北,尤其在高雄佛教堂也参加过多次的佛七。

假如把我这一生主持过的佛七、参加过的佛七加总起来,也会有百次之多。一个佛七就是七天,如果是一百次佛七,那我的生命里,就有七百多个日子在念佛中过去了。

初在佛门里,我十年苦行参学,但自觉发心不够,我在读书参学中服务常住,做过六年行堂、两年司水、一年半的典座;可以说,我把我的人生岁月完全投注到佛法的生活里、修道中,工作的劳役里。这十年佛门的参学岁月中,有了一些道友、同学、同参,彼此互相学习提携。

说起同学道友,在南京和镇江,总该有一二百人,但是那时候大家各忙读书,甚至叫什么名字也没有去管他;有过往来的同参道友,由于各人云水行脚,也疏于联系了。出家人就好像独行侠,行走大江南北,又像孤鸟,飞到东飞到西,漫无目的,哪有什么知交朋友可谈呢？虽然如此，还是有一些可以回忆的有缘人，今略说如下：

弘度法师（智勇法师）

我的第一位称得上“畏友”的，恐怕就是弘度法师了，当年在大陆各个佛学院里都知道，我和弘度来往最密切。

弘度法师，江苏如皋人，比我长三四岁。十五岁的时候，给他的叔叔弥光法师从江苏如皋李堡的家乡带到栖霞山寺，礼二当家觉民法师为依止师父。

他长于梵呗，记忆力特强。人家说“下笔千言，倚马可待”，我

律宗道场宝华山隆昌寺（慧是法师提供）

二〇〇〇年再度返回栖霞山

看他是“下笔万言，倚马可待”。别人用作文簿写文章，他则是用笔记本写作。他离开栖霞山以后写信给我一些指示教导，也都是用笔记本写成的。往往寄一封信来，我都要几天才能读完。

弘度法师尤其善于行政，信手拈来，就能订定各种章程、办法，特别是写了一手好字，真、草、隶、篆样样写得来。不但如此，他富有正义，为人正派，而且身怀绝技，能够飞檐走壁，说是一位文武双全的人也不为过。

他平常处事不苟言笑，同学们选他做班长，但他并不喜欢，只是喜爱读书。我们视他比老师还要伟大，简直把他当天人一样崇拜。那时候以我的成绩，还仰望不上他，因为我们到底还是幼稚。承蒙他也会对我们这许多幼小的同学给予点拨、指导，有时嫌我们问得太多了，也会一拳下来：“老是啰唆，问什么啊！”

尽管如此，我们还是以他为马首是瞻，敬重他的心仍然不改，并且把他当作正义的标杆、智慧的风范。一九四〇年初，上海举办了一场演讲比赛，有六百位青年比丘僧参加，他获得第一名，作文比赛他也荣获第一。他的信心坚定，教性刚烈，后来改名叫“智勇”，真是名副其实的“智勇双全”，可以说，这是一位佛教的奇才。

没有多久，他就从栖霞山律学院升学到焦山佛学院读书，成绩一样名列前茅，受到师生们的特别爱护。当时的焦山佛学院在佛教界可谓独占鳌头，就如同现在的北京大学、台湾大学一般，凡是一流的人才，才能进去就读。这里的师资有：北京大学薛剑园教授国文，南京“中央大学”虞愚教授“名理新探”，佛学权威芝峰法师、圆湛法师等，都是一时之选。

看到这么一位优秀的学长，我心里也很着急，盼望着自己成绩赶快进步，好能考上焦山，与那许多优秀的年轻人共读共学。一九四五年的三四月，我参加特别考试，例外被录取，我终于可以在下学期进入焦山佛学院了。

意外的是，智勇法师却在一九四五年的春天遭到开除。什么原因呢？原来是焦山佛学院副院长东初法师奇特的性格所引起。

东初法师不是一位很随顺因缘的人，他并不太与人为善，也不会从善如流，所以正义勇敢的智勇学长对他就有所批评。智勇在每天的日记里，都是记录东初法师这里言论不对，那里行为不当，并且起名为“东初日记”。这从学生的角度来说，确实违背了师生的伦理；但智勇学长有他见义勇为的性格，用权势地位是降伏不了他的。

那一天，东初法师巡视佛学院，刚好就坐在智勇学长的座位上。他顺手打开抽屉，一看“东初日记”，便好奇地翻看了几页。这一看，脸色大变，气呼呼地把日记本带走，即刻交给院长雪烦和尚，说：“这是你的学生写的！”讲完之后，头也不回就离开焦山了。

雪烦和尚想，这下子怎么能得罪副院长呢？学生的言论无理，势必要开除。他即刻召集会议，决定要开除智勇法师。想不到，竟然引起全体学生闹风潮，表示要一起离开焦山佛学院。其实，这在智勇法师的学习生涯中，已经不是第一次被开除了。

后来，经由老师们出来调解说：现在要向东初法师说明、忏悔，但都找不到，院长也很为难。为了共同维护常住，不能制造隔阂矛盾，只有让弘度先接受开除，让他离开学院。

弘度离开了以后，我就不想再进焦山读书了。因为我已经对焦山产生不好的印象，觉得这是一个黑暗封闭、无情无理的地方。但是别的室友们都跟我讲，能进入焦山不容易，你应该先进去看看，了解再说。因此，在一九四五年的五月，我还是进了焦山读书。

焦山佛学院果真不同凡响，八十多位二三十岁的青年僧伽齐聚在此，都是从各个大学毕业，或是来自各个优秀佛学院的高才生。例如：介如法师、普莲法师、慎如法师、大同法师、圣璞法师等。

但是我感到很惭愧，智勇离开焦山时，有十多位他的“粉丝”(fans)同学跟着他一起走。他走了，我却反而进去，在义气上，总觉得有一点说不过去。后来智勇写信给我，要我“依法不依人”，继续在焦山念书。得到他的来信，我才安心下来。

焦山佛学院风波以后，我因为智勇学长的关系，对东初法师有了一些成见。虽然他也有为佛教的心，可是他的方法实在不对。例如：他将原本太虚大师定下来半小时的早课程序，恢复为一个半小时，东初法师的复古运动，让我深不以为然。后来他做院长，我就想要离开了。我向他请假，师父也同意，并且说要带我回去宜兴大觉寺礼拜祖庭。

这个时候即将过年了，有一位姓任的教育局长，听说在栖霞山担任住持的志开法师回来了，特地前来拜访。他来一见到我，也忘了以师父为主，对我产生了兴趣，问我说：“你从哪里来？”

我回答：“从南京来。”

当年的焦山佛学院在佛教界可谓独占鳌头

他一听我说从南京回来，大概觉得我有些文化程度，就说："我们这里有一所学校，正缺少一位校长，你来担任好吗？"我不知道他叫什么名字，从哪里来？也不好问，一旁的师父说："你讲的话很好啊！"

没有反对的意思，于是我就接受派任，忙着办起学校来了。

白塔国小共有两百多个学生，只有两位老师，因为贫穷，没有人要来这个乡下地方。我想到智勇，马上写信给他。他一听说我要找他做老师，即刻就来了。

当时，他已经在南京普德佛学院教书，本来他的程度就很好，又有授课经验，我说："校长你来做。"

但他不肯，坚持说："如果你要我做校长，我就走。"

于是我只有走马上任，做起校长，让他做老师了。

回大陆弘法探亲时，至栖霞律学院母院。左立者雪烦长老是我当年在焦山佛学院读书时的院长（慈容法师提供，一九八九年）

智勇的能力比我强，不论贴标语、策划等什么行政事务，他都会，加上我们做事的动作迅速，很快地，就觉得这里没有什么事情可做。我提议办《怒涛》月刊，他说他写钢板，我负责发行。他写的钢板字跟印刷一模一样，大部分的内容都是他执笔，偶尔我只是写一篇文章凑凑热闹。可以说，这本杂志几乎由他一个人包办。

我们之所以名为“怒涛”，是因为感于佛教太守旧，希望透过汹涌的波涛来冲毁佛教的恶习，为新佛教的理想大发狮子吼。一出刊，确实如洪水猛兽般大大地震惊了佛教界。当时佛教杂志的权威《海潮音》，用了一个方块刊登广告：“我们又多了一支佛教的生力军。”

家师志开上人还捐了五百令的纸来赞助我们。

但是战争的无情，还是给我们带来一些苦难。有一天半夜，我莫名地被逮捕了，几经周折，才让师兄解救出来。眼看学校实在做不下去，便和智勇商量，一起回到南京。

很好的因缘，我们巧遇了南京华藏寺住持荫云和尚。他为人正派，但已退居，华藏寺推出一位新任住持，可惜不务正业，什么坏事都做，还卖了好几条街的寺产。荫云和尚出面阻止，把它通通收回来，希望交给我们接任。

华藏寺位于南京市中心，走路不多远，就到南京市最热闹的新街口，可以说是很好的一个地方。寺里有一所学校、一间工厂、一家文具店、一座茶炉，还有几十个出家人做佛事维持经济。

我跟智勇因为荫云和尚到了华藏寺，但智勇不愿意做住持，要我来担任，我们共同管理。这时候，发现了一个严重的问题，这间寺院简直像个大杂院，各式人等进出复杂，加上原本住在里面的几十位住众以经忏为事业，五堂功课相当不正常。

我们为了改变种种陋习，便订定一些新规约，冀望带来一些新气象。可惜积弊已深，旧僧势力也不是一朝一夕可以瓦解，加上时局愈来愈紧张，只有宣告失败。

战云密布，死伤严重，智勇看了不忍，发起组织“僧侣救护队”，希望为国家做一点事。正想付诸行动时，临时变局，只好由我带领来到台湾，最后也和他断了音讯。

一直到四十年后两岸开放，我听说智勇在河南一所大学教书，辗转联系上，并且相约在香港见面。这一别后又是十余年，二〇〇八年，我赴河南郑州出席中原天瑞大佛开光典礼，再度和他见面。阔别数十年，飞鸿踏雪，对于许多往事他已不复记忆。

感叹之余，有一件倒是很感谢他的事。据我母亲说，大约在一九五〇年代抗美援朝的时候，大陆谣传我在新加坡替国民党做事，已经升任司长。智勇不知道从哪里写了一封信给我的母亲,信上写着:母亲大人,下面叙述了一些大陆的情况,最后署名“儿　李群”。

由于智勇和我们曾经论兄道弟,他跟着我称母亲大人,同时我也姓李,这封信证明母亲的儿子不在新加坡,没有参军,没有为国民党做事。这么一来,对我的家庭帮助很大,误打误撞,让我们一家人因此都存活了下来。说起来,实在要感谢这样一个美丽的误会了。

悟因法师(大同法师)

悟因法师和我,并不是在佛学院期间有所来往而建立感情的,我们只是同学,后来他提早离开学院,参加太虚大师举办的“中国佛教会务人员训练班”,就被派到上海佛教会服务。

后来,我在南京华藏寺的时候,他已经先我到了台湾,接受台中宝觉寺住持林锦东的邀请担任监院。他写了一封信给我,说预备办一个三千人的台湾佛学院,要我多邀约几位同学前去支助。

我心里想,这个大同法师也太过夸大了,今天的佛教,哪里那么容易办个三千人的佛学院呢?我这个人很务实,觉得这是不可能的,也就没有把它当做一回事。这就等于慈航法师当时在他编的《人间佛教》杂志上,发表改革佛教,下了命令:镇江金山寺改成织布工厂,常州天宁寺要办师范学院……这里做什么,那里做什么。我一看,慈航法师真是太天真烂漫了,革命不是这么说就能做到的,这太不务实了。

想不到,后来我自己也跑到台湾来,已时隔一年多了。在台湾,才觉得我人地生疏,想起有一个学长大同法师在台中宝觉寺,就去找他吧。

当时也没有电话,联系不容易,一去那里才知道,刚于几天前,大同法师已离开宝觉寺到香港了。这是因为国民党政府误解他是

“匪谍”，他怕被逮捕，就先赴港去了。不过，悟因的妹妹也是一个出家人，长得庄严秀丽，听到我们来，知道我们跟她哥哥的关系，还送了一块布给我们。

大同法师去了香港以后，留下了太虚大师创办的《觉群》月刊没有人编辑。那时候我已经在中坜圆光寺落脚，大家说我有编辑的经验，希望我去主编，我便从中坜到台中编辑《觉群》。

后来，因为警察怀疑大陆派了五百位出家人到台湾从事间谍工作，到处风声鹤唳，我也不敢经常外出。为了谨慎起见，只有辞谢这份工作，建议林锦东改请台中市立图书馆总务主任朱斐接任。

朱斐居士接编之后，就把《觉群》改为纪念印光法师净土思想的杂志。我写信反对，却引起不少的误会，认为我反对净土。大同法师知道后，还来信给我鼓励，赞同我的意思。

没过多久，大同法师还俗经商，改名许大同，在香港、加拿大两地做起建筑的生意来，听说赚了不少钱。我开创佛光山的时候，承蒙他还前来看过我。由于大家生活不同，偶尔有一封书信报平安外，逐渐就没有来往了。

煮云法师

煮云法师，一九一九年出生，江苏如皋人，比我大八岁，应该算是我的老大哥。但是他很依赖我，什么事情都要我和他一起参加。尤其我的东西也是他的东西，我这个人怎么用，也都是听他们怎么说、怎么做。看起来他们对我很好，实际上，我是听他们吩咐。他在一九八六年过世时，我正在美国西来寺闭关，无法返台，只有写了一副挽联遥寄追思：

你我同戒同参同学同事同弘佛法，人称同兄弟；

相互忍苦忍贫忍谤忍难忍气吞声，谁知忍别离。

我和他在栖霞律学院同学六年，在焦山佛学院同学一年，之后他就离开，前往上海圆明讲堂亲近圆瑛法师，在思想上，我们也就分道扬镳了。后来听说他又到了普陀山，在那里的沙弥学园教授一些沙弥。我和智勇等人在南京华藏寺发起新佛教运动，他写信来表示愿意归队，我们也欢迎他参加。

煮云法师

我们在华藏寺遇到的最大困难是，有数十位的经忏人士不守规矩，我们没有办法处理。后来不知道是谁想出了一个馊主意，以寺里的经济困难为由，每天吃稀饭，他们吃不惯，就自然解散。

但我们吃了半个月的稀饭后，那许多经忏的法师倒没有什么异动，可是我们的煮云法师已经吃不惯了，就说："我不能天天跟你们在这里喝稀饭啊！"

于是，他又回到普陀山去。这大约是一九四八年的秋冬。

到了一九四九年的春天我就到台湾了。一九五〇年"一江山岛会战"，大陈岛的居民跟随军队退到了台湾，在普陀山居住的煮云法师也跟着他们到了台湾。

他一到台湾，听说我在中坜圆光寺，就跑来找我，还带了一封尘空法师的信给我。尘空法师和我的老师芝峰法师是同辈，我在焦山时见过他，承蒙他不弃，从普陀山写了一封很长的信给我，对我一生很受用。其中他说到，我们现代的青年，要有佛教靠我的决心，不要想我去靠佛教。在我初到台湾，四顾茫然，无依无靠，走投无路的时候，煮云法师带来尘空法师的这两句话，就像一盏明灯，给我很大的鼓励。

我在圆光寺看到煮云一副落魄的样子，就问："你的衣单都带来了吗？"

他说："没有。"

这句话可能是误会，他也许是说衣单没有带到中坜，我却以为他没有带来台湾，即刻，就把我刚做好的一套全新的长衫、褂裤送给他，横竖我们一样高，我能穿的，他也能穿。我们一向不分彼此，贫穷都是一样，只是生活习惯、思想上有所不同，他以贫穷为苦，我以贫穷为乐。

因为煮云法师一出生就穷，出家的寺庙也穷，剃度以后，没有人接济过他。我当时年纪小，大概长得还可爱，常常会有人给我一张纸、一支笔，即便一件坏的衣服，我也很欢喜。尤其那许多老和尚往生了，衣服没人要，我也都把它们接收下来，基本上，我没有穿过新衣服，穿的都是死人的衣服，但是煮云法师连死人的衣服都穿不到。他曾经为了能有一件褂裤，利用暑假七月举办盂兰盆法会的期间，出去替人家念经，赚一点供养，才买到一条裤子。

煮云法师因为一无所有，所以难得有什么东西，他都会很介意。记得有一次，家师送我一个热水瓶，在当时来说，算是一个珍贵的奢侈品了。煮云法师见了羡慕不已，那时我已经有一个漱口钢杯可以喝水，看他这么喜欢，就把热水瓶送给他。煮云欢喜不已，每天带着热水瓶在人前走来走去，借机炫耀。

有一天，热水瓶的水银炸破了，他一看，脸色大变，这下还得了，赔不起啊！大家生活都这么困难，怎么办呢？我看出他惊慌失措、面如死灰的样子，就说："坏了就算了，不要就好。"这一句话，让他如逢大赦，解决了他的窘态。

率印度朝圣团巡礼佛陀圣迹，于菩提伽耶金刚座前诵经。右为煮云法师（一九七九年十二月八日至十二月二十八日）

到了台湾之后，为了求生存，我叫他要为佛教奋斗，可以写文章。煮云法师算是一个奇才，他看过的小说、四字段、七字段，像“自从盘古开天地，三皇五帝定乾坤……”等等，他都会背，同学们也欢喜找他说故事。当时，我替东初法师编辑《人生》杂志，煮云法师的第一篇文章，就把布教的点滴故事，写成一篇《叫花子传圣旨》给我刊登。这篇文章幽默风趣，妙意横生，我觉得他有写作的天才，于是鼓励他继续写作，后来他写了《南海普陀山传奇异闻录》等好几本书，我还为他写序。在台湾虽不算是洛阳纸贵，至少也是风行一时了。

一九五三年，煮云法师创建凤山佛教莲社，我在宜兰弘法，但他经常要我到高雄讲经、成立青年会、协助他的法务等，我都照做。那时候的凤山莲社只有一个床位，为了我去讲经，煮云法师买了一张藤椅，就这样，我在这把藤椅上睡了一个多月，一直到把《金刚

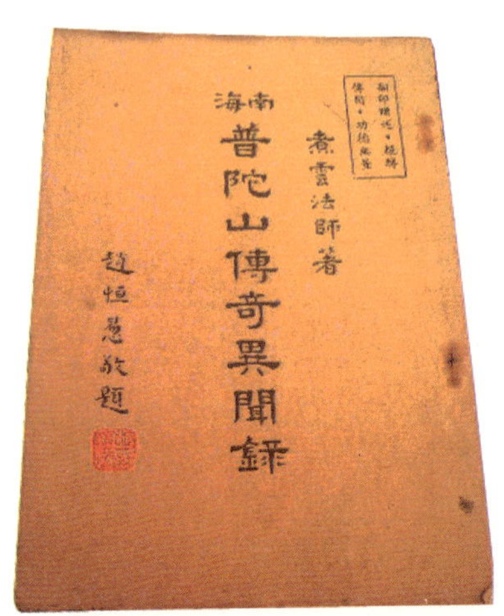

煮云法师所著的《南海普陀山传奇异闻录》

经》讲完。

他也参加过我的大藏经环岛弘法宣传团，尤其我组织弘法队，他也组织弘法团；我成立歌咏队，他也成立歌咏队。甚至在台湾南部，他下乡弘法、到监狱布教、各处讲演，说起来，他比我更随和、更热心。

我的这一位老友对我很好，完全没有嫉妒心。记得有一次，我在丛林学院的怀恩堂教室为信徒开示，他在后面听了之后就跟慈惠法师说："你们的师父啊，讲话听起来都没有引经据典，可是呢，你仔细听，里面都是佛法。"

也记得有一位同道，多次在背后说我坏话，从中挑拨我们之间的友谊。煮云法师不是哈哈一笑，就是为我说好话。甚至有一些外省人对我有所批评，他也跑去跟他们说："星云你们是打倒不了的，他是磐石！磐石！百摇不动的啊！"他对我的评价就是这样子。

煮云法师慈悲和蔼，从来不发脾气，我对他种种的要求、任性，都承蒙他对我多所谅解，我们相知相惜，现在想起来，真是愧对老友，这也算是一段奇缘吧！

现华法师

说起现华法师，也是江苏如皋人，他和悟因是同班同学，算是我的学长，也是我的"粉丝"。论学校的伦理，现华是监学，已经是训育处的训育员了，而我只是一个学生，承蒙他的欣赏和我论交，他是这么一位高大雄伟、仪表轩昂的执事，听命我这一个还没有成熟的学生，自己也感到不累。不过，人的缘分很难说，他觉得听我的话对他有益。

当初，我因不满院长东初法师的管理方法，决定离开焦山，另谋发展，就跑去跟院长请假。但东初法师不准，他说："就是你师父来，也不可以，我这里是旅馆吗？说来就来，说走就走？"东初法师把监学老师现华找来，说："把他看起来，不准让他走！"现华一听，"喔"了一声，就跟我走回寮了。

一路上我们沉默不语，彼此各怀鬼胎，想着下一步怎么做。其实我很单纯，我想我要走了，现华你也不敢不让我走，依你跟我的交情，我事先已经跟你商量过，你能变卦吗？我觉得应该是没有问题的。

但我还是不开口，等着他表态。慢慢走回他的监学寮，他仍然没有讲话。我淡淡地说："我明天还是要走。"他马上双手一摆："哪里能？你没有听到院长讲的话吗？他叫我看好你。"

我一听，一头无名火升起，作势拳头一举："这是你讲的话吗？"

他连忙说："好啦，好啦！我明天送你。"我就回去准备了。

说来我能离开焦山，还是要感谢现华的解围。他没有依照院长的指示，反而在第二天四五点天未亮就送我渡江赶路，并且在镇江"一枝春"面店请我吃了一碗面，真是齿颊留香。至今都还怀念那一碗色香俱佳的面，不晓得怎么做成的。

此外，最让我铭记在心的，就是我即将参与"僧侣救护队"到台湾时，华藏寺住持由谁来做呢？这需要一个人来接任。我正苦于不知将住持之责交给谁，商之于现华，他慨然应允。

实际上，那时候南京的局面，大势已去，实在难以回天，而他肯承担，就如诸葛孔明一样，接任于败军之际，奉命于危难之间，对他，我实在是感激无已。如果不是他仗义担当，我这一个烂摊子，还不知怎么样才能交出去。所以我后来到了台湾，每每想到他在大陆接任南京华藏寺住持的情况，就一直忧心挂念，不知该如何回报于他。

一九八九年我返乡探亲，想尽办法邀约过去所有的师友三十余人在南京聚会。我送给每一个人一支手表、一个金戒指、一个红包，感谢他们过去对我的照顾指导。记得那一天聚会，我特别地开心，一别四十年，当初大家还是二十岁左右的青年小伙子，如今都已是六十岁以上的迟暮老人了。

道不尽的欢喜，说不尽的道情法爱。但是我在旅途匆匆中，相聚也只是几十分钟的事情，最后也只有依依惜别。最严重的问题是，我苦苦寻觅的现华法师没有出场，我请问大家现华法师在哪里？大家也不知道，于是我又带着遗憾回到台湾。

在一九八九年以后，两岸探亲非常热络，我特地在香港买了一栋房子，因为每次去香港见亲友，住旅馆太昂贵，并且也希望能有一个空间谈话，有了那栋房子，就能与客人促膝长谈。同时，别人也可以跟我商借，记得朱斐居士等人都曾在那里住过一段时期。

我没有放弃，继续访查现华法师的下落。风雨中离散的故人，要想再有见面的机会，真是困难。皇天不负苦心人，后来终于有一个人告诉我现华在哪里，我特地在一九九一年约他到香港会见。

这一见，人都已老，许多往事不复记忆。我比他年幼，往事历历在目，言谈之中，帮助他找回过往的记忆，他才慢慢地点头回答我："是啊！是啊！"我也怪他，我到南京的时候怎么找不到你？他回答说，得到讯息时，我已经离开大陆了。

在香港的小聚，总不能长久，只有帮助他购买一些衣物日用品，罄其所有，供养他一些经费，聊表寸心，如此而已。

出尘法师(浪平法师)

在栖霞山的几位当家师父都有徒弟,如宗道、宗德是大当家大本法师的弟子,还度、弘度是二当家觉民法师的徒弟,三当家志开法师的弟子是今慈和今观,广慈、出尘是四当家弥光法师的弟子。这四位当家、八个徒弟,可以说都不是在栖霞山出家的,都从他们各自的出家寺庙带过来。我的师兄也是在别处出家,再来认家师为师,所以算是半个徒弟,在此出家的只有我一个人。

栖霞山四当家弥光法师有一个徒弟叫出尘,比我小一岁,跟我同在栖霞律学院读书。不知道从什么时候开始,他也成为崇拜我的人。我也不晓得我有什么好给人崇拜?那时候我在学院里,不会背书,成绩也不好,经常被打、被骂,后来虽然有所改善,但也没有开悟、没有成道,也没有惊天动地的作品。

不过,那时候同学们已选我做自治会的会长,我想,大概由于我急公好义的精神吧!另外,我也被选为体育的小老师,体育老师不在,就要我这个学生自治会的会长来兼代,训练大家运动。

当时,我们是六个人住在一间房间里,空间不大,每次我起床,上完厕所回来,被单就让人给折好了。我知道是出尘折的,很生气,一把把被子从床上打到地上:“哪一个人折了我的被子,我是残废吗?我自己不能折吗?”

出尘不敢开口。

再者,每次洗过澡后,我把衣服泡在盥洗室,想等有时间再洗一洗晾起来。可是出尘都先我一步,帮我把衣服洗好挂起来晒干。我当然又是大骂一顿,把衣服丢到地上拖一拖,再拿去重洗。奇怪的缘分,他就是甘愿为我做这些事情。

后来我升学到焦山,他还留在栖霞。就这样,一别四五十年。

于佛光山台北道场接待老同学浪平法师

一直到前几年，他写了一封信给我说："我是出尘，现在叫浪平，在天长护国寺……"

老同学能够联络上，我也很高兴，二〇〇七年时，我邀约他到扬州鉴真图书馆会面，他带着他的徒弟同来，我还供养他两万块人民币。二〇〇九年，我帮他办手续，邀他到台湾一游，受到佛光山徒众、信众的热烈欢迎，他很开心。平常都给人欺负的浪平，这时候终于扬眉吐气了。他说，我的同学是星云大师啊！

世间上有的人看重朋友更甚于妻子儿女，三国的刘备就曾说，"朋友如手足，妻子如衣服；衣服破了可以补，手足断了不能合"。

可见朋友的重要性。在佛教里,也重视“友直、友谅、友多闻”,尤其能交到一个诤友、畏友,像菩萨们十方相互往来,道情法爱,共相学习,这就是善知识了。

《孛经》说朋友有四种:有友如华,有友如秤,有友如地,有友如山。如山、如地的朋友,可以共患难、同生死,甚至比骨肉兄弟还要亲。特别是同学朋友,所谓青梅竹马,从小认交,彼此吵吵闹闹,怎么不好都是同学。但是二十岁以后,就不容易有莫逆之交,因为二十岁后,见识日广,有了猜忌、利害冲突,就难以结交同甘共苦、生死不易的朋友了。

我从小出家,历经栖霞、焦山、天宁诸寺,同学、同届、同参的道友固然很多,但真正相知、相交、志同道合的毕竟为数有限。除了上述这些年轻时候的朋友之外,已经去世的上海佛教会秘书长王永平居士、上海龙华寺真禅法师,曾一度都是相知的同学。现在的常州天宁寺松纯长老、无锡祥符寺住持无相长老、苏州寒山寺的性空法师,也都曾是很好的同参。

记得才华超众的仁培法师、从小被喻为“小诸葛”的道达法师,他们都是我在焦山很好的同学。此外,在牛首山居住的荣通;在“文革”期中守住栖霞山,后来还俗的孟义群;以及月辉和在军中服务的敬三,都曾是我的道友。

少年时,曾经读《战国策·唐雎说信陵君》,文中有云:“人之憎我也,不可不知也;吾憎人也,不可得而知也。人之有德于我也,不可忘也;吾有德于人也,不可不忘也。”几十年来,这段话一直让我念念于心,感到朋友相交当如是也。

回首前尘,当初都是不知天高地厚的青年学子,而今都已垂垂老矣。但是,在我的《百年佛缘》里,他们对我来说,也算占有重要的地位。

我与台湾基层佛教人士的往来

早期台湾佛教的信徒都很善良，
可以说都是仁人君子，
都很有道德心，
很有弘法的热忱，
是真正发心在护持佛法，
很少有人会想要利用佛教来壮大自己，
因为那时也没有说要选议员，
或要争取民意代表，完全是为了佛教。
所以后来我开创佛光山，
提倡人间佛教，
主张“四众共有、僧信平等”，
甚至倡导在家信众共弘佛法，
给予“檀讲师”的资格认定，
这就不是没有原因的了，
可以说都是其来有自。

一九四九年春天，也就是民国三十八年元月，正当农历新年将届，我随“僧侣救护队”从上海到了台湾，与台湾佛教界就此有了接触。我感觉极为难得的是，早期担任台湾省佛教会各地支会的理事长，我和他们或多或少都有一些因缘往来，让我感觉在台湾，虽然初来乍到，人生地疏，难免遇到一些困难，但后来有了这些朋友，到处都很方便。尤其当时台湾人与外省人相处，彼此友爱，相互融和，真正感受到台湾实在是一个很有人情味的福地。

林锦东

记得在我最初踏上台湾这块土地时，第一个见到的是一位很有全台佛教会领导人架势的宗心法师，他出生于一九二三年，日本大学毕业，是台中宝觉寺住持，实际上是个有家庭妻室的日本式出家人，俗名叫

作为"中国佛教会台湾省会员代表大会"唯一外省籍法师，受到台湾省信徒所肯定，当选主席团代表，在代表大会上发言（一九五八年）

林锦东。台湾光复后，他自知过去日本式的僧侣，势难在中国佛教的规矩里存在，所以恢复原名，以林锦东之名对外往来。

那个时候正值青壮年的林锦东，外表堪称是一位帅哥，他说得一口流利的日语，平时日本话与国语交相互用，是佛教界难得的优秀人才。尤其他对大陆一心向往，对于大陆来台的出家人，一直很热心接应、帮助。例如我到宝觉寺时，现任南山寺住持莲航法师，以及高雄观音山住持慈霭法师，那时都驻锡在他那里，他的宝觉寺俨然就是个大陆僧侣接待站。

后来他请大同法师担任当家，大同法师是我的学长，因此我也想前去投靠。但此时大同法师被密告有"匪谍"嫌疑，为免遭到逮捕，他远走香港。我因为访友未遇，在此情况下，虽然大同法师曾经邀请过我，但我自知已无法在宝觉寺挂单了。

记得那是二月的一个早晨，林锦东居士很友善地对我诉说他的困难。事后当我向他提出准备告辞离去时，他指引我说，慈航法

台湾佛教界优秀人才林锦东

师在台北县成子寮观音山，正准备兴办佛学院，像你这样的人才，应该前往担任教师，对台湾佛教会有贡献。

一旁的慈霭法师也一直这样鼓励，我当时心想，我们落难在台湾，既不求闻达于诸侯，也不想要荣华富贵，只希望能有一碗饭吃就可以了，对于教不教书，当然也不敢有所奢望了。

不过即使如此，因为那时在台湾人生地不熟，对于观音山在哪里，甚至台北在哪里，交通路线怎么走，我都不知道，所以他派了一位寺众，从台中陪我和另外两个人共同北上。那个法师的名字现在我已不记得了，但当时林锦东给我的友谊，尤其是他的热诚和善良，让我至今难忘。

后来我在中坜、新竹和宜兰等地落脚之后，一直和他时相往来，那时台湾佛教界有意推选他出任台湾省佛教会理事长，但“中国佛教会”领导人白圣法师不以为然，认为他是日本式的出家人，不僧不俗，因此提出异议。

当时我十分同情他，觉得他有能力、声望，在那时台湾佛教正处过渡时期，正需要有这种人才出来为佛教服务，所以他也一直以我为友，把我当成知交。

后来大约十年之中，他虽然有心为佛教服务，但愈想发心，受到的打压愈多。据林居士告诉我，他多次申请前往日本访问，都未曾获得政府批准，无法出访。

我认为像他这样的人才，能在日本活动，从事一些民间外交，也是好事，所以曾在一些国民党人士面前帮他说话，也曾在国民党会议中提出建议。我说台湾现在需要和日本来往，像林锦东这样生在中国，而长于日本的人，应该重视他，好好地用他。

那时应该是一九六三年左右，事后过了不到一年，听说林锦东到日本访问了，我一方面为林锦东感到庆幸，同时也为国民党的宽宏度量感到可喜。

遗憾的是，一九七七年林锦东先生以五十四岁之龄，因心脏病猝逝，当时政府正解除日式僧侣出访禁令，忽然传来林居士骤然逝世的消息，令人为佛教痛失英才而不胜感慨！

时间再倒回一九四九、一九五〇年左右，当时台湾佛教界能和林锦东有同等声望的，有台中佛教会馆主持人林德林、台北宝藏寺住持宋修振、台北东和寺住持孙心源等。此时到底谁可以出来领导台湾的佛教？这中间我不知道他们是如何运作的，不过后来是由宋修振获选为台湾省佛教会理事长。这时他想为佛教做一些事情，就商之于大醒法师。大醒法师正好应新竹青草湖灵隐寺住持无上法师聘请，要在灵隐寺开办“台湾佛教讲习会”（实际上是佛教学院），便以台湾省佛教会的名义主办。

这时是一九五一年，大醒法师写信给我，要我担任讲习会的主任秘书，他任导师。当时我才二十五岁，自觉年轻，没有行政、文书经验，就跟大醒法师推辞。

其实这也不是客气，而是真的觉得无力承担。岂知数月后，大醒法师忽然中风，一时讲习会失去领导人，大家又推举我出来领导。说来惭愧，当时讲习会大约有六七十人，多数是本省青年，少数是外省的僧青年，我和他们年龄相当，虽然僧腊、戒腊高过他们一点，但平时大家称兄道弟，都是道友，一下子成为老师，实在觉得不妥。后来基于我对教育确实有一股热忱，所以仍然前往台湾佛教讲习会执教。

当时除了教书之外，东初法师要我主编《人生》杂志，后来又担任《觉世》旬刊的总编辑。为了《觉世》旬刊的新闻报道，我和全台湾省的佛教分会，尤其是各县市佛教支会的理事长，由此结了很多深厚的法缘。

在那个时候，台湾省佛教支会中，担任理事长的多数是在家居士，有少部分出家众，如新竹县妙果老和尚、高雄市隆道法师等，也有日本式的僧侣，如台北市的孙心源等，在此就不多作叙述了。只针对在家居士，如花莲曾普信、基隆沈万教、宜兰郭进居、云林郭庆文、彰化林大赓、南投曾永坤、台中张月珠、嘉义陈登元和吴大海、台南吕竹木、高雄姚登榜、台东吴修然等，虽然事隔六十多年，很多人事已非，现仅就记忆所及，略述一二，以记台湾光复后佛教界的人事动态。

曾普信

首先说曾普信居士和我的因缘。曾居士生于一九〇二年，为人随和，日本驹泽大学毕业，在那时可算是佛教界学历最高的学者了。我想“普信”二字应该就是他的法名，因为他属基隆月眉山灵泉禅寺派下，“普”字就是他们的字号，所以他的身份可以说是介于僧俗之间。

在他担任花莲县佛教会理事长期间，对佛教贡献最大的，就是促成善导寺让李子宽、孙张清扬接管。另外，由于他通晓汉文，译作的佛教论文很多，后来不少都交由我在三重的佛教文化服务处出版。

尤其在一九五一年花莲发生大地震，我曾到花莲救灾，那是我到台湾之后，第一次参与救灾工作，让我对苦难的灾民生起深深的

曾普信居士所住持的花莲东净寺

同情与怜悯之心。

现在我们往返花莲，交通十分方便，可以搭飞机，也可以坐火车，但在一九五〇年代的时候，一定要从台北西站搭乘往花莲的公路汽车，每天都有几十部同时往返，每次开车，都是一号、二号、三号……几十部同时出发，真是蔚为奇观。因为走苏花公路来去花莲极为不便，我记得东初法师跟我去过一次花莲，后来他说："以后要写好遗嘱才能来搭车。"可见路况之惊心险峻。

从台北到花莲，要经过宜兰的九弯十八拐，然后经南方澳，以及清水断崖，沿途风景虽美，但右边是峭壁高山，左边是百丈深海，一路上汽车好像都在往海里行驶。早期的台湾，开发此公路实在不易，现在已成为海外人士到台湾观光的重要景点之一。

曾居士是花莲东净寺住持，与我多年交往，友谊深厚，后来他叫继任的住持绍慧比丘尼拜我为师父，也多次想把东净寺交由我管理。我一方面因为人手不足，而且东净寺地处东部，鞭长莫及，再说我在西部南北已有佛教的寺院与事业，实在难以兼顾，只有感谢他们的好意了。

修慧法师

我是一九四九年到台湾，一九五三年元月应邀到宜兰雷音寺弘法。当初到台湾是乘船从基隆上岸，记得当天在码头等候接待人员时，闲着无事，就顺路走到港边的一所公园里，看到一间矮小的平房式寺庙，那就是后来交由佛光山接管的极乐寺。

当时因为语言不通，我看到里面有一位老尼师，她看看我，不敢讲话，我在外面望望她，也不敢进入，就这样错过了因缘。这位老尼师就是极乐寺的住持修慧法师，多年后她担任基隆佛教支会理事长，几次再三要求，最后甚至近乎强制地把极乐寺交由佛光山接管。

这位修慧老尼师性情刚直，为人正派，但不容易和人相处。后来她和我熟悉以后，多次请我到基隆弘法，尤其在基隆中正堂讲经，听众千人以上，这在一九五〇、一九六〇年，台湾佛教正在发展的初期，应该算是空前盛况了。

在修慧老尼师之前，我和基隆佛教会理事长沈万教居士也多所往来，她对我极表友善。尤其她与普观法师有一间佛教讲堂，曾经邀请我去弘法，我看她们的道场法务兴隆，已有法师领导，就敬谢不敏。

那个时候，基隆在台湾应该算是模范佛教县市，道场很多。例如距离极乐寺不远处，有善慧长老创建的月眉山灵泉寺，另有灵源法师的十方大觉寺。大觉寺因有宁波信徒在港口出入，护持甚力，所以经济充裕，寺院建得十分富丽堂皇。此外，道源法师在八堵兴建的海会寺，也成为基隆很有实力的道场。

现在由佛光山接管的极乐寺，经过购买土地，加以重建，也在

基隆极乐寺重建安基。右一为修慧长老尼(一九八五年十月十四日)

当地发挥弘法度众的功能,尤其寺中的纳骨塔,有很多名人,如卜少夫、张佛千、续伯雄等,他们的灵骨都奉安在此。

由于极乐寺交由佛光山接管,因此也积极推动人间佛教。现有信徒数千人,在基隆也算是相当受到信徒护持,所结的法缘也很广。想到当初修慧理事长看中佛光山,我们也得为她作出一番成绩,才不会辜负所托。

郭进居、林长青

除了基隆以外,就要说到我结缘深厚的宜兰佛教支会了。一九五二年五月,马腾居士写信给我,后来又有李决和、林松年等居士联合邀请,我因此到了宜兰雷音寺,也成为我到台湾驻锡弘法的第一间寺庙。

那时宜兰佛教会理事长是头城募善堂的郭进居居士,当时已

郭进居居士为头城慕善堂住持

是个七旬左右的老人。他所住持的慕善堂是属斋教龙华派，甚至我刚到宜兰时，雷音寺也是属于斋教龙华派。

在我初到宜兰时，只觉得宜兰的居士们虔诚、善良，对出家人尊重、礼敬。不过我知道，想在宜兰落脚、居住，就要把宜兰的因缘关系建立好，所以多次拜会理事长郭进居居士。

承蒙郭居士的好意，后来他认为自己年老即将退休，便想请我担任宜兰佛教会理事长。其时我只想传教，并不想搞行政工作，就介绍在华严莲社的好友成一法师到慕善堂当住持，并且担任宜兰佛教会理事长。

说到宜兰佛教会，应该不能忘记林长青居士，他那时服务于基隆邮局，平时省吃俭用，把省下的钱用来订阅《人生》杂志、《菩提树》月刊，以及购买佛教书籍等，分送给亲朋好友。

林居士因为是在一九五一年元旦当天皈依慈航法师，所以皈依的法名就叫“慈旦”。林居士真是一位“以教为命”的居士，那时刚巧宜兰有一间“天理堂”香铺，他把佛书放在天理堂流通，跟人结缘。

成一法师

天理堂是由一位叫方铁铮的居士所经营，他的岳父李决和居士，后来在宜兰念佛会为我担任二十多年的总务，并且随我出家，法名叫“慧和”。他的女公子和两位外孙，也先后跟随我出家，他们就是现在佛光山的慈庄、慧龙、慧传法师。

甚至当时在宜兰还有很多优秀青年，他们后来帮我在海内外建寺弘法，为佛光跑天下，如慈惠、慈容、慈嘉法师等人，所以若说宜兰是佛光山早期培养弘法人才的基地，也不为过。

再说起林长青居士这个人，平时除了忙于邮局公务以外，他的人生就只有“佛教第一”。那时他往返于宜兰、基隆，每天坐火车上下班；在火车上，他有一个流动佛堂，只要把一个小箱子打开就是佛堂，所以每天都在火车上做早晚课，由此可见其对佛教信仰的虔诚。

成一法师后来离开宜兰佛教会，理事长无人担任，就由我接任。我大概做了二三十年，总共当了几届，我已记不清楚了。在我之后，就由在宜兰跟随我出家的心平法师担任理事长。

在宜兰佛教支会理事长任内，我也多次在“中国佛教会”担任理事，也代表“中国佛教会”到苗栗成立苗栗支会，但是时隔近一甲子的时间,因为往来不多,现在回忆起那时的理事长,印象已经很模糊了。

不过,那时候台湾佛教发展得非常快速,除了各地道场以外,如台中莲社成立念佛会,也发展得相当蓬勃。那时我在台北县三重也成立三重念佛会,以及罗东、头城、龙岩、高雄佛教堂等,都相继成立念佛会,为了到各地主持念佛,经常奔波往来于南北的纵贯铁路上,那时也是忙得不亦乐乎。

张月珠

在一九五一年左右的台湾佛教支会理事长中,现在记忆比较深刻的,就是台中市的张月珠居士了。张居士是童贞入道的富家贵族,具有大家风度,是个气质高贵的女强人。因为从小入道修行,大家就称她为“月珠姑娘”,后来出家,法名叫德熙,应该也是属于基隆月眉山派下的弟子,当时任慎斋堂堂主,兼台中市佛教会理事长。

张居士虽是一名女性,但是讲话一言九鼎,在台中是非常有慈德威严的佛教会领导人,只要她一出面,真像是太后临朝。全台中佛教会听到月珠姑娘的名号,无不竖起大拇指,推举她是一位才德兼备的女中丈夫。

在她主持的慎斋堂里,有一二十位住众,大都是老人。她知道我在宜兰有很多青年,便经常跟我说:你介绍几个青年给我当徒弟吧!

虽然师徒是靠缘分,不是靠介绍的,不过后来我还是试着帮她,就从宜兰的青年之中选出一位林月娇小姐拜她为师,她就是现在的普晖法师。后来慎斋堂在普晖法师领导下,已成为正信的佛教导场。

影印大藏经环岛宣传团林松年(左一)、李决和(左三)、朱斐(左四)、广慈(左五)、煮云(左六)、南亭老和尚(中)、本人(右六)、李炳南(右五)、堂主张月珠(后来出家法名德熙)(右四)、林吴帖居士(右三)等,于台中慎斋堂前合影

因为有上述这些因缘关系,张月珠后来对我们外省青年也爱护有加,并经常帮助我,例如台中市办有幼教师资训练班,那时我也想办幼稚园,就派了三位女青年前往受训。本来她们早已开学,为了我特别破例接受这三位女青年参与受训。后来这些青年学成之后,帮我创办幼稚园,从幼稚园老师继而发心出家,并到日本留学,那就是现在佛光山的慈惠与慈容法师等人。

张月珠之后,台中市的佛教支会理事长由翁茄冬居士担任,后来她又和我同时在"中国佛教会"担任常务理事,这都是后话,在此就不再多所赘述了。

林大赓

说过了台中佛教支会之后，接下来和我因缘比较深厚的理事长，应该就是彰化市的林大赓了。林居士是昙花佛堂的住持，我和他认识往来时，他才三十多岁，很年轻，我们年龄相近，对佛教有很多的共识，因此相交甚笃。

记得有一次我到彰化，适逢妈祖千秋诞辰，北港朝天宫举行盛大的迎妈祖活动。林大赓就跟我说，我们也来包一部三轮车跟着队伍走，看看民间的庆典活动，我欣然同意。

北港朝天宫妈祖出巡绕境，可以说是北港人的年度大事，早期每于妈祖生日（农历三月二十三日）前夕，朝天宫的妈祖就会回福建湄州祖庙谒祖进香，之后在三月十九日回台湾这一天绕境北港。

到了一九五五年，巡香绕境更扩大为两天，所以每年农历三月十九、二十日，整个北港几乎全都动员起来。不但来自各地的信徒组成的进香队伍声势浩大，尤其各种阵头，如大鼓阵、绣旗队等，乃至妈祖驾前的“千里眼”、“顺风耳”两大将军，更是威风、神气。甚至各式各样的艺阁花车也加入行列，热闹无比。

所谓“三月疯妈祖”，妈祖绕境可以说是台湾历史悠久的传统民俗文化活动，凡妈祖銮轿所过之处，不管大街小巷，炮声隆隆，锣鼓喧天，信众或沿街持香膜拜，或跟随绕境，队伍往往连绵数公里。看到民间这种迎神赛会的热闹场景，真是令人叹为观止，也深感民间宗教对台湾社会人心的影响很大。在社会上，一般士农工商一年到头每日辛勤工作，能有这么一个拜拜活动，让大家借此舒缓身心，同时增强宗教信仰，灌输因果观念，也是一种很好的育教于乐的活动。

当天我们坐在三轮车上，并没有随队鱼贯而行，而是时前时后，甚至遇到小吃摊就停下来买东西吃。虽然只是小吃，坦白说，

彰化县佛教支会欢迎影印大藏经环岛宣传团的莅临。前排左起：李决和、林松年、广慈法师、煮云法师、南亭老和尚、本人、林大赓居士等（一九五五年十月二十日）

我那时的经济能力也负担不起，所幸有林大赓居士打理一切。

后来我应林居士之邀，也到昙花佛堂讲过佛法，甚至我们在台湾省佛教会都有参与分会的理监事，经常见面，时相往来。到了一九七五年，我在彰化创建福山寺，也承他多所关照。

福山寺是佛光山在台湾兴建的第一间别分院，早期因为经常南北往来，当时还没有高速公路，从高雄开车到台北要八个小时，从佛光山到宜兰，更需费时十小时。由于途中餐饮困难，不得不在中部有个吃饭的道场。承林居士赞助，我在彰化大竹围兴建福山寺，后来寺中办有小型的佛学院，我特别请他担任副院长。

在此之前，早在一九五五年中华佛教文化馆发起影印大藏经活动，记得我们在环岛巡回宣传时，途经台中，林居士特别在中部发动订购大藏经运动。那一次因为有台中莲社李炳南居士，以及台中市佛教支会理事长张月珠等人的支持，订购数量为全省之冠，这也应该感谢林大赓居士的热心推动。

曾永坤

我与林大赓居士往来时，每次见面，旁边都有另一位居士，那就是南投县佛教支会的曾永坤理事长。曾理事长跟林居士一样，都是从小受家庭影响而皈信佛教，把佛教视为唯一依靠，所以平时热心鼓励别人信仰佛教。

由于我经常到彰化，彰化与南投距离不远，有一次曾永坤居士特别带我到南投一游。说来惭愧，那时我对游览、观光并不是没兴趣，只是车资浩巨，不堪负担。不过他们也是庄稼人，克勤克俭，就代为购买公路局的车票，带我一游日月潭。

日月潭位于南投县的鱼池乡，是台湾有名的风景胜地，虽然交通不甚便利，每年仍吸引无数来自世界各地的人士前往观光，尤其

日月潭玄奘寺

现在大陆民众到台湾旅游，日月潭、阿里山、佛光山，都是他们指定必到之处。

日月潭是台湾第一大湖泊，南形如月弧，北形如日轮，故名“日月潭”。其所以有名，主要在于日月潭的美，是由山水共同交融而成，可以说湖光山色，自然天成，是一个风光明媚、景色幽美的度假好去处。蒋介石生前最喜欢到日月潭的涵碧楼行馆避暑，现在涵碧楼已改为大饭店，一直都是日月潭深具号召力的景观与设施之一。

来到日月潭还有一个必到的景点，那就是供奉玄奘大师灵骨的玄奘寺。中日战争期间，玄奘大师的灵骨被日本人带回日本埼玉县慈恩寺供奉，直到一九五五年才迎回台湾。由于蒋中正平时对佛教十分友好，因此在玄奘大师头盖骨迎到台湾时，特别指定在日月潭涵碧楼对面建玄奘寺，并且还建有慈恩塔一座，以报答其母王太夫人的恩惠。

说到玄奘寺，让我想起过去大陆许多寺院都是皇帝下旨敕建，如敕建栖霞山寺、敕建金山寺等；日月潭玄奘寺的创建，完全是蒋中正下令，由各县市政府分担，每个县市五万至十万不等，以现在的币值来看，等同五百至一千万元，所以玄奘寺不是民间的力量，也不是佛教会所建，应该是政府准建的。因此我说，台湾除了台南延平郡王祠是后来由政府扩建以外，玄奘寺是蒋中正准建，应该也算是由政府兴建的佛教道场。

在日月潭寻幽览胜，还可以见到深山中有一间建得金碧辉煌的文武庙，由此也可见出台湾信仰潜在的实力。

记得我在日月潭畅游时，还认识了当地一位原住民酋长毛王爷，我不知道他是属于哪一个部族，但我们一见投缘，他很亲切、友善地请我们吃饭，并把他就读国小的小女儿叫来拜我为师父。这位三公主当时才十二三岁，是个非常美丽的小姑娘，她跟我合照了一张照片，只可惜我平时到处游方，也没有用心去珍藏这些宝贵的资料，这张照片如今已不知流落何方了。不过这是我跟高山族同胞最初的结缘，后来佛光山的徒众当中，也有很多都是原住民。

当天曾理事长见三公主皈依拜师父，他也特地要他正在念高中的女儿曾水锦以及另外一名青年，很正式地行礼拜我为师父。那个时候师徒之间因缘难得，不像现在的人皈依过后就没事了。

后来南投的中兴新村，成为台湾的行政中心，我和慈惠法师都曾被省训团聘为教师，前往授课。另外，佛光山后来也在南投兴建了一所草屯禅净中心，这都是因为早期就与南投建立了一些善缘的关系。

郭庆文

按照台湾的地理，从北到南，南投、彰化之后，应该就是云林县了。在云林县佛教支会的历任理事长中，和我最有深厚因缘往来的，就是郭庆文了。

郭庆文居士本身也是北港朝天宫的董事长，北港朝天宫的妈祖庙，闻名全台。朝天宫的建设因缘，据说是起于清康熙三十三年，一位佛教的僧侣树璧禅师，他从湄洲漂洋过海，带来一尊木刻的妈祖像，就在当时称为"笨港"的地方建庙奉祀，所以直到现在，北港朝天宫的妈祖庙，都是请僧侣担任住持。

当初我在台湾省佛教讲习会有一位学生，他是竹溪寺的徒众，叫能学法师，曾奉竹溪寺常住之命，在朝天宫任住持。有一次我到北港，他还供养我二百元新台币；我这一生接受学生的红包，恐怕就是这么一次了。

妈祖庙旁边有一间弥陀寺，很多修净土念佛法门的居士，他们知道我在宜兰念佛会弘法，经常要我前往开示。另外还有一间慈

由我作词的《妈祖纪念歌》发表会，于北港朝天宫举行（二〇〇七年九月一日）

德堂，办了一所相当有规模的幼稚园，负责人知道我也办幼儿教育，亦多次邀请我去参观。

甚至北港妈祖庙的宗圣台，是他们最大、最为现代化的设备，也曾邀请我前去讲演，记得慈惠法师还帮我翻译台语。我在北港妈祖庙出入的因缘很盛，因此与云林县佛教支会理事长郭庆文居士往来就更为频繁了。

其实早在我刚到北港时，郭理事长就经常带着我到处参观，完全没有省籍不同、语言隔阂的问题，甚至他也要我对闽南语系的居民讲话，他自己权充翻译。后来他拜托我帮忙，希望让朝天宫加入"中国佛教会"当团体会员，我觉得这是一桩好事情。

我认为，基本上我们要接受妈祖是佛教的弟子，因为妈祖也信奉观世音菩萨；再说，关云长都能成为佛教的护法伽蓝，为何妈祖不可以呢？现在台湾所有妈祖庙的主殿后面，都供奉观世音菩萨，以示妈祖是观世音菩萨的弟子;我们应该接受妈祖进入佛教的园地,成为佛教的弟子,所以我想让朝天宫妈祖庙加入"中国佛教会"当团体会员,是最正当不过的事了。

但是当郭理事长提出申请后,"中国佛教会"竟然说,妈祖庙不属于佛教,应该加入道教会。其时我也以常务理事的身份,在佛教会为他们力争,建议应该把妈祖列入到佛教会。我甚至对"中国佛教会"的执事人员讲:我们接受妈祖做会员,就等于接受了台湾四五百万的妈祖信徒为佛教徒;不接受妈祖,失去了五百万信徒,实在可惜!

但是我那时在"中国佛教会"并非主流派,我为他们争取以后,只有更增加妈祖庙入会的困难。不过后来我安慰郭居士说:没有关系,我将来替你作一首《妈祖纪念歌》。

这一句诺言应该是一九五一年初讲的,可是一直到五十多年后的二〇〇七年,我才终于完成了这首《妈祖纪念歌》。我还设立奖金,举办征曲活动,一时有海内外一百多人作曲参赛,最后录取九名进入决赛,分别由陈双雄获得第一名、黄玉梅第二名、周志宏第三名。

甚至特地在北港妈祖庙前,举办一场演唱会,有数千人聆赏,南华大学的雅乐团也前往共襄盛举,以美妙的乐音助阵。此外,我也写了一篇《妈祖,台湾的观世音》,此文刊在二〇〇七年十一月号第二四八期的《讲义》杂志,后来收录在香海文化出版的《合掌人生》一书里。

遗憾的是,当《妈祖纪念歌》发表时,郭庆文理事长已经往生了,如果他在其他世界,知道当初我的一句诺言,如今已经向他兑现了,我想应该也可告慰故人了。

陈登元、吴大海

云林下来是嘉义，嘉义佛教会理事长陈登元居士，与我也有很多的因缘往来。陈居士是三教堂堂主，所谓“三教”，是指先天、龙华、金幢三派的联合。

三教堂和台中慎斋堂一样，都是龙华派的斋教组织，在陈登元担任三教堂堂主期间，他成立“龙华佛教讲习会”及“在家佛教奉公团”，积极主动与佛教人士往来。除了担任嘉义佛教会理事长，他还于一九四六年被推为台湾省佛教会主席。

一九五二年，三教堂改称为“天龙禅寺”，这时陈居士托慈航法师转请，希望我能前去担任住持。我觉得在那个时候的本省人与外省人，大家真是视如一家，彼此毫无隔阂，可惜后来因为党派而慢慢分裂，造成对立，这实在是台湾人的不幸。

继陈登元之后，由吴大海居士继任嘉义佛教会理事长。吴居

陈登元为三教堂堂主，三教堂后改名为天龙禅寺

吴大海居士(左一)捐赠佛光山抽水马达,我后来建"大海之水"水塔,纪念其发心(佛光山宗史馆提供,一九六七年)

士,一九二〇年出生,是晋安药厂的董事长,称得上是当时嘉义的大企业家,虽有一腿残疾,但他拄着拐杖,一样活跃于社会。

一九六七年我开创佛光山,他捐助佛光山抽取地下水的马达等设施所需的经费,所以数十年来佛光山不虞缺水。我特地建了一座水塔,取名"大海之水",就是为了感谢吴大海居士。

吴居士对佛教非常热心护持,尤其嘉义佛教会是唯一拥有会址的台湾省佛教支会,有一间占地宽广的佛教会馆充当办公场所,且有可容数百人集会的讲堂,宛如一座寺庙。他经常请我前去讲演,但我因为忙于法务,就介绍慈庄法师前去帮忙推动佛教。为此,后来佛光山遇有法会,嘉义的信徒也经常上山参加,可以说,早期嘉义的信徒与佛光山很有因缘。

后来有一位陈斗棩老里长,透过吴大海前来商议,因为嘉义圆福寺不知因何缘故,积欠税捐处二百万元的地税,而面临被拍卖的命运。他不忍百年的古刹就这样失去，着急地商之于我，一时之间，我也筹不出二百万元。

后来，听说嘉义税捐处的处长也曾做过宜兰税捐处的处长，慈惠法师曾在宜兰税捐处服务过，于是就请慈惠法师拜托他延期数天，等到佛光山筹足款项代为解决财务问题，圆福寺才终于免遭法拍。之后，又由陈老先生促成把圆福寺交由佛光山管理，作为弘法利生的道场，我也欣然同意了。

姚登榜

由于嘉义的因缘，高雄县的姚登榜跟我的因缘就更加密切了。姚居士是三义成碾米公司的负责人，是一位有德的君子，很有绅士风范，也是煮云法师的弟子。当他被推选为高雄县佛教会理事长后，就请煮云法师到凤山驻锡弘法。煮云法师转而邀我到此讲《金刚经》，以及举办青年讲习会，我也经常到此一住就是十天半个月，甚至一个月。

不过，此时煮云法师所住的地方也只有一榻之地，最初，晚上我都是睡在一张藤椅上。后来姚居士知道了，就说他有一栋房子正空着，要我前去居住，所以后来我和另外几位法师，经常一住就是一个月。

吕竹木

在这些本省人的理事长中，最有趣的就是台南的吕竹木居士了，他也是日本驹泽大学佛教专科毕业。那时他要拜我为师，但实际上他的年龄、声望都超过我，让我觉得台湾人对三宝很尊重，真是谦恭有礼，虚怀若谷。

后来他经常到佛光山参加活动，但只是朋友。直到有一天，他真的皈依了，成为真正的信徒，让我更加觉得，台湾佛教的这些行政人员，基本上对外省人都不分彼此，大家融和，互相尊重，这也可以看出台湾人纯朴、善良的本性。

吴修然、修和法师

那时虽然没有“檀讲师”的制度，但这些在家居士都能撑持起佛教，尤其他们的品德、为人，在佛教里都堪称楷模。记得我曾多次到台东访问，始终不会忘记海山寺的吴修然居士。

那时应该是一九五一年后，我几次前往都承蒙他接待，虽然后来他双眼失明，身体健康不佳，但并没有减损他对台东佛教的关心，一再希望多邀请法师到台东弘法。

到了一九五四年，修和法师在吴修然之后继任海山寺住持，他是我一九五二年在新竹主持台湾佛教讲习会的学生，年轻有为，不但重建海山寺的大雄宝殿、大慈讲堂、藏经楼等多项工程，尤其创办海山幼稚园、组织念佛会、定期举办讲经法会等，振兴海山寺成为台东最富文化气息的大道场。可惜后来因为“吴泰安事件”，与高雄的余登发同时入狱，最后不幸冤死狱中，让人无限痛惜。

台东的佛教，让我感念台湾东部人民的纯朴、善良，所以一心希望有所贡献于当地社会。后来佛光山就在花莲建了月光寺，在台东兴建日光寺，期盼能让正信的佛教，在花东地区真如“旭日东升”，佛光普照。

二〇〇三年，承蒙台东市政府与当地娜鲁湾集团出资兴建的一座大桥，本来要叫娜鲁湾大桥，后来因为日光寺的关系，同时也取意于“太阳从台东升起”，因此改名“日光大桥”，并且邀我主持通车典礼。后来更因为娜鲁湾董事长林炎煌先生的护持，我在台东也兴办了一所“均一中小学”，让我对当地的佛教，也算略尽绵

为台东日光大桥主持通车典礼(二○○三年十二月二十二日)

薄,聊尽于心了。

早期台湾佛教的信徒都很善良,可以说都是仁人君子,都很有道德心,很有弘法的热忱,是真正发心在护持佛法,很少有人会想要利用佛教来壮大自己,因为那时也没有说要选议员,或要争取民意代表,完全是为了佛教。

由于早期这许多台湾佛教基层的领导人,让人觉得佛教很可尊重,很可爱,他们展现的宗教情操,说明信仰至高无上。尤其这许多居士,他们没有败坏佛教,反而帮忙撑起佛教的半边天,所以后来我开创佛光山,提倡人间佛教,主张“四众共有、僧信平等”,甚至倡导在家信众共弘佛法,给予“檀讲师”的资格认定,这就不是没有原因的了,可以说都是其来有自。这也是早期台湾佛教让人怀念,值得记忆的地方。

向台湾佛教长老法师礼敬

一个年轻的初学者，
一生至少要参访五十个以上的高僧大德，
不但要向他们请法、求开示，
并且要能记住他们说过的三五句话，
不如此则不容易成功。
因为透过参访，向善知识大德请益，
一方面增广见闻，
同时开阔思想、胸襟，
尤其多方与人交流、往来，
才能培养宽广的心量与器度，
才懂得与人相处必须要互相尊重包容，
这些都是一个人成功不可或缺的条件，
更是一个以法师人的僧宝
应该具备的修养。

一六六一年(明朝永历十五年),郑成功率部队驱逐荷兰人,光复了台湾;台湾佛教在郑成功光复台湾前后,因闽南僧侣陆续来到台湾而开创。

根据统计,在清代,台湾境内纯佛教寺院有一百多所,此中以创建于明永历十六年(一六六二年)的竹溪寺历史最悠久,是台湾最早的佛寺,与开元寺、法华寺并称为当时台湾的三大名刹。

后来清末到日本占领时代,整个台湾佛教以福州涌泉寺的僧侣为主流,他们发展出高雄大岗山、台北观音山、苗栗大湖山、基隆月眉山等四大派系,都是仿效大陆的寺院建筑,也是台湾初期颇具规模的道场。

在我到台湾之前,台湾佛教界已圆寂的长老,他们在日本占领时代的种种弘化事迹,台湾光复后,现在已少有人提起了。

与江阴市委书记蒋洪亮(左一)参观“巨赞法师纪念馆”,推轮椅者为慧宽法师

例如,苗栗法云寺的觉力禅师,基隆灵泉禅寺的善慧和尚,成子寮观音山的圆净法师,以及台南开元寺的证光法师等。

此中证光法师是台湾彰化人,生于一八九六年,曾留学日本驹泽大学,回台后受日本当局倚重,曾执教于南瀛佛教会,并任《南瀛佛教》杂志编辑主任。一九四三年晋山,成为开元寺住持,之后创办延平佛学院,致力于培育僧才,并曾担任台湾省佛教会理事以及常务理事。

一九四七年,证光法师被推举为台湾代表,参加在南京召开的“中国佛教会”第一届大会。会中与大陆巨赞法师认识,并于翌年巨赞法师访台时予以接待。

巨赞法师于一九四九年中华人民共和国成立后,受中共邀请,出席第一届中国人民政治协商会议,之后连任多届全国政协委员,

觉力和尚

妙果老和尚

并于一九五三年在北京号召成立中国佛教协会，出任副秘书长。

此时在台湾正是所谓“白色恐怖”时期，证光法师被密告与大陆有所往来，因此在一九五五年被国民党以“连续藏匿叛徒”为由，将他枪决，成为政治下的牺牲者，时年六十岁。

上述诸位长老，我都没有见过，所以缘悭一面。后来与我有因缘的早期台湾佛教长老，当然首推中坜圆光寺的妙果老和尚了。

出生于光绪十年（一八八四年）的妙果老和尚，是台湾桃园县人，依止觉力和尚出家，帮助觉力和尚创建法云寺。寺庙建成之后，又独自回桃园故乡兴建中坜圆光寺。我想，妙果老和尚祖籍应该是广东客家人，他善于诗词偈语，尤其写得一手刚劲有力的书法。他效法觉力和尚，致力于教育兴学，尤其光复后，念念于弘法需要人才，于是创办圆光佛学院，邀请在南洋的慈航法师回台担任院长。

我初到台湾时,四处挂单无着,没有落脚之地,就想起他们在办佛学院,于是前往挂单。记得我是在一九四九年春夏之交到达圆光寺,当时正逢佛学院准备举行毕业典礼,院长慈航法师不在,听说要过几天才能回中坜参加毕业典礼。

于是我求见妙果老和尚,得到他的徒孙智道比丘尼替我鼓吹,说她看过我在大陆编的《怒涛》月刊,文字了得。妙果老和尚特地亲自出来与我见面,没想到这一见,我们彼此非常投缘,他甚至私下悄悄地跟我说:“学院就要举行毕业典礼了,所有学生都要离开,大陆僧青年将随慈航法师到新竹青草湖,继续未完成的学业,本省的年轻人也都将各自回寺院,希望你留下来。”

当时,我正是走投无路,挂单无着,甚至在流浪中连衣单都不全,听到他要留我,真是正中下怀。我心想:“即使你叫我走,我也没有地方去,当然要留下来了!”所以我就直下承当,答应留了下来,当时,有十个人留在圆光寺。

其时台湾政治管辖区域的编制还没有更改,妙果老和尚是新竹佛教会理事长,管辖桃、竹、苗三区的佛教事务,因此他要我当他的秘书,处理这三区的佛教公事往来。

其实那个时候佛教往来的公事不多,也没有什么业务要办,只是正逢大陆军政人员等纷纷来台的时期,不少军政人员都到圆光寺来皈依妙果老和尚,如东北骑兵司令徐梁、军长缪澄流,以及黄胪初将军等。后来黄胪初将军出家,名叫律航法师。

这些人来时,大陆人讲话,妙果老和尚听不懂,他讲的客家话,大陆人士也听不懂。由于语言的隔阂,难以沟通,就叫我滥竽充数担任翻译。坦白说,我也听不太懂客家话,不过长住下来以后,我就慢慢揣摩、熟悉,有时虽然还是听不太懂他的广东腔调,但总之讲的都是佛法,我也就顺着意思编凑一番,但总不会太离谱就是了。

中坜圆光寺“启建弥陀佛七法会”。有妙果老和尚(前排中)、本人(二排左七)、煮云(前排左一)、律航(前排左二)等法师参与,前排右五为孙张清扬居士(一九五〇年十月十一日)

因为这样,妙果老和尚认为我对他非常有用,因此对我器重,偶尔会在我完成一件事之后,叫人泡一杯牛奶给我,我也心甘情愿地像海豚一样,表演后都有一条小鱼可吃。

其实,我心里一直很感念妙果老和尚的慈悲,他对外省人总是敞开胸怀,热诚接待。只是听闻他和慈航法师有一些意见不同,因为慈航法师对所有来投靠的学生,总是来者不拒,但妙果老和尚到底是当家,食指浩繁,总得有个限度。

基本上,我认为妙果老和尚慈悲、热诚,尤其对待信徒之亲切,把他们视如家人,给我留下很深的印象。我其时在佛教还没有和信徒接触过,见他对信徒来者不拒,畅所欲言,真是深为钦佩。

因为他对我慈悲赏识，后来就带着我巡视客家地区，那些都是他的教化区域。每到一地，总有很多客家弟子来欢迎，例如苗栗、竹东、竹南、杨梅、平镇、峨嵋等。有时候信徒迎接过后请他开示，他在开示时，都跟大家介绍："你们来看这位外省法师，他是青年僧宝，学问很好，大家来听他讲话。"

我讲话，信徒也听不懂，这时他就权充翻译，帮我翻成客家话。我心里想，你的客家话，我帮你胡诌乱翻；现在我的外省话，你也听不懂，也只有随你怎么翻了！总之，我讲我的，他翻他的，所以我就感念妙果老和尚，为了让外省青年法师在台湾能有生存之地，总是尽量的提携、拉拔。

当然，我对妙果老和尚也是全力护持，我其时帮他们收租，同时把稻谷挑回寺中；我也每天为他们推着手拉车，到中坜街上采购全寺的生活物品。另外，我还帮忙打扫院子里的落叶，清扫所有的水沟、厕所；我也因此受到全寺大众的欢迎，给予我许多的优待。

只是有一次，当我在饭桌上撰写文章时，有一位非常爱护我的老太太达贤姑，走到我的身旁，用台语对我说："法师啊，你要做工作喔，不做工作呒饭呷！写字无路用！"

意思是说，不工作就没有饭吃！这时我才惊觉到，在台湾的寺院里，原来著书立说不算工作。后来妙果老和尚跟我说，在大湖法云寺的地方，过去是他师父觉力老和尚创建的道场，寺旁有八十三公顷的山坡地，种了毛竹，正在长竹笋，一些乡民经常上山偷砍竹子，偷采竹笋，他要我帮忙看守竹林。

我为了报答妙果老和尚的知遇之恩，毫不犹豫地答应前往，于是就在山上的一间小茅棚里住了三个月，每天穿着日本的木屐，在山林里到处巡视，上山下山，如履平地。

每天看守山林之余，到了晚上，我就伏在小茅屋的地上写文章，我利用看守山林的这三个月时间，完成了《无声息的歌唱》这本书。

这些是我和妙果老和尚的一段因缘。一年半后，我离开圆光寺时，我把师父给我的袁大头，现在已记不清是如何汇兑的了。总之，我换了四百元的新台币供养常住，赞助他们重建殿堂。

后来，继承圆光寺的如悟法师年轻有为，他也继续发扬妙果老和尚的精神，兴办佛教学院，并扩大招生，听说学生最多时曾达三百余人。他们也经常到海外招生，因为当地都是讲客家话，而旅居在东南亚的客家人很多，所以法缘很广。

法云寺本身也有很多徒弟，他们在各地兴建圆光寺派下的分院，所以也招募会说客家语言的青年聚在一起，这些当然都是好事。曾经蒙如悟法师邀请我，到他们那里去讲"丛林规范"，我感念与妙果老和尚的一段因缘，因此也欢喜应邀，前去给他们一些助力。

一九五一年我离开中坜圆光寺后，就前往新竹青草湖，应台湾佛教讲习会之邀，到了无上法师住持的灵隐寺。这是因为讲习会设立在此，讲习会在大醒法师中风后，一时无人领导，承蒙他们属意，要我负责教务。然我自觉能力不够，就与他们约法三章，希望他们尽快邀请其他长老，我可以暂时维持学院的弦歌不断。

当时的讲习会大约有六十名学生，三分之二是女众，三分之一是男众，都是来自台湾全省各地的僧信二众。我到达青草湖的时候，就约了心悟、心然来助阵，这二位福州的法师佛学深厚，为人正派，我们三个人就合力顶住了台湾佛教讲习会的教务。

为了充实讲习会的师资，我邀请了"中国石油公司"苗栗出矿

慈航法师和甘珠活佛联袂访问新竹灵隐寺。前排左起：关凯图（日文老师）、幻生、本人、无上、律航、甘珠活佛、慈航、演培等法师（一九五二年十月九日）

坑研究所的几位科学家来助讲，如李恒钺、程道腴、许巍文等，每逢星期日，他们就来教授社会学的知识。

台湾佛教讲习会名义上说是台湾省佛教会办的，但实际上是灵隐寺无上法师提供行政、食宿等资源。无上法师，一九一八年出生，是新竹本地人，为人敦厚，勤劳发心，他一点也不过问讲习会的事务，只是偶尔对我们慰问，表示恭敬赞叹。

至于灵隐寺本身，原本是一所日本神社，一九二四年由宝真法师及地方的士绅共同兴建。最初名为感化堂，一九二七年再度兴建后改名为灵隐寺。自从无上法师接管后，他大力推展教育，开办佛学院，尤其当时台湾佛教讲习会在此办理，无上法师每日忙于为讲习会筹措经费。

现在佛教办教育，一个七八十人的佛学院，要找人护持很容易，但当时灵隐寺并没有大力的护法，无上法师只靠一座灵骨塔，每天忙于念经，靠着一点香油钱来资助讲习会。

那时，我虽然全心投注于教学，但一直很希望能有其他人来接手，因为自己年纪轻，政府对我们也不信任。那时候，我每个星期都要到新竹城隍庙前的广场弘法，每次外出，必须要到派出所请假，进出多有不便，所以我很希望能提早结束这种教学生涯。

不过，幸而这种情况后来有了改善，因为派出所奉政府指示，要办理"民众国语补习班"，只是补习班开办后，民众参加的意愿缺缺，有时即使发出传票，民众也不愿意参加。

一位警官就问我："你们可以帮忙办理民众国语补习班吗？"我想这应该不是困难的事，记得十岁左右，当时抗日刚刚开始，我也参加过抗日补习班。每次去了，不是唱唱歌，就是练练字；印象中，办理补习班应该不是难事，因此就承诺接办。

第一天上课，只有二十余人参加，但是不到两个礼拜，就增加为八十多人，后来甚至增至二百多人，让派出所的警官讶异不已。因此解除我到新竹街上弘法要请假的禁令，告诉我以后不必请假，后来我就可以自由外出弘法了。我真是谢天谢地，感谢三宝加被，让我得以进出自由。

当时从青草湖到新竹的城隍庙，徒步走路大约要两个小时，那时没有公车，我也不会骑脚踏车，都是走路。后来壹同寺的住持玄深法师，她是贵族出身，生得十分端庄、高贵，平时不轻易与人交谈，她以五十多岁的高龄见我一个年轻比丘热心弘法，也心生尊敬，就主动骑车载我。当时我只觉得，弘法能受龙天护持，能得信徒爱戴，真是一件美好的事。

壹同寺住持玄深法师

大仙寺开参法师

我在讲习会期间，正是一九五二年，适逢台南关仔岭的大仙寺想要传授三坛大戒，只不过“中国佛教会”认为他们师资不全，下令不许传戒。

然而大仙寺的人，他们对佛教很虔诚，认为台湾需要传戒，就到“中国佛教会”要求，请“中国佛教会”派人前去传戒，白圣法师即刻答应。其时本来要请南亭法师担任尊证，但南亭法师不克前往，就由我代理，所以在台湾佛教第一次传授三坛大戒的堂上十师当中，我也跻身其中，留下一张照片纪念。

因为到大仙寺传戒，认识了开参老和尚。开参老和尚，高雄县人，出生于一八九三年，是一位本分老实的修行人。虽没有念过书，不识字，但他认真修持，品行端正，也堪为大众模范，所以我和他来往，觉得他是个有道之士。

寺中住有三百余人，大部分也都没有读过书，顶多在身份证记载着“不识学”或“私塾二年”，不过他们都非常的有道心，安分守

台湾光复后，首度于大仙寺传授三坛大戒，当时我(前排左六)为堂上十师之一(一九五三年一月)

己，认真修行，而且文质彬彬，循规蹈矩。尤其寺中也有一些优秀的青年，见到我这外省的年轻法师，也都很乐意来亲近。

大仙寺有个规矩，就是投入寺中要做苦工十五年，然后由常住赏赐一间专用的房间，作为报答；他们就为了将来有个房间，因此心甘情愿地为常住效劳十五年。那时我经常听说：某某人苦工十五年满了，非常羡慕；某某人还有一年、还有二年就要满了。可见他们也都活在希望之中。

经过这一次的因缘，后来在一九六七年佛光山开山后，这些年轻人也到佛光山来帮我，他们在大寮典座、服务，准备三餐饮食，所以我觉得人生要欢喜跟人结缘，结缘实在非常重要。

在这一段期间，也感谢慈航法师带我去访问居住在新竹法源寺的斌宗法师。对于斌宗法师，我久仰其名，他专研天台，是鹿港人，一九一〇年出生，十四岁时在狮头山金刚寺礼妙禅法师（字闲云）出家。一九三三年到大陆天童寺受戒，戒和尚是圆瑛老法师。在此前后，他遍访大陆各大名山古刹，包括鼓山涌泉寺、曹溪南华寺、奉化雪窦寺，以及焦山、金山、普陀山、九华山等，并先后亲近过虚云老和尚、高旻寺来果和尚等，也在观宗寺听宝静法师讲学，以及在静权法师主持的天台佛学院研究四教仪、法华及天台教观等。

新竹法源寺斌宗法师

记得我和慈航法师去拜访他的时候，谦虚练达的慈航法师请斌宗法师开示，基本上他讲得很传统，是比较老式的说法，不过内容讲些什么，我已不复记忆了。

斌宗法师的弟子有印心、觉心、净心、晃心等，印心就是同样专研天台而受人推崇的慧岳法师；晃心则在台湾佛教讲习会读过书，跟我也算是有一段师生情谊。

可惜的是，斌宗法师正当壮年，四十八岁就圆寂了。想到前面提过的开元寺证光法师，他在佛教会身负要职，却不幸遭到政治灾难；而在佛学义理上专研有成的斌宗法师，也是壮年早逝。那个时候，不免为台湾佛教的长老逐渐凋零感到哀伤。

庆幸的是，我在高雄弘法数十年中，和元亨寺菩妙长老、宏法寺开证法师、龙泉寺隆道法师的往来，应该值得一谈。

于高雄劳工育乐中心演讲。菩妙长老(左一)、开证长老(左二)与慧律法师(右二)前往听讲(一九九〇年十二月二十八日)

菩妙法师是在台南竹溪寺跟随眼净法师出家,早期我还曾经去拜访过眼净法师。菩妙老是一九二一年出生,高雄人,他在大岗山、观音山,都曾闭关过,专修净土,一生以诚信待人。开证法师也是高雄人,一九二五年出生,记得我来到高雄的时候,他才刚出家不久。出家后,得到高雄千光寺郭马居士(郭马居士后来出家,法名开圣)的支持,创建了宏法寺。另外就是隆道法师,他是台中人,出生于一九〇六年,主持内围的龙泉寺,也担任高雄市佛教会的会长。

他们三位都比我年长,有的还晚我出家,但是我和他们相处数十年,从无隔阂,一路走来,大家相互照顾,佛教的事业,彼此也都

泰国华僧尊长普净上座率团来访，东方佛教学院全体师生欢迎。前排法师：隆道（左五）、道安（左六）、普净（右四）、慧峰（右三）、本人（右二）（一九七〇年九月十八日）

很团结。在高雄市，我们这四个人、这四所寺院，互相支援，信徒也都随意地来去。

我那时候非常的庆幸，在弘法的地理上选择到南部来。尤其，在佛教的长老出家人中，我有他们这许多善良的道友，有着为佛教的愿心。我回忆起来，他们在高雄市弘法四十余年，而佛光山是在高雄县，其时，凡有关佛教的活动，隆道法师的高雄市佛教会对我们每一件事，都是乐观其成，以助人为快乐之事。

菩妙法师更是一位“好好法师”，凡对他有所央求，他都一切OK。开证法师也是幽默乐观，率性相助。所以，在高雄市的佛教界，从来没有勾心斗角，没有个人预设立场。我们不曾谈到省籍问题，也没有先来后到的差别，更不曾有过谁大谁小的顾虑。在高雄

我主编的《台湾佛教寺院庵堂总录》，为第一本详尽记载台湾全省寺院庵堂资料的精装书籍(一九七七年四月十五日)

佛教界，基本上，男众出家法师中，年龄相差不多的，就是我们四个人。

所以，我很感谢这许多的善友支持，在佛门里面，可以不同行相忌，从无怨言，也算是人间幸事了。

不过，总说台湾佛教的长老感觉为数不多，原因何在？就我的观察分析，原因不外乎：其一，有一些青年学僧，有志到大陆参学，但由于水土不服，或因大陆寺院不重视营养，所以很多都是年纪轻轻就夭亡，例如真常法师、达虚法师等。

另外，也有一批人到日本留学，回台后到各级学校教书，如李添春执教于台大，以及在台南新营高中教书的张玄达等；因为在社会上久了，慢慢就流入到社会里，最后还俗以终。

还有，新竹狮头山的如净法师，台中的林德林、刘智雄、陈铭芳，以及高雄的林隆道，他们多数已受日本佛教的影响，有的保持戒律，有的游走在佛门的门里门外，所以我就不一一记载了。

所以，在佛教里，一个僧才的养成确实不易，除了自己的福德因缘要具足，还要有善知识的提携、指导。因此我曾说，一个年轻的初学者，一生至少要参访五十个以上的高僧大德，不但要向他们请法、求开示，并且要能记住他们说过的三五句话，不如此则不容易成功。因为透过参访，向善知识大德请益，一方面增广见闻，同时开阔思想、胸襟，尤其多方与人交流、往来，才能培养宽广的心量与器度，才懂得与人相处必须要互相尊重包容，这些都是一个人成功不可或缺的条件，更是一个以法师人的僧宝应该具备的修养。

大陆佛教长老的风范

我记得太虚大师到焦山来的时候，
我们从焦山的山门口列队排班，长跪迎接。
太虚大师虽然身材不高，但他法相庄严，
和慈航法师一样，都像尊弥勒佛。
在培训期中，我也听不懂太虚大师讲话，
他声音很小，
我听课的地方离他也只是两丈左右，
距离并不远，但他声音很不容易听得清楚。
不过他有一句话：
“我们要为了佛教！我们要为了佛教！”
不断地在我耳际之间响起。
虽然就只是这么简单的一面，
但在我的一生当中，
“为了佛教”这句话却发生了很大的力量。

我出生在一九二七年，据母亲告诉我，当时正值蒋介石北伐，他和五省联军总司令孙传芳在我的家乡会战，有一天，门外正在杀人，我就在家中呱呱坠地了。

由于生逢战乱，又因家贫，从小没有进过正式的学堂上过课，甚至连学校都没有见过。我的母亲也没有读过书，但她对当时的政治、社会相当关心，常常跟我们讲说一些所谓的八卦新闻，从孙中山讲到蒋介石，甚至将来谁会统治中国等。母亲述说的，一半是皇朝思想，一半是当时的政治情况，我们不懂，随她姑妄言之，我们也就姑妄听之。

到了我十二岁出家以后，虽然也没有办法接触到当时的社会，所幸在栖霞山，我有机会为栖霞图书馆服务，得以阅读到《海潮音》杂志，从中不但知道太虚大师，同时还知道太虚大师和佛教许多长老的因缘，以及他的一些优秀学生。因为接收到这些佛教的讯息，自己也因此兴起了效法前辈大德为教护法的热忱。

当时还有一本《弘化》月刊，也让我知道印光大师在民间弘扬念佛法门，他是如何的发挥度众力量，如何的具有影响力。

此外，由于栖霞山是宗仰上人在一九一九年中兴重建的，而宗仰上人在上海哈同花园帮助哈同夫人罗迦陵女士印行《频伽藏》，办过华严大学，所以我们也从而接触到上海的月霞、谛闲法师等许多长老的思想。

栖霞山在当时是个“禅律并弘”的丛林道场，又经常和镇江金山寺来往，所以知道许多禅宗大德，如虚云长老，以及金山的仁山、霜亭等诸师。也可以说，在大陆，我虽出生也晚，但对于民国初年的佛教，我就不断地关心。

太虚大师

太虚大师，浙江桐乡人，生于一八九〇年。当时在抗战期中，我们在沦陷区的南京，太虚大师在陪都重庆，由于栖霞山是南京的名胜，是所谓“六朝圣地，千佛名蓝”的古寺，往来人事很多，我们偶尔也从别人口中听到一些关于太虚大师的事迹。

对于太虚大师代表政府到印度宣扬抗日的意义，尤其让我们心生景仰；特别是我的同学智勇法师跟我说，如果太虚大师现在命令他赴汤蹈火，他绝对不会皱眉问他为什么？由于智勇法师也是我非常崇拜的一位品学兼优的同学，他的这番言论，让我直觉太虚大师绝对不是一个平凡的人。

抗战胜利后，我们盼望着太虚大师能随着还都的人潮，早一点回到南京。但当时或许由于交通问题，不容易一下子返回南京，不过他传来一个讯息说，明年（一九四六年）要在焦山佛学院办理

太虚大师

“中国佛教会会务人员训练班”，这一个责任就交由我们的佛学导师芝峰法师负责。

芝峰法师与大醒、法舫、法尊，等于是太虚大师的四大弟子。抗战期中，芝峰法师大都坐镇在焦山教书，他是浙江人，他的温州口音我们都听不懂，不过我还是听懂了其中一句话，这句话让我终生受用不尽。有一次他在讲课的时候，叫我们不要学习小乘，说时就在黑板上写了四个字：“焦芽败种”，并不断用他的温州口音讲：“不要做焦芽败种。”

这句话深深打动了我的心，我本来就是要为佛教献身，听到他讲“不要做焦芽败种”，可以说真是正中下怀。尤其，这时从芝峰法师那里听说，太虚大师就要回到南京，准备在镇江焦山办理“中国佛教会会务人员训练班”，心中真是无比振奋。

因为那个时候，蒋介石发布了一个命令，抗战胜利后的中国佛教，要请太虚大师组织“中国佛教会”。成立之前，先由“整理委员会”负责。“整理委员会”有三个人，第一名就是太虚大师，第二名是西藏章嘉活佛，第三名就是曾经跟随孙中山先生做过军需处处长，后来担任“国大代表”的李子宽居士。当然，整理后，必然是由太虚大师担任理事长，所以太虚大师想要先行训练一班会务人员。

法尊法师

法舫法师

芝峰法师译作《禅学讲话》

在焦山佛学院读书的一百多名学生闻讯后，个个跃跃欲试，大家都想追随太虚大师，希望将来能进入“中国佛教会”，从事佛教革新的工作。训练班在一九四六年的夏天开班，太虚大师还特地把湖南的茗山法师、重庆归来的尘空法师等人，一起请来焦山助阵，并有来自各方的六百多名学员参加。我也能以一个不到二十岁的青年僧，参与其中的培训，感觉到佛教的前途未来，必能有很大的作为与希望。

我记得太虚大师到焦山来的时候，我们从焦山的山门口列队排班，长跪迎接。太虚大师虽然身材不高，但他法相庄严，和慈航法师一样，都像尊弥勒佛。

在培训期中，我也听不懂太虚大师讲话，他声音很小，我听课的地方离他也只是两丈左右，距离并不远，但他声音很不容易听得清楚。不过他有一句话：“我们要为了佛教！我们要为了佛教！”不断地在我耳际之间响起。

后来在路上，无意之间和太虚大师迎面而遇。我们赶快站在路边，合掌让道，等他过去。但是太虚大师忽然停了下来，看看我，我合着掌，他就连声跟我说：“好，好，好。”

我一时来不及回应，他见我默然无语，没有跟他讲话，就含笑被一些人簇拥而去了。虽然就只是这么简单的一面，但在我的一生当中，“为了佛教”这句话却发生了很大的力量。

在此期中，还闹了一次很大的风潮。太虚大师曾经提倡僧装改革，而我在焦山佛学院的副院长东初法师，他在抗战胜利后也设计了一套新僧装，并送到训练班，要受训的学员身先响应。

当时我们实在买不起这一套新僧装，但为了要响应改革，要穿新僧装，于是大家想办法去借贷、张罗，很辛苦地买了这一套新僧装，可是穿起来感觉并不新，也不像出家人。就在这个时候，镇江超岸寺的守培长老，在报纸上发表了一篇文章，题目叫做《僧装无价宝》，不赞成东初法师改革的僧装式样。

我记得当时东初法师说，新僧装经济、方便，但是守培法师认为出家人保持僧装，一是传统，二是庄严，必须要和世俗社会分隔清楚。我想，大概是由于新僧装的式样和颜色，都不是让人非常满意，再加上守培法师喊出“僧装无价宝”的口号，东初法师的理论也就不了了之了。后来我们也等着太虚大师给大家一个指示，不过也许大家都忙于“中国佛教会”的改选，也就无暇触及枝末的问题了。

太虚大师那时候还不到六十岁，年龄不是很老；但由于他二十多岁就出来讲经弘法、兴办教育，历时三十多年的过程，也如同孙中山先生革命一样，历经无数的挫折。我们都相信，佛教经过这一次太虚大师的领导，必能走上复兴之路。

由于太虚大师是由陪都胜利返京，后台又有蒋介石先生的支持，所以在沦陷区的各界佛教人士，也都偃旗息鼓，只有表示欢迎了。

记得太虚大师是在一九四六年五月由重庆返抵南京，到了冬

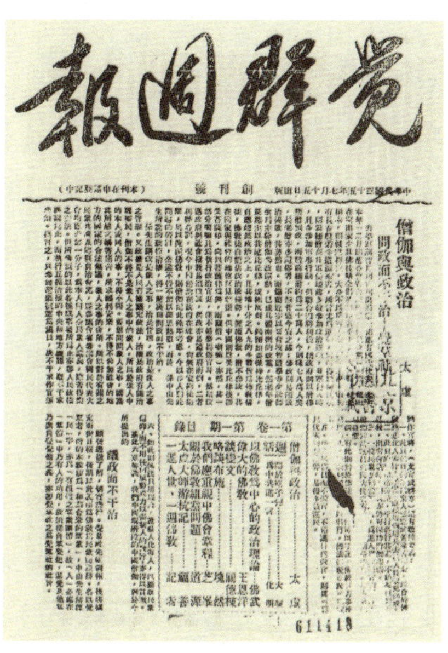
覺群週報

中華民國三十五年七月十五日出版　創刊號　（本刊在申請登記中）

僧伽與政治

問政而不干治

太虛

第一卷第一期目錄

僧伽與政治……太虛

以佛教為中心的政治理論

偉大的佛教

我們應重視中佛會章程

議政而不干治

太虚大师于上海玉佛寺创办的《觉群》周报创刊号（一九四六年七月十五日）

天，我离开焦山，回到祖庭宜兴白塔山大觉寺。这时听闻太虚大师到上海，驻锡在玉佛寺，创办了一份《觉群》周报，畅述改革佛教的理想，并提出佛教未来发展的蓝图。每周我们都热切地盼望着《觉群》周报出版，感觉到太虚大师到底是太虚大师，内容很进步、很革新，很有佛教的道风。

但是正当大家对新佛教怀抱憧憬、满怀希望之际，一九四七年初，太虚大师突然圆寂了，世寿五十九。消息传来，我们真如天崩地裂，所谓如丧考妣，当时的心情，实在说比丧了考妣更加激动，我们知道多难的中国佛教，未来还是有很多坎坷的道路要走。

太虚大师怎么会在五十九岁的英年去世呢？我想，在他圆寂的一周前，他最喜欢的一个年轻弟子，也就是《海潮音》杂志的主编福善法师，他以三十岁之龄往生了。又在此三天前，上海玉佛寺住持，也是《中国佛教人名大辞典》的主编震华法师，也不幸示寂了。

太虚大师最珍惜佛教人才，我想，当时心情的激动，再加上在他身体肥胖、血压升高的情况下，很容易脑溢血中风，这是让人最感遗憾、难过的事了。

太虚大师圆寂后，佛教界人士顿感“人天眼灭、慧日西沉”，大家都觉得未来的佛教，真是前途艰难。不过想到太虚大师有许多的弟子，像我在栖霞山的老师，应该都是太虚大师的门人，或是再传的学生，他们总有人能担当太虚大师的遗愿吧！

但是这个时候，在上海圆明讲堂的圆瑛长老，却幸灾乐祸地说，太虚大师一生都想当选“中国佛教会”的领导人，眼看着这个位置就要到达了，可惜又没有福气。

太虚大师是于一九四七年三月十七日在上海玉佛寺往生，同年四月八日（一说为五月二十六日），在南京召开“中国佛教会”第一届全国会员代表大会，选出章嘉大师担任理事长。当时我们焦山佛学院的青年，无不希望能参加大会，但是“中国佛教会”必定有它的章程、办法，并不是谁要参加就能参加。于是大家就在南京张贴标语，呼吁佛教会要重视青年，要让佛教青年代表参加。

记得那个时候，我也跟随大家呼喊、助阵，最后“中国佛教会”妥协，准许焦山佛学院派遣五个人列席参与，这才平息了我们这一群热衷会务的青年，大家为教的热心终于得到重视。

雪松法师

雪松法师

顺此一提，当时第一届“中国佛教会”的秘书长雪松法师，他是扬州人，生于一九〇九年，二十一岁时礼江苏盐城放生庵映中和尚出家，同年于浙江天童寺受戒。一九四六年应太虚大师之邀，担任“中国佛教整理委员会”秘书，翌年兼任“中国佛教会”秘书长及南京佛教会会长。

从那个时候起，我就很尊敬他，他曾以出家人的身份，担任盐城县参议员，行政经验丰富，办事能力很强。我后来在各处也很想支援他，但就是没有这个缘分，一直引以为憾。一九八九年我率领“国际佛教促进会弘法探亲团”回大陆弘法探亲，当时已八十一岁的雪松法师，特别亲到江都，陪我参访大明寺，老人家的盛情，也是真挚可感。

圆瑛法师

在太虚大师的著作——《我的佛教革命失败史》中，谈到他的新佛教运动失败的原因。依我看来，如果说太虚大师的佛教改革算是失败的话，原因应该有两点：

圆瑛法师

第一，太虚大师英年早逝，他在“中国佛教会”即将成立，即将有所作为的重要时刻圆寂了，因此壮志未酬，所愿未成。第二，圆瑛长老与他的思想不同，成为他改革佛教的一大障碍。

圆瑛法师，福建古田县人，生于一八七八年，与太虚大师本有金兰之谊。太虚大师十七岁时于浙江天童寺受戒，与时任知客的圆瑛法师相遇，圆瑛法师当时二十九岁，由于爱才，就和太虚大师结成金兰之交。这两位佛教界具有代表性的人物，应该在之后的岁月里，共同为佛教而携手合作才对，但是两个人由于处境、思想不同，后来就越走越远了。

圆瑛法师一直以丛林规范为主，像他住过浙江天童寺，那时候是佛教丛林的首刹，他在鼓山涌泉寺也住持很久，也是一个颇具规模的大丛林道场。但太虚大师没有做过住持，没有道场为根据地，他一直和章太炎、孙中山，以及梁启超、谭嗣同等人为伍，所以后来他的思想就以世界为抱负，认为佛教应该要救世救人，因此和圆瑛法师以丛林为主的想法就越走越远。后来圆瑛成为佛教旧僧的代表，是保守派的长老，太虚大师则为新僧代表，是为新佛教的领袖。

综观民初的佛教，各地丛林大都接近圆瑛法师，如虚云老和尚就拥护圆瑛法师，成为圆瑛法师这一派；相对的，一些就学的年轻人，则倾向太虚大师这一派，新旧僧两派从此势如水火，互不相容。

中日战争前，佛教的内忧外患特别多。内忧，就是新旧僧不团结；外患，如冯玉祥在河南毁寺逐僧，如南京政府内政部长薛笃弼与邰爽秋倡导庙产兴学等。

那个时候，在中国知识分子一片打倒孔家店的声浪中，佛教也遭受灾难，如民初的军阀大量扩军，他们要住在哪里呢？都以寺院为营房，可以说不管是正规军、杂牌军，这些军阀都要食住，寺庙正好作为他们的根据地。

这种情况从民国初年一直到抗战开始，延续了二十几年；甚至抗战胜利后，还有少数的军队不肯迁让。例如，台北市的善导寺，在我一九四九年到台湾时，就看到寺里住了兵役科及交通警察，后来还是靠李子宽运用政治上的力量，以蒋介石为背景，才慢慢地把他们陆续迁移。

关于太虚大师和圆瑛法师的新旧僧思想斗争，应该不能归于两人修养上的问题，而是当时思想不同所致。由于圆瑛法师和太虚大师两派的门人，张起大纛，明显对立，所以引起当时佛教界的长老，如印光、月霞、印慈、谛闲、兴慈等，都远离纷争，不予议论，不表示立场。

但在我看来，这许多长老应该还是以圆瑛法师为佛教的中心。圆瑛法师在一九一四年当选为“中华佛教总会”参议长；一九二九年被选为“中国佛教会”会长。一九四一年，“中国佛教会”在上海举行第三届全国佛教代表大会改选，太虚大师当选常务委员，将会所移至南京办公，造成圆瑛法师等人抗议。后太虚大师辞常委之职，部分执委于上海成立一个“中国佛教会”上海办事处，圆瑛法师才就职，所以佛教的纷争从此就更加无休无止了。

圆瑛法师以佛教的丛林长老为背景，但太虚大师在社会上的声望也不容小觑。那时候他学术先进，思想宏观，一些学界的人士，如胡适之、林宰平、梁漱溟、军惠康、殷人庵、梁家义、范任卿、黎锦晖等，以及政界、军界，也都倾向拥护太虚大师。

在民国成立后的中国佛教，正是一个发展的契机，虽然仍难免于旧有的、山林的、消极的、经忏等流俗弊端，尤其人才缺乏，但此时佛教随着孙中山的革命运动，也有一些觉醒，如各地纷纷筹办佛学院，在北方有柏林佛学院、青岛湛山寺佛学院；在南方有厦门闽南佛学院、焦山佛学院、武昌佛学院、汉藏教理院、武林佛学院、上海佛学院、普德佛学院、毗卢佛学院、光孝佛学院、天宁佛学院、大觉佛学院、文殊佛学院、宝华佛学院、南华佛学院、南岳佛学院、静安佛学院等，大大小小的佛学院至少有百间以上，一些青年都不以当家住持为目标，一心想受教育，将来要弘法利生。

可惜由于新旧僧之争，以及对日抗战开始，而把复兴佛教的美梦都给敲碎了。后来圆瑛法师于一九三四年在上海创办“圆明讲堂”，并于一九四二年成立“圆明楞严专宗学院”，他自任院长，并亲自主讲《楞严经》，我的同学煮云法师就曾前往就读，可是当时我比较倾向于太虚大师，对这许多长老，那个时候难免没有分别。

圆瑛长老虽在一九五三年四月当选为中国佛教协会的首任会长，但同年九月就在宁波天童寺圆寂了，享年七十五岁，著述有《圆瑛法汇》传世。

中华人民共和国成立后，大陆佛教界新人辈出，如巨赞、法尊、正果、明旸、真禅、明真法师等。我虽然没有亲近过圆瑛法师，但和他的首座弟子明旸法师，后来成为莫逆之交。

在一九八九年两岸开放的第三年，我率领"国际佛教促进会大陆弘法探亲团"到大陆访问，当时我们有正团七十二人，副团五百多人，在大陆我和明旸法师、真禅法师等人，就已多所交往。在此之前，于美国西来寺举办的世界佛教徒友谊会中，也曾做了一些意见的融和。

后来我在美国传戒、开会，都会邀约明旸、真禅法师等人参加，我好像代替太虚大师，成为新佛教运动中的一粒沙石，和圆瑛法师的法派做了一番融和。

宗仰上人、若舜老和尚、卓尘长老

除了圆瑛法师以外，在大陆佛教界早期的长老中，宗仰上人可算得上是我的师祖辈。

宗仰上人，江苏常熟人，生于一八六一年，一九二一年圆寂。我是一九二七年出生，一九三九年出家，我和他已经相隔了将近二十年，但后来宗仰上人的法子若舜老和尚，是我的得戒阿阇黎。

若舜老和尚是泰州人，生于一八七九年，卒于一九四五年，与霜亭老和尚是为法兄弟，曾任金山江天寺的监院，并在香港荃湾开创鹿野苑，成为栖霞山的下院，所以栖霞山和金山江天寺算起是有着法系的关系。

另外，我的开堂是卓尘长老，江苏泰县人，他是栖霞山的退居，在法系上讲，应该是我的师公辈。为人慈祥恺悌，长得相貌庄严，有“美颜公”之称。

宗仰上人画像

宗仰上人是金山寺的监院，一九一九年复兴栖霞山寺；民国肇建之前，他随孙中山先生革命，住在上海，因此后来金山寺就由二监院霜亭法师（一八八二—一九五四年）住持。

在霜亭法师升座为金山寺方丈前一天，宗仰上人从上海回到镇江，挂单在超岸寺。金山寺知道以后大惊，认为下面不知道会有什么问题发生！但是宗仰上人写了一副对联，托人送到金山寺给霜亭法师，他说：“汝兄回来，并无此意，吾弟主席，尽管放心。”一个紧张的局面，就在他的这一副贺联下化解于无形，一时成为美谈。

卓尘老和尚也是金山的法系，在金山担任头单知客，后来听闻金山寺传法，在招收的法子名单里没有他，觉得有被遗弃的感觉，他就“以退为进”地对霜亭和尚说：“我想和常住告假，到其他地方参学。”

霜亭和尚这个人实在是非常的老练，一听到这句话，即刻就说：“哪一位知客师在？我们赶快办一桌宴席，为我们卓尘头单知客送行。”这句话一出，卓尘长老不走也不行了。就这样，后来卓尘和尚成为栖霞山的住持，和若舜和尚同时继承了宗仰上人的事业。

这件事是发生在一九二〇年北伐前后，后来家师志开上人很幸运地——因为他在抗战初期救济难民有功——受到赏识而在栖霞山授记，先任监院，后任住持。所以我在一九三九年，因缘际会，就在栖霞山权宜剃度，随他出家了。

十年后，我在一九四九年到台湾，这一别整整过了四十年，才又再度回到大陆。但因为年轻时我在大陆各方参学、结缘，也结识了很多的同道、师友，所以近几年来，我与大陆佛教还是保持很好的互动。

惟贤法师

例如四川华岩寺的住持惟贤长老，四川蓬溪县人，一九二〇年出生。算起来，应该是太虚大师在大陆硕果仅存的弟子了。

惟贤法师在一九三六年考进太虚大师创办的汉藏教理院时，是院中最年轻的学生。汉藏教理院位在重庆的缙云山，成立于一九三二年的秋天，当时延揽了全国优秀老师如法尊法师、法舫法师等，前来办学授课，造就了许多优秀的人才，成为当时佛教教育的一大重镇。

解放后没多久，惟贤老大概因为出身太虚大师的佛教系统，前后受了二十六年的牢狱之灾。但后来也由于他出身汉藏教理院，又是重庆市佛教协会的会长，在四川有相当的影响力，我们也有过多次接触。例如二〇〇六年四月，在浙江杭州举行的第一届“世界佛教论坛”，我和他都有参与；二〇〇七年三月，我应邀到重庆三峡博物馆举办“觉有情”墨迹展的时候，他特地欢迎我到华岩寺去。

那一次对我的到访，大概因为我们同样都很关心佛教的前途，所以他特别热忱地召集了数千信众夹道欢迎，并且搭台邀我做了

于重庆华岩寺，年近九十的惟贤长老与我同行（二〇〇七年四月九日）

一场公开讲说，接着又安排我为四川佛学院的百余位学生讲话。看着那么多佛教的新生代，我为惟贤长老承继太虚大师的志愿，致力培养僧才有成，心中感到无比欣喜。

此外，二〇〇八年十一月，浙江奉化雪窦寺举行了"弥勒文化节"，我应邀前往为弥勒尊佛主持开光典礼时，惟贤老也从重庆飞到奉化，我们下榻在同一家饭店。到了二〇〇九年四月初，第二届"世界佛教论坛"在台北闭幕；他随行搭上包机首度跨海来台，住在台北圆山大饭店。九十岁高龄的他，精神奕奕地随团出席各项活动，还参访了台北"故宫博物院"等地，让我实在不得不佩服他的精神毅力。

可惜我们每次见面都是来去匆匆，也由于他比我年长七岁，那时候我和他讲话，他的听力已经不是很好，所以对于佛教很多的问题，也难以交换意见，甚为遗憾。

想到过去的这许多年高德长的老和尚，都有着传统佛教的道德风范，除了惟贤长老外，还有如江苏无锡祥符禅寺的无相和尚、常州天宁寺的松纯和尚、扬州高旻寺的德林长老等，也都是有德之士，我和他们也都有一些往来的因缘。

无相法师

我与无相长老曾在常州天宁寺有过同参的因缘，后来因为无锡灵山大佛的关系，我数次前往他驻锡的祥符禅寺，他念着往日同参之谊，都给予我热情的接待。

无相老与我同龄，一九二七年出生于江苏东台。出家以后，一九四六年先后到镇江金山寺、常州天宁寺参学，后来又到上海玉佛寺佛学院读书。之后，几经时局动荡，他就一直在无锡佛教协会协助许多弘法事务。一九九四年开始，参与重建祥符禅寺及建设灵山大佛的工程。

提到无锡灵山大佛，对于大佛建设的因缘，也顺此一叙。一九九四年春天，我取道香港，再度回到南京、扬州访问，并特别到江苏海安祭拜家师志开上人。期间，承蒙中国佛教协会赵朴初会长以八十八岁的高龄，特地从北京搭火车到南京来看我。

赵朴老那一次南下行程中，也到了宜兴等几个地方，经过无锡，视察马山小灵山的环境，表示要全力恢复建于唐朝的祥符禅寺，并且支持在寺院的后山建造一尊大佛，期许祥符禅寺成为日后培养人才的基地，以及世界佛教的交流中心。

三年后，也就是一九九七年十一月，祥符禅寺、灵山大佛举行落成开光典礼。当时，茗山长老担任该寺中兴第一代住持，无相长老是为监院，后来在二〇〇一年无相老升座，成为中兴第二代住持。

出席在江苏无锡举行的“灵山世界公益论坛”，与无相长老会晤（二〇一〇年五月二十三日）

现在，八十八米高的灵山大佛，不仅是无锡的新地标，并且成为中国佛教近百年来重要的标志。自从开光以后，接待过无数海内外来访的元首、贵宾、十方善信，甚至每年的访客都达百万人次以上。举办过多次重要的教界活动，像我参加过的就有二〇〇七年的“灵山胜会——两岸和合·共生吉祥”，还有二〇〇九年在无锡开幕、台北闭幕的第二届“世界佛教论坛”，以及二〇一〇年的“灵山世界公益论坛”等等。

无相长老以及灵山公司董事长吴国平先生几次告诉我，如果没有那次赵朴老南下与我相见的因缘，可能也就没有后来的这许多殊胜之事了。其实，世间事都是众缘所成，哪里会是由我单一的因素而成就的呢？不过对于自己能助成盛事，成为其中的一粒小沙石，也是颇感欣慰。

松纯法师

除了无相老以外，和我同在常州天宁寺参学，有着同参之谊的，还有一位，就是现任常州天宁寺的住持松纯长老。

松纯长老和我，以及无相长老一样，都是一九二七年出生的。松纯老是江苏兴化人，早岁出家，但一直到一九四六年才到宝华山受具足戒。他长于梵呗唱诵，音声嘹亮摄众。据慈惠法师告诉我，早在两岸开放之初，他代我去向松纯老拜访时，松纯老就送了一套自己亲口录制的梵腔《华严经》给佛光山。

与松纯长老（妙香法师摄，二〇一〇年九月十日）

松纯老念着我和他同在天宁寺参学的因缘，所以几次的往来，彼此都感到特别亲切。他写得一手好字，经常以字与人结缘，曾经送我一幅“人间佛教”，我也回报给他一幅“共生吉祥”。二〇〇七年四月，应他邀请，我前往参加重建的十三层天宁宝塔开光，看到松纯老把“共生吉祥”四个字制成匾额，挂在宝塔上。我想，这除了表达我们之间的情谊以外，也算是对当时两岸的往来，留下一份期许吧！

后来同年十月，我在宜兴大觉寺举行观音殿的开光典礼，他也特地前来共襄盛举，并且不断地供应油米、食粮，让我在重建祖庭初期，在各方条件都简约的情况下，能够招待十方。

二〇一〇年九月，他邀约我到常州大剧院“龙城讲坛”以“道德力量与幸福智慧”做了一场讲座。当时我正患了严重感冒，日夜不停地咳嗽，几乎不能讲话。但为了回报松纯老的情义，我坚持承诺，不惜违背医师的嘱咐，依约前往。所幸，后来不负使命顺利圆满了。

“龙城”是常州市的别称，它是一座具有两千多年历史的文化古城，松纯老在名闻遐迩、有着“东南第一丛林”之称的常州天宁寺弘化一方，身为同参的我，也为他感到欢喜。

德林法师

近几年来我到大陆，也多次应邀到位于家乡扬州的高旻寺拜访。高旻寺住持德林老和尚是河北丰润县人，年纪比我大，出生于一九一四年，一九三五年在高旻寺出家，一九三六年在宝华山受具足戒，算起来是来果禅师的徒孙，后来也一直跟在来果禅师身边学习。

一九八四年，德林老回到扬州高旻寺，继承了来果老和尚的禅风，发愿重建损坏的常住。他每天亲自监工建造大禅堂，之后又设立僧寮，让学僧能够安心办道。他举扬临济禅风，大弘佛法，一时往来者众，至今仍为各禅林的典范。

说到高旻寺，它与金山江天寺、常州天宁寺并称为临济三大丛林。丛林里有一首偈语说：“金山腿子高旻香，常州天宁好供养；焦山包子盖三江，上海海会寺哩拉腔。”意思是，在金山寺禅坐，必须要有一双耐得了久坐的腿子；在高旻寺禅堂，它的坐香时间最长；各丛林中，以天宁寺的供养最为丰富，而禅堂晚香禅坐的点心，以焦山的大包子最有名；上海海会寺规矩则最为散漫。这些讲的都

与高旻寺德林长老(二〇〇〇年十二月)

是各寺院的道风特色,也算是丛林趣谈。

从我一九八九年第一次回乡探亲之后,和德林老就有多次的往来。他的身体相当健朗,我曾邀请他到佛光山丛林学院及禅学堂为青年学子开示说法,他也曾到佛光山西来寺、加拿大温哥华讲堂等地参观。

二〇〇〇年十二月,我回到南京、扬州一带访问,特地前去拜访高旻寺。承德林老好意,留在常住叨扰了一顿素斋。可是,所谓"天下没有白吃的午餐",吃过饭之后,他就要我到禅堂,为正在参加禅七的僧信二众讲话;为了回报他那盛情美味的接待,我也应命和大家结了一份法缘。

后来,高旻寺在二〇〇五年举行传戒,他硬是要我去做得戒和尚。但是那个时候,限于大陆的规矩,把我当成"境外人士",我是无法担任戒场里的三师和尚的；我自己也觉得他找我去传戒，应该不是很适当，可是他还是把我放在戒录的前面。由于不做得戒和尚，他就在戒场的职务前面加了“戒主”。于是，那年的四月，我就在扬州高旻寺的大雄宝殿以“戒主和尚”的身份，为八百名三坛大戒新戒讲话，这大概也是传戒史上少有的特例吧！

明哲法师

接下来说到山东湛山寺的住持明哲法师。我和明哲老虽然相隔两地，但这些年来也时有往来。例如二〇〇九年九月，山东灵珠山菩提寺重建落成开光时，他升座，我特地去为他送位；隔年连云港海清寺举行“盛世港城·舍利重光·恭迎佛牙舍利护国消灾祈福法会”，他也前来共襄主持。

为山东灵珠山菩提寺明哲长老（右一）升座送位，左二为常州天宁寺住持松纯长老（二〇〇九年九月二十八日）

与真禅法师(左一)、明旸法师(右一)(黄惇靖师姑提供)

明哲法师大我两岁,一九二五年出生在山东济宁。从小跟着母亲吃斋念佛,十五岁就想出家,但一直到一九四八年才到上海圆明讲堂,在圆瑛法师座下剃度,一九五〇年在慈舟老和尚门下受具足戒。

他曾告诉我,他参与过一九八〇年代唐代赴日高僧鉴真大师坐像第一次回国巡礼,当时还陪同日本京都唐招提寺馆长森本孝顺长老一起将活动圆满完成。一九八四年,他调任中国佛教协会的所在地广济寺,担任首座和尚,开办僧伽学习班,在赵朴初会长的领导下,也经常参加外事活动,出访日本、法国等地。

甚至,一九八八年十一月,我在美国初落成开光的西来寺举办“世界佛教徒友谊会”,大陆的五人代表,除了明旸老、真禅老,他也是其中之一。只是,我大概忙于诸事,竟不复有此记忆。

二〇一一年八月,明哲老受邀来台访问,特别跟主办单位要求，希望另外安排行程到佛光山。当他来到佛光山，我们见面之后，有一段有趣的对话。

当时，他激动地握着我的手，问："你知道我叫什么名字吗？"

我说："你是明哲长老啊！"

他说："我生下来的时候叫什么？"

我说："那我就不知道了。"

他说："我告诉你，我出生以后，因为我叫'大和'，所以小名就叫'大和尚'。"

我听了以后说："哎呀！我出生以后，脸长得圆圆的，从小人家就喊我'小和尚'。你是'大和尚'，我是'小和尚'。"

他接着说："现在你是大和尚，我是小和尚了。"

我赶紧说："我们也不去论谁大谁小了，我们都八十多岁，现在，我们通通都叫'老和尚'了。"

明哲老说："我可不做老和尚，不管年龄多大，我的思想永远是年轻的。"

明哲老的幽默风趣，一席话让在场的人无不鼓掌而笑。

正果法师

明哲老来访期间，也跟我谈到了近代佛教大德——正果法师。

正果法师是四川自贡市人，出生于一九一三年，十九岁出家，二十一岁在文殊院受比丘戒，他是太虚大师的弟子，曾在重庆华岩寺天台教理院和汉藏教理院学习过，学问相当扎实深厚，后来也在汉藏教理院和法尊法师一同负责院务工作。

正果法师是近代中国佛教很重要的一位人士，不是我跟他的关系重要，而是因为他一生从事僧伽教育工作，致力于培养人才，解放后在北京佛教协会担任要务，对于近代复兴佛教的历史起了

正果法师

很重要的作用。

早在一九四六年，太虚大师离开重庆，回到南京负起整顿中国佛教的责任，翌年三月却突然脑溢血，在上海玉佛寺圆寂。这使得位在重庆的汉藏教理院受到极大的震撼，顿失所依，所有的责任全落在法尊法师和正果法师身上。他们两个人除了维持教学外，以内战期间局势混乱的情况，还要维持一个上百人的佛教学院，可以想象他们的万分艰难。

后来，正果法师回到北京，协助赵朴初居士参与整顿佛教的各项工作。当时是圆瑛法师担任理事长，不料圆瑛法师也很快往生，由赵朴初居士接任理事长，正果法师也直下承担许多协助的工作。一九五六年，中国佛教协会在北京法源寺设立中国佛教学院，正果法师担任教授；一九五七年当选中国佛教协会理事，一九六二年当选副秘书长，但是大部分时间还是在佛学院任教。

“文革”从一九六六年开始至一九七六年结束，有所谓“十年浩劫”之称。当时寺院、僧侣遭到巨大的冲击，正果法师也不免受到牵连，但他一直坚持僧装，忍辱负重。一直到一九七六年，才又出来参与中国佛教协会的工作。慢慢地，大陆佛教在“文革”后才有了起色。

一九七八年底，中共十一届三中全会召开，宗教信仰自由的政策得到恢复，宗教活动得以展开，正果法师当选为中国佛教协会副会长，同时中国佛教学院恢复上课，他出任副院长。一九八一年时，正果法师以六十八岁之龄，出任北京广济寺住持，隔年当选北京市佛教协会会长。

在民国初年，北京佛教的长老代表是道阶法师，但到了大陆解放以后，就是正果法师了。正果法师长期以来，一直从事佛教界对外友好交往和海外联谊的工作。他曾到过斯里兰卡和日本、泰国等亚洲一些佛教国家，也和他们都有来往，与海内外佛教人士有着广泛的联系和影响。例如一九六一年斯里兰卡恭迎北京珍藏的佛牙舍利到该国展出，正果法师就是“佛牙护侍团”的团员之一。他也分别在一九六三年、一九六四年、一九七八年访问日本，促进交流；一九八二年，他率领中国佛教协会“迎奉佛像代表团”访问泰国恭迎玉佛。

明哲老告诉我，正果老法师的一生，大半以上从事僧伽教育工作，一心一意跟着太虚大师、赵朴初居士的脚步，以造就人才为己志。他精于法相唯识，修持不懈，可以说是一位对己戒行精严，对人却又谦虚谨慎、平易亲切的大德。

正果法师于一九八七年十一月在北京广济寺圆寂，著有《佛学基本知识》、《禅宗大意》等书。

大陆的长老们，可以说散居全国，为数很多，光是民国以来的知名长老，就有虚云（一八四〇——一九五九）、冶开（一八五二——一九二二）、八指头陀敬安（一八五二——一九一二）、谛闲（一八五八——一九三二）、印光（一八六一——一九四〇）、道阶

八指头陀敬安长老

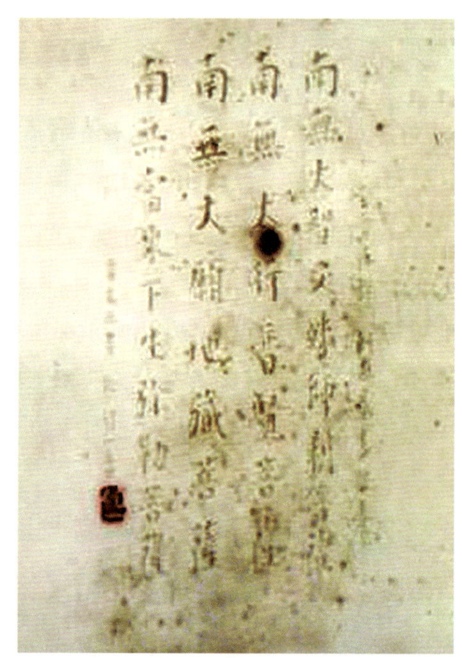

血书《四佛号》"南无大智文殊师利菩萨，南无大行普贤菩萨，南无大愿地藏菩萨，南无当来下生弥勒菩萨"，是弘一大师存世的书法中，罕见的血书文字

（一八六六——一九三二）、倓虚（一八七五——一九六三）、弘一（一八八〇——一九四二）、来果（一八八一——一九五三）等。有的我只有一面之缘，有的因为此生也晚，已在抗日前先后逝世了，情况都不甚了解，也就无法一一叙述了。

不过这许多的长老，在佛教苦难的时日，尤其晚清腐败，政治腐化无能，带动的佛教也是懦弱无力。甚至从明朝开始，佛教由于走上山林，一直是积弱难振。明朝二百多年的国祚，也只出了几位高僧大德，其中也只有"明末四大师"较为大家所熟悉，他们是莲池（一五三二——一六一二）、紫柏（一五四三——一六〇三）、憨山（一五四六——一六二三）、藕益（一五九九——一六五五）等。

到了清朝,基本上就更少有大菩萨应化了,不过在清末民初的时候,还是有一些正派的长老,如前面提到的许多人等,他们苦心撑持佛教,身为后辈的我们,也只有感恩效法了。

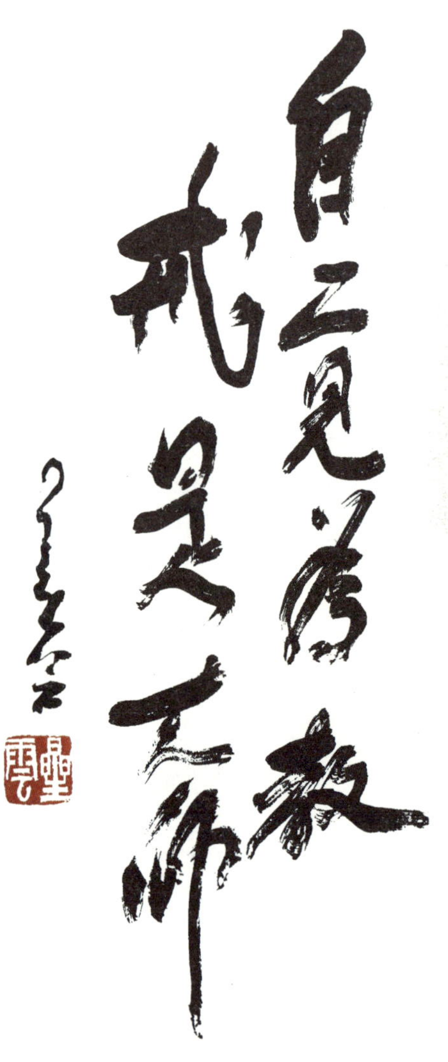

大陆僧侣在台湾

那时政府大肆逮捕大陆僧青年，
慈航法师喊出“抢救僧宝”的口号。
这一天慈航法师来到善导寺，
我们没有经过主办者同意，就请他讲话。
他很欢喜，跟着就语重心长地讲了这么一段很感性的话，他说：
“现在大陆的这许多青年僧宝，流浪到台湾，
他们都是未来佛教‘正法久住’的希望所在，
但是现在他们流浪在台湾，前途缥缈，
到处飘荡，无家可归……”
那个时候不只是我，信徒们听了他的讲话，
都情不自禁地眼泪直流。
他忧心佛教，他爱护青年，
他的话不只讲到我们的处境，
简直是讲进了我们的内心深处，
因此深深触动了我们。

一九四九年，从南京、上海到台湾的佛教界长老，早期的有大醒法师、东初法师、南亭法师、白圣法师等；接着第二年、第三年，从香港陆续来台的，有印顺法师、演培法师、大本法师、道安法师、太沧老和尚、证莲老和尚等。

在佛教界的师友当中，外省佛教长老可以说和我最有往来，例如我曾想要亲近一九四八年就到台湾的慈航法师；后来我参访东初法师，他不但是我在大陆焦山佛学院的副院长，也是我到台湾后效劳过的《人生》杂志发行人；我也非常仰慕华严莲社的南亭长老。

大概由大陆到台湾的数十位长老，我无一不曾亲近过，所以我一再鼓励年青一代，要想成功，至少得亲近五十位长老，并能记住他们说过的话，哪怕只有一句，人生就不一样了。

现在就以我和这些长老接触的时间先后，约略叙述一些我们往来的因缘。

慈航法师

慈航法师

先说慈航法师，我未到台湾时，就知道慈航法师在台湾，那时政府大肆逮捕大陆僧青年，慈航法师喊出“抢救僧宝”的口号。当时在台湾的大陆僧青年，可以说真如丧家之犬，无处可去。幸好慈航法师的勇敢，真是菩萨心肠，这句“抢救僧宝”，抢救了台湾很多僧青年的慧命，不然僧青年在佛教无处可以立足，在没有办法生存的情况下，可能就会流落到社会上去了。

慈航法师是闽北建宁人，生于一八九二年，曾听教于谛闲法师、学净于度厄长老，但他自一九二七年就读于厦门南普陀闽南佛学院开始，就立志追随太虚大师，因此写下“以师心为己心，以师志为己志”的座右铭。

一九三〇年，慈航法师随太虚大师赴香港弘法，十年后又跟太虚大师组织中国佛教国际访问团赴印度。之后便应信徒邀请，留在南洋弘法，直到一九四八年秋冬之际，应台湾中坜圆光寺方丈妙果老和尚的邀请，到台湾主持佛学院院务。

在我来到台湾时，慈航法师身边已有很多学生，虽承蒙他对我特别器重，但我谨守分寸，自我约束，不敢与人争长较短。不过他得力的学生弟子自立法师，对我也很看重，在慈老到新竹办学时，我们留守在中坜圆光寺，自立法师就分配给我一个工作，要我整理《慈航法师全集》。那时我的文字还不够力量负担，但是承蒙他的好意，帮我找个工作，让我每天有点事情可做。

后来政府到处逮捕大陆到台湾的出家人，我与慈航法师分别遭到囚禁。我的这一组有二十余人，被关在桃园一处工厂仓库里，为时二十三天；慈航法师与另外大约七八十人，关在台北，长达一百多天。据说在监狱里，他还带领大家念佛打佛七，实在是一个慈悲、有道的长老，在他的心中，始终有佛教，有众生。

经过这样的风波之后，实在说，佛教真是“佛门广大，法力无边”。最后我们都得到释放。出来后，台北信徒想为慈航法师找一个得以安身的归宿之处，就有台北汐止静修院的玄光、达心比丘尼，愿意把静修院后面的一块山坡地，提供给慈航法师兴建弥勒内院，这时慈老应该是得其所哉。因为他想，如果自己能建一所寺院，免得在别人的地方办学，只能任凭主人说要办就办，说不办就不办；自己有了弥勒内院，把青年收留在自己身边，应该是最欢喜的事了。

由于弥勒内院只是简单地建个平房，所以很快就完成了，大约有三十余名外省青年前去投靠。我并没有跟着前往，而是一直安住在中坜圆光寺做苦工效劳。后来也一直没有因缘进一步再去亲近慈航法师，好在我心目中还有一位尊敬的大醒法师，正准备在新竹青草湖办台湾佛教讲习会。

起初我也没有答应前往讲习会，后来因为大醒法师中风，讲习会没有人，我不得不滥竽充数，勉力而为，因此我与慈老的因缘，就注定不能成为他的入室弟子或学生。

一九五二年左右，我每年都会前往弥勒内院一二次，探视慈航

慈航法师(中坐者)兴办弥勒内院让大陆来台僧青年得一安居之所。图为其五十七岁寿诞,学生为其祝贺。我站在慈航法师右后方二排第一位(一九五一年八月七日)

法师。慈老喜欢人称他“老师”,我也随大家“老师长、老师短”地称呼他。讲起来,他对我特别投缘,那时他正在闭关,我每次去看他,我们就透过一个小洞,我在关房外,他在关房里,互相对话,一说就是数小时。

他对我一直都是善意殷殷,他的慈悲关心,让流浪在外、四处找不到依靠的我们一群青年僧,感到无比的温暖,他就像热烈的火球,融化了我们的人生。

慈航法师对我的爱护,真是无以复加。他甚至在晚上睡觉时,都把自己盖的被单,从关房洞口拿出来给我。他的弟子说,老师的慈悲,你就照做!我也只好“恭敬他,不如接受他”。

平时我到弥勒内院,有时是晚上到,他不敢叫人弄饭给我吃,都是说:“我想吃面!”他叫人弄面给他吃,徒弟、信徒当然都欢喜为他煮,于是大家就跟着沾光。由此可见这位年近六十的老人,他的慈悲。

一九五〇年,台北善导寺举办“护国仁王法会”。这一天慈航法师来到善导寺,我们没有经过主办者同意,就请他讲话。他很欢喜,跟着就语重心长地讲了这么一段很感性的话,他说:“现在大陆的这许多青年僧宝,流浪到台湾,他们都是未来佛教‘正法久住’的希望所在,但是现在他们流浪在台湾,前途缥缈,到处飘荡,无家可归……”

那个时候不只是我,信徒们听了他的讲话,都情不自禁地眼泪直流。他忧心佛教,他爱护青年,他的话不只讲到我们的处境,简直是讲进了我们的内心深处,因此深深触动了我们。

慈航法师就是这么一个慈悲的长者,他不只是对我,对所有青年都很爱护。那一天他来,还携带了几捆的书,都是《太虚大师全书》第一集,是刚出版的。《太虚大师全书》一共有六十四本,第一集四本,他承诺给我们青年每人一套,他说后面还有六十本,等到出版后会一一寄给我们。

慈老的这种喜舍,实在让人感动,因为在那个大家都穷困的年代,一纸难求,他竟然把有如“佛教小藏经”的《太虚大师全书》送给我们一人一套,真是感激。

说到这个老人家的喜舍,恐怕我们一生都很难学得到,我当时心里是这么想的。确实很难学到,慈老的慈悲喜舍,只要你欢喜,他真的是什么都可以给你。

“给”,在佛教里是一个很重要的修行,佛教讲布施,我一生对于“给”,一直都想效法慈航长老,虽然不能学得十分圆满,但总想学习。所以后来陈履安居士跟我说:“大师,佛光山是你给出来的!”我内心也有一些感触,觉得应该要承受这句话的意义。

后来我与慈航长老一直有往来,我记得我在新竹台湾佛教讲习会教书时,他与甘珠活佛正在环岛布教,经过青草湖就住在讲习会。当天我在上课，他也坐在下面听我讲课，我看到他真是吓了一跳，我不知道他当时是什么想法，我也不知道他对我有什么看法，总觉得他是来考试我的。

在青草湖讲习会时，他数度和我谈话，要我去接任嘉义天龙寺住持，他说这是天龙寺住持能源法师（陈登元）托他邀请我的。在那时，我的心愿是弘法和教育，不想与寺院行政靠近，因此即使青草湖无上法师也跟我说过，要我当住持，妙果老和尚也说，要我做住持，我都觉得承蒙他们看重，但是他们客气，我可不能当福气。

因为有这样的接触，所以后来就更加时相往来。只不过新竹到汐止，虽然路途不远，但那时的交通不方便，所以都靠书信往来。

慈航法师这个人，待人诚恳、热忱，最初跟我通信，都是称我"星云学弟"，然后"星云小友"，再然后就称我"云"，再然后就"亲爱的云"。可惜这些书信墨宝，因为我当时经常到处奔波，也没有刻意收藏，现在觉得不无遗憾。

后来到了一九五四年，我人在宜兰，他写信给我，信上说：你这么久不来看望老友，最近阎王小鬼一直来跟你的老友打交道，你再不来看的话，以后你可不要懊悔喔！

我看过信，吓了一跳，就从宜兰专程赶到弥勒内院向他礼座。看他非常健壮，热诚依旧，我心想，为什么要开这样的玩笑呢？那时他在关房里，我在关房外，他的语言都是很感动人的话，所以我很喜欢，也很乐于听他开示。

回想起来，我在佛教里，最早期能看得懂的书，第一本是《精忠岳传》，那时佛教的书我都看不懂，但是慈航法师的《人生佛教讲演集》，我视如天书，觉得是一部伟大的著作。再者就是黄智海的《阿弥陀经白话解》，我认为他把极乐世界的净土之庄严、美丽，描写得十分生动，令人向往。

当我从汐止回到宜兰，没过几天，忽然接到慈航法师圆寂的消息。我记得那一天是四月初六，佛诞节就要到了，我们正在准备庆祝佛诞节的布置，听说他圆寂了，我立刻放下手中的工作，赶到汐止。

到的时候，看到礼堂里已来了一批人，大家静静地坐在那里念七音佛的“观音菩萨”圣号。这时灵堂里已经悬挂起布幔，并备好香花灯烛，听着那么多人一声声地念着观音菩萨，念得真是感人至深。

我和慈航法师的因缘，再怎么说也只是一个仰慕他的青年学僧，不是他的入室弟子。他那时有七个传法的弟子，还有很多信徒，大家都在忙着张罗，我礼拜过后就回宜兰了。第二天，也就是四月七号，接到他的信，是一张明信片。我心想，奇怪，他明明昨天圆寂了，怎么又写信？再一看，信上的日期是四月七日，但他六日就过世了呀！

对于这一点，其实我知道，他那个时候住在山上，每次写信，他怕人家难免会慢个几天帮他寄信，所以总把信上的日期延后几天。所以我现在说，慈航法师六日往生，七日写信给我，这还真是一桩公案。

后来入殓、安缸，但是他有一个遗嘱，嘱咐门人弟子，把他的坐缸埋在后山，三年后开缸，如果身体不坏，就装金供养，如果坏了，就继续掩埋。在我的想法，他一定在制造一个美丽的希望，让信徒知道，三年后开缸，有一个肉身菩萨，那么这三年内，信徒一定还会护持弥勒内院，那时有几十个青年在那里，还是要生活，不至于因为他的圆寂而作鸟兽散。

在他以为，三年后大家都回大陆了，或者大家都有办法了，但是三年的时光很快就过去，大家预备在他指示的那天开缸。我特地跑到汐止，我说不可以开缸，因为这不是赌博。佛法讲，世间苦空无常，一切都是成住坏空，哪有什么是不坏的呢？这虽然是一个善美的希望，但不要当成真的，万一开了之后，希望幻灭，不如把美丽的希望永远放在那里！

我的话也说服了大家，有很多人同意这样的看法，大家说，再过三年吧！又过了三年，大家又要再开，我主张还是不要开。但是到了这一天，他们还是偷偷开了，并且找来专门装佛像的泰山新佛具店，把慈航法师的肉身装金供养。

那个时候，慈航法师肉身不坏的消息，经台湾《中央日报》、“中央通讯社”传播报道后，一时人潮如织，大家争相前往瞻仰，把整条路都给塞满了，根本走不进去。

回想起慈航法师圆寂前一两年，我在北投和东初法师讲话，他跟我说，慈航法师很快就会死的！我心想，慈航法师还这么健康！怎么咒他快死了呢？东初法师又说：“慈航”开到“汐止”，不死何为？没想到东初老的一句话，竟然一语成谶！

慈老去了，无尽的思念，后来我几次到新加坡收集他的行谊、资料，他和星马一带有很深的因缘，他在那里建寺、讲习、度众、办杂志，尤其是一九四六年元旦创刊的一份《人间佛教》杂志，我特地拷贝、影印带回台湾，证明现在佛教界大家都在讲的“人间佛教”，这个人说是他发起的，那个人说是他提倡的，其实早在一九四六、一九四七年间，太虚大师在倡导人生佛教时，慈航长老就已经喊出了“人间佛教”的口号。

东初法师

说过我和慈老来往亲近的因缘以后，想起东初长老也跟我有很密切的因缘。

东初法师

东老是江苏泰州人，生于一九〇八年，出身镇江竹林佛学院和闽南佛学院，一九三五年在镇江焦山定慧寺接受智光老和尚传法，一九四六年担任住持。

在东初法师任焦山佛学院副院长时，我是他的学生；我和他的往来，应该就从做他的学生开始，一直到他舍报圆寂，我和他都是因缘不断。但是有一点，他只是我的副院长，我从来没有上过他的一堂课。

当时在大陆，正是日本侵华期中，大陆的佛教学院如雨后春笋，但是在一九三一年至一九四一年期间，应该是闽南佛学院独领风骚，一九四一年后，应该就是焦山佛学院了。那个时候大陆佛教的传统是，佛学院都由寺院主办，住持是当然的院长，当家是当然的副院长。就这样，我在焦山佛学院，他忙于当家寺院行政，我们并没有常见面。但是我的学长智勇法师，不知什么因缘，非常地不喜欢他，每天的日记，都是写些讽刺他、批评他的话，所以定名叫“东初日记”。

有一天，阴错阳差，冤哉枉也，刚好他来学院巡视，就坐在智勇学长的座位上。他不经意随手打开抽屉，看到“东初日记”。很好奇，就拿起日记，打开一看，当然不用说，我这位学长就被开除了，因此我对他也留下很深的成见。

一九四六年秋冬之间，他接任焦山定慧寺住持，很自然地升任院长。因为我对智勇学长抱有义气，就想离开焦山佛学院。我也按照礼貌，去向院长告假。他一口拒绝：“不准。”甚至于语带权威地说:“就是你的师父来,也要尊重我的意见。”

当然,那时候血气方刚的我,不会被他的话吓住,于是就在刚刚过了二十岁生日后,心想,我对院长的礼貌到了,因此也就不管其他,第二天清晨就乘船过江离开焦山了。当时我什么行李都没有携带,后来我离开大陆到台湾也是如此,两手空空,什么行李都没有,孑然一身,孤僧万里游。我觉得这两次的“舍”,对我人生的洗礼,有非常重要的意义。

我离开焦山后,隔了两年,就在一九四九年春天到了台湾,最初挂单在中坜圆光寺,亲近妙果老和尚。妙果老和尚当时创办了一所台湾佛学院,我到的时候正逢佛学院即将毕业,学生要出毕业专刊,妙果老和尚是创办人,当然要有他的一篇文章。

妙果老和尚因此叫我代他执笔,我便以妙果老和尚的口吻,写了《回顾与前瞻》一文。文章写好后,老和尚不放心,因为他是台湾人,对汉学没有很深的研究,就把文章拿给教务主任圆明法师看,问他:“你看这篇文章是谁写的?”圆明法师看了以后,坦白跟他说:“应该是出于东初法师之手。”

妙果老和尚听了以后,就益加对我重视,因为我帮他写的文章,能够跟有德有望的东初法师相比,所以我在圆光寺更加获得重视了。这是我第一次感觉到,我也能够沾到东初长老的光。

总之,到了台湾以后,我想他终究曾经当过我的院长,对于往事,也就不再介意了,我觉得凡是维护佛教利益的人,我都很尊敬,因此在他筹办《人生》杂志时,也试着投稿。他录用以后就到处找我,邀约我做《人生》杂志的主编。那时候我自觉自己的实力,偶尔舞文弄墨,投个一两篇稿子还可以,叫我担任主编,则力犹未逮。

但是那时候舞文弄墨写文章的人不多,我也因为顾及出入安全问题,为了避免嫌疑,刚刚辞去由太虚大师创办、在台中发行的

《觉群》杂志编辑。这时承东初老好意，我不得不就此担任《人生》杂志的主编，从一九五〇年开始，前前后后有六年之久。

在六年之中，我从中坜、新竹、宜兰，经常为了编务而到北投法藏寺受他指教。那时候在台北市一榻难求，我就睡在善导寺骨灰堂供奉骨灰罐的橱柜下，就着一点小小空间，作为床铺。

那时候在善导寺吃饭，一张普通的圆桌要坐十五六个人，实在坐不下去，有时为了夹一块菜，还要往后退才能站得起来。这样的情况当然也不便去向老师诉说了。

不过，有一天东初法师跟我说：我几月几日要请客，你能提前把杂志送来给我吗？我想，这是正在闭关中的老师交代的，我哪敢不去执行呢？所以我在印刷厂跟排字工人日夜赶工，终于在他交代的时日前完成了。

记得那一天，印刷厂先印了一百本给我，我扛着这一百本杂志到万华火车站，再转北投线的火车到北投。下了火车，已经是初夜的九点多了，外面正下着毛毛细雨，我把长衫脱下来包裹杂志，免得淋了雨水。扛着它，走在北投崎岖的道路，上了有数百个台阶的法藏寺，这时大概已经是晚间十点多了。我把杂志交给正在关房里的东初老，他很欢喜，对我说了一句话："你很负责。"

说过以后，又跟我讲："你就不必回台北了，今天就住在这里吧！"我想，那时候北投到台北，火车也有班次，公路局班车晚上十点以后也不走了，那就权宜住下来吧。

哪知到了第二天早晨，发现房门被人从外面反锁，我也不知是什么原因，心想：在一个不熟悉的地方，应该忍耐为要！就这样一直到十点钟左右，才有一个中年的尼师来开门，连声对我说："对不起，对不起，忘记为你开门了。"我当然说："不要紧。"

我想，大概我们是年轻人，又是外省人，他们为了安全，也不得不在门外上锁。这时我去向东初老告假，准备下山，他跟我说："不要啦，我今天出关，中午请客，你就帮我张罗吧！"

这时我才想到，哦！原来今天是他要出关的日子，对于老师这种小小的托付，我当然乐意，就为他布置餐桌。

台北的客人很难请，当天办了两桌的宴席，到了中午一点，才来了不到十个人。我心想，东初老陪一桌的人吃饭，另外一桌就是我来陪了。哪知道，正要就座的时候，他跟我讲："你怎么不到厨房去吃饭啊？"我一听，哦，这是请客啊！应该不是我能参与的。好，到厨房吃饭。

这时，厨房里非常热闹，因为大家正忙着张罗请客。我一看，里面的人一个都不认识，实在不好意思进去吃饭，就从厨房的边门出来，然后直接下山。

在下山的时候，我才感觉到，我今天的中饭没有吃，早饭也没有吃，甚至昨天的晚饭、中饭都没有吃，实在说，当时我不知道自己是怎么走下那几百个台阶的，感觉就像腾云驾雾一样，双脚是踩在棉花里的，后面的情况就完全没有记忆了。

后来，我自己发愿：我要建寺院，我要给人吃饭，因为饥饿实在难忍。结果二十年以后，我实现了愿望，先后在台北成立"普门精舍"与"普门寺"，每天设席两桌，普门大开，来者都不用报姓名，吃过饭就走，我就是要给人吃饭。甚至后来建了佛光山，只要是出家人，在朝山会馆吃过饭还有一个红包供养，表示我奉行佛教的"一斋一嚓"。感谢我的老师东初长老，他让我在修行的道路上，又能增进一步。

我在主编《人生》杂志的六年之中，断断续续，没有用过杂志社的一张邮票，也没有用过它的一张稿纸，更没有领过一毛钱的车马费。不过，我每次见到东老时，他的开导、他的立论，都启发我很多,比再多的金钱都宝贵。例如,他跟我说:“不要每天只想到你们年轻人,你也要想到佛教啊!你要想到世界啊!”确实,我有茅塞顿开之感。他又谈到:“金钱,用了才是自己的;不用,到后来都会引起子孙纷争,都是别人的。”我一生也奉行这种理论,这些应该都是受益于老师东初长老。

后来他要发行《影印大正大藏经》,透过孙立人将军的夫人孙张清扬女士促成,得到“外交部长”叶公超先生从日本空运的一部《大正大藏经》到台湾来影印。那个时候的台湾,一本杂志都难以推销,哪里谈得上大藏经呢?他要我组织一个宣传团,到台湾各地去宣传。

我自觉声望不够,就提出要求,说,是不是请我们《人生》杂志的社长南亭长老担任团长,我来领队,请宜兰弘法队的青年来参与?他说:南亭法师那里我来邀请,你回去宜兰,就组织宣传团吧!

那是一九五五年七八月间的事,时值台风季节,我们一团有近二十人,从宜兰出发,经花莲、台东,一路从北到南。那时候团员中,除了南亭老法师外,还有煮云法师、广慈法师,再有就是宜兰的佛教青年,都是在家众,现在佛光山的慈惠法师、慈容法师,都是那时的团员。慈惠法师还撰写《宣传影印大藏经弘法日记》,后来收录在影印续藏的藏经里。

我们环岛一周,整整四十四天,没有一天遇到风雨。常常是前一站在下雨,我们一到,便已天朗气清,感到真是不可思议,心想,是不是法宝重光的力量呢?

正如东初老跟我讲的话:“你应该要感谢《人生》杂志,替你发表文章,让你的知名度提高。”不过我心里想,“我为《人生》杂志效劳,是以摩迦的笔名做总编辑,并不曾想为自己打什么知名度”。

只是这也不值得和长老辩论。今日想来，确实也不错，年轻人不要太过计较待遇，只要你耕耘，播了种以后，还怕不能开花结果吗？

就这样，来来往往，后来因为《大藏经》发行的收入不错，特地在北投光明路建了"中华佛教文化馆"，我们也经常去听他开示。他确实立论都有见解，不过假如现在要真正研究起来，他的立论见解，能奉行实践的学生，大概就是我了！

后来，我在佛光山开山创建道场，因为平时我们相互来往很密切，我就说："请老师到佛光山东方佛教学院主持安基典礼吧！"他这个人平时不容易答应别人的请托，但是卖我的面子，立刻答应，也来替我主持安基。

不过，不久后他跟我借款八十万元。那个时候我买佛光山的土地，最初十一公顷要五十五万元，他要借八十万元，我哪有那么多钱呢？好在我把高雄市中山一路"佛教文化服务处"的房子——这应该是属于几位宜兰佛教青年所有，我商之于他们——卖了以后，虽然佛光山也要建筑，但老师跟我借八十万，我也要勉力以赴。后来我开山困难，他一直不还我钱，原来他买了北投农禅寺那块土地了。

后来承蒙他好意，寄了二十部《国译禅学大成》给我。他说：我也困难，上次跟你借的款项，就以二十部书作为抵充吧！我想，大家师生一场，也就不去讨论此事了。我在东初长老那里，确实得到许多法宝、理论，真是一句名言，胜过七宝布施。

东初长老除了在焦山佛学院担任过院长，在"中国佛教会"担任过常务理事，后来到台湾以后，又在北投法藏寺闭关，主办《人生》杂志，编印过《中华大藏经》，出版过《中华佛教美术》等等，总之，他是个热心文化的长老。

和东初长老闲谈，是人生乐事，但是听他上课，长篇大论，就没有那么精彩了。后来我也促成圣严法师拜他为师，并且跟他建言，把"中华佛教文化馆"交给圣严法师执掌。所幸，圣严法师后来创建法鼓山，弘化于一方，让曹洞宗在台湾有了法脉传承。

南亭法师

在外省的很多长老中，跟东初长老一样，跟我有深厚法情的，就要算南亭长老了。因为他是《人生》杂志的社长，我是编辑，所以关于内容、编务，我不得不经常跑到华严莲社去请其开示。每次到的时候，因为华严莲社在当时的台北，素斋很有名，南老第一句话都会问我："你要不要在这里吃饭？"我都很难为情地说："不必了。"他就说："那我就不替你准备了哦。"

虽然我没有让他请过一餐饭，不过我觉得南亭长老实在是佛教里很令人尊敬的一位老和尚。他正直、坦诚，对佛教热心；虽然小气，不过那时候大家都贫穷，就算他比我们好，有道场安居，三餐有人供应，这也是他的福德因缘。

南亭老创建华严莲社，每月都有华严法会，偶尔到华严莲社时，听到他唱诵"华严字母"，真是荡气回肠。南老也是江苏泰州人，生于一九〇〇年，在一九六〇年代的时候他已经六十多岁，应该称为老法师了。在华严莲社里面，达官贵人很多，他也做过善导寺的住持，也当过"中国佛教会"的秘书长，在当时的台北，他的声望无人能超越。

他发起在电台讲说佛法，那时候在民本、民声等电台都有佛教节目，如开辟"佛教之声"，这应该归功于他的提倡。后来慈惠法师、慈容法师等人，在宜兰的"中广"电台、民本电台也主持节目，也算是响应他的号召了。

台湾早期的"大专青年学佛基金会"，带动青年学佛，他也有功劳。他鼓励周宣德居士等，说动詹励吾先生把重庆南路的一栋四层楼的房子卖出，所有的钱都捐作大专青年奖学金，那就是后来《慧炬》杂志社的前身了。

南亭法师

跟随南老学佛的居士很多，当时许多“立法委员”、“国大代表”、“监察委员”，都在华严莲社出入。南老和东老，都是江苏泰州人，泰州的出家人在台北者，有智光老和尚、太沧老和尚、悟一、妙然、成一、了中、守成等；我所不幸的是，只因为出生在和他们距离六十华里的扬州，所以多年来我一直不容易进入他们的核心。

后来听说演培法师、月基法师、严持法师等都是扬州人，实际上我们都没有来往，纵有来往，好像都没有地域观念，彼此也没有相互照顾。南老最早期对台湾佛教的传播，还是有很大的贡献；东初法师影印大藏经，就曾获得他的大力支持。由于那时南老每周都有讲经说法，所以在台北就被佛教界尊为“经师”。后来的印顺法师被人称为“论师”，在中部的忏云法师则被尊为“律师”。

我和南老关系最密切的时候，是后来我请他担任永和智光高级商工职业学校的创办人。当时有一位陈秀平居士，是福州人，他有一些同乡在台湾电力总公司担任工程师。那许多工程师都听过我讲经，因为陈秀平是我们宜兰弘法队的队员，所以他们一直鼓动他来办中学。当中尤其有一位陈信铭中医师，台湾大学毕业，个性亲切，看到人都是笑眯眯的。大家愿意每个人出五万元，希望我也参

与智光职校另两位创办人南亭老和尚（中）、悟一法师（右）合影（一九六四年三月）

加一份，就买下了现在永和智光商工学校的校址。

那个时候在台北开办学校，我自知在台北没有道场为根据，也没有财力当后盾，就提议华严莲社的南亭老，以及善导寺的监院悟一法师共同来创办。那些福州的同乡都同意，后来过了一段时期，学校要开办了，南亭老说，你办这个学校，都是邀一些在家人做董事，哪里像个佛教的学校？最好让那些福州的老乡退出，请出家人来做。

他那样说我就照做，这些福州老乡真好，像蒋师佑等人我跟他们讲过以后都全部退出，由南亭老提名华严莲社的人担任董事。我想，只要学校能办得起来，什么人来当董事都不重要。就这样，后来这所学校就变成好像是华严莲社所创办专有的了。我觉得对那些负责的老乡，深深觉得抱歉。

其实，这所学校所以能创办成功，应该有四个功臣，第一个就是这许多福州老乡；第二应该归功于我主办的《觉世》旬刊，现在如果查阅一九六〇年代的《觉世》旬刊，每一期都可以看到刊登为智光学校建校募款满版的功德芳名录，等于我后来建大学时发起"百万人兴学"一样，那也是百万人捐献的；第三就是华严莲社；第四就是善导寺，他们也各自出钱出力。

因此，后来我们在政府登记，就是三个创办人：南亭、悟一、星云。但后来智光学校对外行文或每逢过年寄发贺年片的时候，都写智光创办人南亭、悟一，就是没有我的名字。在多年后，南亭老发觉了这个问题，一直向我道歉。他向我道歉，我根本不以为意。至今，他们都已作古了，只剩我一个创办人。现在智光学校的董事们都是华严莲社的信徒，他们也都不认识我。我想，恐怕大家都不知道这些创建的过程了。

今天写到南老，不禁深深觉得有对不起他的地方，因为他是那么样的有地位、有权威，而我自己是后生小辈，常常为了佛教的事情和他力争不讳。例如，沈家桢先生有一笔款项托付他办"密勒学人奖学金"，记得那时候张澄基教授有一本关于密勒日巴的传记出版，在台湾非常畅销。想到佛教有一位密勒日巴尊者，修行、苦行、神通、道德都异于一般人，大家都想要学习，就来成立"密勒学人奖学金会"，并且聘请委员多人主其事。其中出家人就是南老和我，另外大部分都是各个学校的教授，有周宣德、刘中一、李武忠等。

当时沈家桢先生的财力雄厚，和过去香港特首董建华的父亲董浩云先生，并称为航业巨子。为了鼓励大家写作，每年对外征文，撰写佛学论文三万字，第一名奖金五千元，并为其出版著作。在那个时候，大约一九六〇年代，社会一般的参赛作品，像一张照片、一首歌曲，甚至一幅漫画，奖金都已高达五万元了。因此我主张应该提高奖金，重赏之下才有勇夫，才能真正提高论文的水准，提高大家研究佛教的兴趣。

在会议中，所有的委员都觉得我说得对，但南亭法师就一直说："不可以听信星云的话，不要睬他，不要听他的。"因为说了多次，我那个时候年轻气盛，终于拿起桌上的茶杯，"啪"，用力一拍，就说："你怎么可以倚老卖老？我也是拿了六百块的车马费，从高雄来这里开会，你能不让我发言吗？”我想，大概不曾有人忤逆过他吧！一时，他也愣住了，因为不曾有过晚生后辈，或者一般信徒敢这样对他讲话。后来他跟我认错，现在想想真是惭愧，想到这许多老人叫我不要讲话，也只把我当是徒子徒孙，今日想来，对南老真是深深地忏悔。

道安法师

道安法师

接下来讲到道安法师，他是一九〇七年出生的，湖南人士，身高虽然不满六尺，但是声音很宏亮，精神抖擞。二十岁在衡阳佛国寺出家，曾住在仁瑞寺参禅三年，并在衡山南岳龙池岩苦修十八个月，后来各处参学。抗日胜利后，曾担任湖南省佛教会理事长；一九五三年来台后，因弘法热忱、交友广阔，很快地就在台北市的松山区吴兴街建设了松山寺，占地两三千坪，一时冠盖云集，松山寺里面经常高朋满座。

我和道安法师最早的来往交集，是因为“中国佛教会”改选，大概是第二届还是第几届，现在已记不得了，时间应该是一九五一年初，确切的时间也早就忘记了。总之，就是在“中国佛教会”第二届或第三届改选时，选举结果，全部为白圣长老十普寺的大众，为此教界一时哗然。

政府基于情势，就解散“中国佛教会”，重新改组“整理委员会”，聘请十六位委员。这十六人的名字我也都不记得了，只记得都是在家居士,想要把白圣法师排除在外;出家众只有南亭法师、道安法师和我。当时由王平居士担任秘书长,期限半年,之后重新改选。

其时,我因为住在宜兰,来回台北不便,无法在“中国佛教会”任职。我记得当时道安法师跟我讲,他说:“我们现在奉政府的命令,成立佛教‘整理委员会’,就等于公务员一样,应该要为公家尽职服务!”但其时我并无一兵一卒,连一张桌椅都无法筹办,哪有什么力量贡献到“整理委员会”呢?所以一切都仰赖秘书长王平居士。

王平居士曾担任过“内政部次长”,是“国大代表”,山西人。他是怎么能做到“整理委员会”秘书长的,我也不得而知。不过后来我们就信任王平居士的工作。这段期间,道安法师有直接参与,我们偶尔来开会,只是聊天,大家并没有去过问整理的内容。

按照那时候,“中国佛教会”会员代表的产生,每省、市(特别市),都有七个代表,以半年为限;因为半年改选,日期届满后就要开会签字。我想那时候虽有十六人的改选委员,实际上执行的好像是南亭法师、道安法师和我三人,王平秘书长是当然出席的。

说到“中国佛教会”,一般人不懂他的组织章程。其实“中国佛教会”是当时全国最高的佛教机构,以“宗教法”来说,直属“内政部”的民政局;但是如果以“团体法”来说,它是隶属社会局。省分会是属于民政厅,县市支会就属于各县市的民政局,这是三阶教会的组织。

一九四九年之前,每个省有七个代表,中国有三十六个省(连东三省,后又改为东九省),因此他们应该有两百多个代表开大会。

除了三十六个省以外,四大名山各山也算一个特区,甚至地区,像西藏地区也算一个省,都有七个代表,当时台湾省也有七个代表。除此,特别市(直辖市),像北京市、天津市、上海市、南京市,一样也有七个代表。

但是大陆解放以后,“中国佛教会”第一次改选,只有台湾是七个代表,其他省、市(直辖市)都只有两个代表,因为他们选不出那么多人来。可是江苏省最多,光是出家僧侣就有百人以上,也只有两个代表。所以过去江苏省就是南亭法师和另外一个法师代表,我们都没能当江苏省的代表,因此我也永远进不了佛教会,因为我属于江苏省。

后来,有人就建议佛光山也可以像四大名山一样,成立十个寺院,就可以作为一个特区。哪十个寺院呢?佛光山寺,地藏殿就叫地藏寺,万寿园就叫万寿寺,普贤殿叫普贤寺……只要每年缴会费,就能有两个代表。不过我想,算了,我也不要。所以后来我一直不得办法进入佛教会。

话题再回到当时我与道安、南亭法师负责“整理委员会”的事,当时“中国佛教会”有大陆的会员两百多人,但是在届满的前一天,忽然增加了四百多人,全部都是由白圣法师提出申请的会员。这四百多人,大部分都是军人、一些老兵,或者来自边区的省份,如东北、新疆、云南、贵州。

其时在这许多地方,“中国佛教会”并无会员,只要有人加入,立刻就成为代表;反而江苏省有一百多人,也只能有两人参加。如此一算,整个改组后加入的那许多会员,必定都是将来的代表。

南亭法师、道安法师一看,即刻提出:这还得了,这仍然是十普寺白圣法师的势力介入!我们三人不予承认。当时王平居士就非常着急,他说我们受政府委托,政府提供经费来作改组的费用,如果我们提出异议,让政府又要重新再整理一次,事实上我们也非常难堪。

我们就提出:你为什么让十普寺一寺之中就能提出那么多会

员参加呢？他说，我也搞不清楚佛教里面有什么问题，我以为，只要是人家喜欢参加，佛教会都接受；尤其最后拿到申请也来不及审查，就通通签收盖印，准许加入了，现在如果你们大家不同意的话，我实在难堪。

我当时也很想坚持反对，但是想到王平居士的家人，对我们也有很多的照顾，想到盛情在先，实在不忍无情地给他难堪。最后我想南亭法师、道安法师也认为王平居士是一个好人，为人正派，只是他不懂佛教的选举内幕，再者王平居士也是他们的信徒，所以最后他们也只有妥协，我当然也不持反对。

如此整理案件通过之后，就注定了“中国佛教会”在后来的四十多年之中，全为白圣长老一人所组织成的，除非是他喜爱的人，再也无人能够参加。

这期间我偶尔也能当选佛教会的理事或常务理事，据闻每届改选时，都有国民党中央党部为我请客，拜托白圣法师务必把我列入名单之中。

因为要选举什么人当理事，都有一个参考名单，名单并且要经过党团书记的同意。党团书记由国民党中央任命，开会的人不一定能当选理事，他们有投票权，可以随意投票给谁，但参考名单给谁当选、不给谁当选，党团书记都有审查的权力。

这是因为当时每个社团，政府都派有党团书记在里面，基于党的需要，他有权力指示。如果每次政府提供的名单不能当选，一个、两个或许还可以马马虎虎；如果多了，党团书记和理事长都要下台，因为你们不听话。

这样的关系，所以每次为了我的名字能列入到参考名单里面，政府都要花很大的力气，强力让他们接受。有一次，为了政府指定要选我当常务理事，惹得白圣老不高兴。当时，我虽不能当代表，但要当选理事，即使政府不发动，我相信还是有办法；因为基本上公道自在人心，那许多代表看到我的名字，也会圈我一下，所以理事我是能当选的。

但是到了常务理事，那许多理事都是白圣法师区域的人，只要他招呼说不可以让星云当选，他们不圈我，那就不得人投我的票了。

所以后来政府就出面，请他们吃饭，说："你们一定要把星云列进去，如果他不进来，那你们就不像佛教会了。"

尽管有政府的苦心安排，还是抵不过他们的势力，甚至从此以后即使是南亭、东初、慈航、印顺等长老大德，也都不得办法担任佛教会的理事。

在当时我们三个整理委员之中，南亭老法师是一个容易妥协的人，道安法师是一个很耿直的人，而我是一个不懂得选举组织的人。对于那时道安法师肯妥协，实在很出乎我的意料。

后来整个"中国佛教会"俨然成为十普寺的了，因为所有的会员代表都是十普寺的信徒和他们的员工，四年开一次会议，那许多代表出席的时候，对佛教界大德也不认识，他们只是奉命投票。

我想后来中国国民党大概也对佛教会失望，认为佛教人士无能，他们也不要多管，就任这种情势一直延续下去。所以那时候起，白圣法师就成为万年理事长了。

在四十多年的理事长当中，偶尔他也做得不好意思，就说换个一任，让道源、悟明法师做一下。其实他们也都只是代表，真正掌控佛教会权力的，仍然是白圣法师。

其实，哪个人担任"中国佛教会"理事长，我们并不在意，我们重视的是，对佛教应该要有政策、计划，对佛教的发展、前途，要制定大政方针。

后来大概是一九七一年左右，国民党有一位刘耀中总干事，是国民党第五组的总干事，他曾经要我对佛教会的选举提出异议。但因为我人不在台北，不在这个中心里面，自知无力，也就只有感叹“时不我与”，除了暗自徒叹奈何，也只有眼看着佛教不幸而已！

后来我跟道安长老也时相过从。我记得他在松山寺，每年都办有暑期大专学生佛学讲座，也曾邀我去上课；有时在台湾传戒，他担任三师或尊证，当中偶尔也有我参加，大家时相会晤，见到我，也都是赞许有加。我想到这都是长老们提拔后进，期望后学的好意。

算一算，道安长老应该比我年长二十岁，二十年的经历、阅历，在一个人一生数十年寒暑之中，那是一个相当深厚的时间，尤其在重视伦理、辈分的佛教里，我要尊重他，感觉到他在台北活跃，佛教还需要有他各种的应付。

道安法师有一本杂志叫做《狮子吼》，对当时如一片文化沙漠的佛教界，也起过不少作用，他自己能讲能写，意气纵横，确实是一位人才，可惜那时候佛教界，白圣长老的势力如日中天，几乎没有人敢对他说不。

那时候道安法师身边有一些弟子，如灵根法师、张曼涛教授、刘国香居士等，都是文化人，也没有办法为他在佛教主流派里面争取到什么地位。记得一九七七年，我和他同在高雄县大岗山龙湖庵担任戒坛十师，之后我回佛光山，他回台北，不久就圆寂了。世寿七十一，僧腊五十。他圆寂后有遗嘱，叫《道安法师遗集》，另有《道安法师日记》十本传世。对于佛教又损失了一位法将，也很为佛教感到悲伤。

印顺法师

道安法师以外，我所尊敬的长老，那就要算印顺法师了。印顺

印顺法师来佛光山(一九七六年十二月十六日)

法师,浙江人,一九〇五年出生于农商之家。他曾经研究过道学,习过中医,也曾做过小学教员,一生经历过很多的学习过程,最后信仰佛教。

二十五岁在普陀山福泉庵,礼清念和尚出家,同年依天童寺圆瑛和尚受戒。曾就学于闽南佛学院及武昌佛学院,得以亲近太虚大师。后来应命前往四川汉藏教理院教书,并于一九四一年受聘为法王佛学院最高导师,一九四七年在奉化雪窦寺主编《太虚大师全书》。

这个时候大陆已经快要解放了,大概过了一年他就到上海,后来战事紧张,便随民众住到香港,再于一九五二年到了台湾。我当时正和演培法师在新竹台湾佛教讲习会教书,因为演培法师的关系,他也经常在讲习会小住,让我有机会和他多所请益。其时印顺法师的学德在我们心目中,真如泰山北斗,是难以仰望的境界,但是他也很随和,不时地坐下来和我们闲谈。

我觉得他对佛学的理论、对佛教的看法都很精辟,只是对他个性太过谨慎、不肯为众服务,觉得不以为然,感觉他还是原始佛教的性格，不像中国大乘佛教，具有菩萨开展的精神。

不过他的著作《佛法概论》、《成佛之道》，以及他在各地的讲说，如《中国禅宗史》、《平凡的一生》等，我都无有不读。

他曾经委托演培法师告诉我，要我跟随他，希望他在各地讲经时为他担任记录。我虽钦佩他的治学精神，但是对于为教的热诚，恐怕用心不同，所以未敢轻易允诺。

后来，我和演培法师一同在台湾佛教讲习会教书，他负责教佛学，我负责文学方面，也就是教教国文、作文之类。但是我们都很尊重印顺法师，演培法师更是印顺导师的入室弟子。

我那时和演培法师在授课之余，也跟随关凯图老师学习日文。关老师是中山大学出身，对日文造诣很深，他特地为我们两人编印教材。我当时边学习日文，边试着翻译《观世音菩萨普门品讲话》一书。这是日本森下大圆所著。我觉得此书的内容，不但文字简洁明了，尤其举例说理都很契合人心。

但当时，印老对我翻译此书只重信仰，不重理论，感到不以为然，感谢演培法师为我解释，说这一本《观世音菩萨普门品讲话》，不只是信仰，理论也非常丰富，他的话也为印老所首肯。

后来印老虽然无法在“中国佛教会”担任什么职务，但由于李子宽的关系，做过善导寺的住持；另有大同公司创办人林尚志和其子林挺生的因缘，捐献他土地，创建慧日讲堂。甚至也因信徒的热诚，他在新竹建设福严精舍，表示福慧双严的意思！

那时候他的一本《佛法概论》，被人密告说内容歪曲佛教意义，有为共产党宣传之嫌疑。经呈“警备司令部”拘提审讯，认为思想有问题；后来幸亏李子宽居士以国民党元老的身份，为他说项，才免于灾难。

他的弟子续明法师，也是因为作品有思想问题，遭到“警备司

续明法师

令部"连夜审问。续明法师是一个很厚道的佛教学者,与仁俊、演培合称印顺导师的三大弟子。后来到印度去朝圣,大概因为气候不适,在印度圆寂,时年只有四十八岁,殊为佛教感到惋惜。

过去,我经常购买印顺法师的作品送给有缘人阅读,我办理寿山佛学院的时候,也用他的《成佛之道》当教材。我自信对印顺法师的思想,略有认识、了解,我佩服他对原始佛教的研究、对佛教理论的剖析,都有独到的见解。

太虚大师曾经把佛法分为"法性空慧学、法相唯识学、法界圆觉学",后来印顺法师再把它改为"虚妄唯识系、性空唯名系、真常唯心系",我觉得各有见解。但后来他有一些弟子,过分地把印顺法师归类到人间佛教里,说他是人间佛教的创始人,几乎凌驾太虚大师之上,我深不以为然。

因为人间佛教是佛陀的。我认为,如果说印顺法师是一个原始佛教的论师,或者说他是佛教大小乘的论师都可以,但是跟人间佛教并不相契合,硬要他来做人间佛教的掌旗者,实在不是非常尊重。

所以我主张人间佛教不应把它归纳于经论,或说是太虚大师所提倡的,乃至再往前推及六祖大师,其实都不是,人间佛教应该是人间佛陀所提倡的。

说到人间佛教,在过去太虚大师确实是说过"人生佛教",后来东初法师编《人生》杂志,也倡导"人生佛教";但是比"人生佛教"这个口号更早的,是一九四六年慈航法师在南洋编辑的《人间佛教》月刊。

印顺法师由于学德深厚、著作丰富，对佛教产生巨大的影响，所以我希望今后研究印顺法师的人，应该把他归于一个“论师”的地位，以示尊重。

印顺法师于二〇〇五年，以一〇一岁的高龄圆寂。本来体弱多病的他，所以能活到百岁高龄，据他曾经跟我讲，他是靠香港的一种核桃粉末，才得以维持生命的。

其实，我想印顺法师的高寿，可能是核桃粉末的功劳，但是他一生潜心于佛学的淡泊人生，他的修养与佛法资粮，更应该是他长寿的主因。

大醒法师

在诸多大陆来台的长老法师中，第一个到达台湾的，应该要算大醒法师了。大醒法师，一八九九年出生，江苏东台人。大醒法师到台湾，应该与李子宽居士有关；李子老一生崇拜太虚大师，他只接受太虚大师，以及信任太虚大师的学生。除此之外，佛教界人士几乎都不容易看在他的眼里。在他接受台北善导寺之时正是一九四八年，大陆到处战云密布，所以他就邀请大醒法师把《海潮音》带到台湾发行。

佛教改革的先行者大醒长老

我和大醒法师认识，倒不是在台湾，而是在大陆。我在焦山佛学院念书的时候，大醒法师曾到过我们学院，为我们做过讲演。

记得他曾说:“佛教衰微的原因固多,僧徒不团结是最大原因。佛教假如有十个出家人团结在一起,佛教必然兴盛无疑。”我当时听了并不以为然,觉得让十个人团结,这有何难?但是经过七八十年的僧侣生涯,综观佛教界的互动,确实,要让十个出家人团结,并不是容易的事。

大醒法师应该算是太虚大师的首座弟子,一九三一年间的闽南佛学院,所以能办得轰轰烈烈,当时院长太虚大师并不在院中,完全是靠负责教务的大醒法师,他的教学和延揽人才,使得师资阵容整齐,才有闽南佛学院的卓著声誉,因而吸引各地的优秀学生前来就读。到了一九四一年后,在江浙一带数十家的佛学院,几乎所有的老师都是出自闽南佛学院,所以对大醒法师的教育人才,就不能不另眼相看了。

除了教学以外,大醒法师的写作文字通畅,很有文学的意境,所以《海潮音》杂志也是他们弘扬佛法的园地。记得是一九四七年,我与智勇法师在江苏宜兴办了一份《怒涛》月刊,他看过以后,特地在《海潮音》上做了一番介绍,并且赞许说:“我们佛教又多了一支生力军。”那时的《海潮音》是何等风格,何等具有分量、实力的杂志,能对我们后生小辈作出这样的评价,对我们是很大的鼓励。

一九四一年后,他是怎么样离开闽南佛学院的,我并不了解,只知他到江苏淮阴觉津寺担任住持;他传戒招收戒子,必须经过考试,他办学更是现代化,一时带动苏北的佛教欣欣向荣,可见“人能弘道,非道弘人”。

尤其一九二八年,他在大陆曾办过一本杂志叫作《现代僧伽》,里面全部都是揭发佛教的弊端,以及为了保护寺产而与政府抗争。这一本《现代僧伽》,就好像是佛教的《春秋》,也如同佛教的政论,内容都是批评佛教的是非、得失,在当时大醒法师真是被各个寺庙视如洪水猛兽。但是他本着护持太虚大师的“新佛教运动”,口诛笔伐,不遗余力,也赢得我们佛教青年的尊敬、拥护。

就为了这一本《现代僧伽》杂志,在国民政府北伐以后,佛教就分为新僧与旧僧两派。新僧的代表当然是太虚大师这一派,旧僧的代表,就是印光大师和圆瑛法师这些长老了。后来大醒法师告诉我,他曾经去拜见过印光大师,印光大师听到他报名叫“大醒”,就说:“你造口业喔!”

后来他把《现代僧伽》上的文章集结成书,就用《口业集》为名,以纪念印光大师开示教导他的这句话。这本书也曾在台湾再版过,现在流通情况如何,就不得而知了。

我到台湾来,前面提过林锦东居士曾告诉我,可以到台北县成子寮观音山找慈航法师,或许能找到一个教师的位子。只是那时已是初夏的四五月,那一天我们到达台北车站,忽然下起倾盆大雨,据说到观音山的道路已经崩塌,汽车不能通行。幸好林锦东派了一位法师为我们带路,他在台北火车站就跟我们商量,他说观音山是去不成了,在台北倒有一间你们大陆法师(即白圣法师)主持的寺庙,你们前往投靠,应该妥当。

当我们到达十普寺的时候,白圣法师虽然接见了我们,但他表示留宿困难,要我们另想办法。我心想:此处不留人,另外会有留人处!正预备要离开,这时道源法师经过我们身边,带着责备的口吻说:“你们怎么也会到台湾来呢?”

和我同行的另外两人闻言,非常不平,想要发作:为什么你能来,我们不可以来呢?但是我想,出门在外,还是忍耐第一,也就不去计较,随后便冒着大雨离开了十普寺。

当时整个台北市汪洋一片,我记得从十普寺出来,想要到善导寺，因为知道大醒法师在那边，可能会有办法。但在经过新生南路时，有一条"琉公圳"，因为路面淹水，路与河已经分不出来。我一个不小心，就跌进琉公圳里，随着流水往下流。好在我从小生于扬子江畔的水乡扬州，别的本领没有，对于水倒能应付。

我在随水急流的时候大叫："我的钱包！"因为家师给我十多块的袁大头就包在一个小包袱里面。我奋力抢救，最后终于把它捞起来，并且找到岸边，爬上了岸。这时想到人家说"落水要命，上岸要钱"，但是我是落水要钱，上岸不计较有没有活命。或许你说，才不过几个袁大头，就那么几块银圆，值得拼命吗？事实上我很清楚，在那个时候，几个袁大头是我今后在台湾的生命线，没有它，就更加寸步难行了。

我们在路上，雨愈下愈急，水已深达腰际，只能寸步移动，找寻高一点的道路慢慢前行。终于在午后黄昏时到达善导寺，大醒法师见到我们，他表示自己住在这里，也是寄人篱下，自身难保，对我们前来，实在难以帮助。

这也难怪，那个时候的善导寺，有台北市政府的兵役科及警务处的交通大队住在里面，只留一个小木屋给善导寺的人众居住，另外就只有一个大雄宝殿而已。

当时我们实在是因为外面道路还是到处积水，就要求晚上让我们权且在大雄宝殿住上一宿。承蒙他们在不置可否的情况下，让我们在大钟下，和着全身湿透的衣服挨到天亮。好在那时候是夏季，也不感觉很冷。第二天一早，因为从台中为我们带路的那位法师，把我们送达十普寺就离开了，所以我们只有自己打听，怎么样继续找寻前途之路。

这时候听说慈航法师在基隆四脚亭月眉山灵泉寺，我们问清楚了道路，就从善导寺走到距离不远的台北车站，买好了车票，坐车到八堵，再转宜兰线的火车到四脚亭下车，大约走了二十分钟，就到达灵泉寺。这时已经是下午一点以后了，见到约有十个大陆僧青年聚集在这里，我们无限欢喜，虽不能说是他乡遇故知，也算是找到乡亲熟人了。

这些青年朋友就问我们："你们吃过饭了没有？"其时我们不只当天早饭没吃，连昨天晚饭、中饭都还没有吃，正饿得发抖。但是这个时候有一位老师出来说："我们在这里自身难保，你们可不能多事。"示意这许多青年同学不可以接待我们。

然而青年人就是有他们可爱的地方，他们听到这句话，非常生气，不顾老师反对，就自掏腰包去买米，然后煮了稀饭给我们吃。我记得那时已是下午三点多钟。当我捧着那一碗稀饭，喝进第一口，感觉真是如琼浆甘露一般，美味无比！

灵泉寺基本上房间很多，我们希望能借住两天，整顿一下衣装就离开。后来也没有人出来答应，但也没有反对。就在那两三天当中，我们把衣服换洗一下，有的衣单在路途中散失，就买个普通布料，缝制几件换洗的衣服。

三天后，约略已经了解到台湾的地理、人事等各种情况。住在灵泉寺的这些同学，大部分以常州天宁寺天宁佛学院的为主，另外上海玉佛寺也有几位青年在中坜圆光寺，同时也知道慈航法师正在中坜，最后当然只有往中坜圆光寺出发了。

在中坜车站下来，走在一片雨后泥泞的道路上，想到过去说，湖南石头希迁禅师的道风是"石头路滑"，现在我们到圆光寺的道路有十几华里，走在那泥泞道路上，真是"黄泥路滑"。所幸到了圆光寺，虽未遇见慈航老，但是妙果老和尚已经接受我们了。此事在别章已经谈过，此处就不再多作叙述了。

在中坜圆光寺，我住了一年多，大醒法师也曾来此小住。他住在圆光寺期中，我们有时间长谈，对大醒法师一生的经历，一生为了佛教的精彩故事，听得非常入迷。后来接到大醒法师的信，要我去担任新竹青草湖“台湾佛教讲习会”的主任秘书。

为了这个职务，我很不以为然，我想你可以聘我当教师，或是聘我做什么职务，怎么要我做主任秘书呢？我又没有文书行政的经验！但是大醒法师在回我的信上说：“这是叫作讲习会，不叫佛学院，我是讲习会的会长，不能用学校的名称，只能用主任秘书。再说，也不知道讲习会能办多久，以后如果有机会，我们再改为教务主任，希望你来，虽然名义上是主任秘书，实际上是教务主任的工作。”

就这样，后来我还是到讲习会去教书。记得我曾请他在纪念册上写字，他的字非常庄严。他还叫我改名字，不要叫“星云”，改叫“心云”，因为“云无心以出岫”，比较有意境。我记得他在当时是署名“大醒·五十一岁。”

不久后，听说蒋经国先生要在观音山做一场佛事，超荐他的母亲毛夫人。毛夫人是蒋介石先生的原配，也就是经国先生的生母，于抗战初期在大陆被日本人的飞机投弹炸死，据闻经国先生那时候十分悲痛，誓言要“血债血还”。

后来到了台湾，于一九五一年，应该就是他母亲逝世十周年纪念，便想举行一堂超荐佛事。由于大醒法师曾是奉化雪窦寺的住持，过去雪窦寺和蒋家一直有很深的因缘关系，知道大醒法师在台湾，蒋经国先生很高兴，就邀请大醒法师主持这一场佛事。

其实，大醒法师一生最不喜欢做经忏佛事，但是在这种因缘关系之下，他也不得不欢喜接受。就把讲习会里一二十位大陆来的青年，一起带到观音山做了三天法会。听说事后经国先生还包了一个大红包给大醒法师，因为在大陆上做经忏，一向诵经以后，都会有倲钱(红包)供养。大醒法师就和大家说:“这些钱我们就不必分了,把它作为讲习会的基金。”我认为这是很好的事情,但是有人不以为然。不过,这也难怪,那时候大家都穷,都没有钱。

大醒法师非常气愤,很不以为然,认为大家应该要发心,要为了佛教,所以就集合大家训话。他站在讲台上,手拿粉笔,想要在黑板上写“三皈依”,当写第一个字的时候,手就停在那里,拿不下来,中风了。停顿了很久,大家赶快趋前去扶他时,他就倒下来了。

大醒法师曾经跟我讲过,他知道自己会中风,他说:“我身上有一颗药,假如我中风的时候,要赶快把那一颗药给我吃下去。”大概就是可以即刻往生。为什么呢?他也曾告诉我:“我一生英雄,我可不能中风以后做狗熊。”

但是那个时候,一群学生谁敢拿那一颗药给他吃呢?大家忙着赶快把他送去就医抢救。只是后来还是严重到不能讲话,甚至瘫痪,呈现半植物人的状态,从此以后就靠着他的在家弟子贾怀谦照顾。这一位贾居士真是菩萨,比儿女都孝顺,侍候大醒法师一年有余,直到往生。大醒法师圆寂时,才只有五十三岁。

在大醒法师病倒之后,台湾佛教讲习会实在一时找不到适当的人,我不知道究竟是谁的主张,一定要我前往担任教务,维持大醒法师的情意。在这种情况之下,我也不能再有所推托,所以又在讲习会多待了一年多的时间,直到一九五三年初,才到宜兰雷音寺驻锡,开始我在台湾弘化的另一个新的里程。

智光法师

在台湾的大陆长老法师中,真正为我上过几堂课,成为老师的,恐怕就要算智光长老了。智光长老是江苏泰州人,一八八九年出生,十三岁出家,十七岁于宝华山隆昌寺受具足戒。十九岁和太

智光法师

虚大师、仁山法师就读过杨仁山居士创办的“祇洹精舍”，后来太虚大师与仁山法师发起新佛教运动，据我的了解，智光老并没有参与，因为他的性格比较保守。

我的学长智勇法师，和我一起编《怒涛》杂志的时候，曾经写过一篇文章，批评江苏的三个乡愿长老，其中之一就有智光长老。但是他参学过很多的地方，且能背诵七卷的《法华经》，也曾担任过泰县一个小学的校长。一九二三年，他在焦山定慧寺授记，一九三三年就任住持，但不久就退位了。

一九四五年，我在焦山佛学院念书的时候，智老以退居老和尚的身份，偶尔出来为我们讲几堂戒律学的课程。不过现在回忆起来，他的性格保守，对于新佛教运动，据我了解，他既不参与，也不会寄予同情。然而在佛教里，从小在佛门受训的老和尚，到了年登高寿的时候，就会有一些修养；印象中的智光长老在焦山时，还真像一位老和尚。

因为我们身份差距许多，我只是一名学生，要想亲近这种地位崇高的退居老和尚，在丛林里几乎是不可能的。但一九四九年到了台湾，后来我在华严莲社见到他，感觉到他实在和蔼慈祥，不像南亭长老那样有锋芒、有气势，所以我偶尔就到华严莲社的后厅找他，请其开示。但他言多保守，讲话不太涉及人我是非，只偶尔在佛法义理上表示意见。

记得那个时候，为了佛教的“卍”字左转、右转问题多有意见。南亭老在各种书籍里查询，结果反转的“卐”字有十三票，正转的

“卍”有十二票。我认为前者是希特勒纳粹党的标志，佛教的卍字应该是向右转，不过他说他的是右转，我说我的是右转；在我和南老对卍字有不同看法的时候，我曾在印度佛陀转法轮的塔上，照下卍字的样子，刊登在《海天游踪》一书里，证明我的说法是有根据的。

但是南老执着，认为我们年轻，不可以违逆他，当然不会采信我的意见。但智光老跟我说，“你的对”。智光老这一句话，在当时我想到，虽然他是南亭老的长辈，但他寄住在华严莲社，是靠南亭老供养；他用这种言论来支持我，我也挂念他得罪南亭老，所以后来我对于卍字的争论，也就不了了之了。

那时候智光长老应该也已年近七十岁之龄，他的身体健康、硬朗，虽然行动不是很敏捷，但很稳健。如古德说：不是为了拜佛，不会轻走一步；不是为了看经，不会点燃灯火。这一种稳健如山的长老，在我们青年的眼目中，更加感觉到应该恭敬。

后来，福州的陈秀平居士，邀约了台电公司十多位的工程师，他们都是佛教徒，各自出资，购买永和现在智光商工的那片土地，约有五千多坪，想要筹办一所中学，要我领导。我那时候在台湾，一点基础也没有，都还在四处流浪飘荡之中；虽然人在宜兰弘法，但也没有财力来办佛教的教育，我就邀约南亭长老、悟一法师等人共同参加。

那个时候，为了学校定名，大家各有不同的看法。在我的意思，可以办一所“太虚高级中学”。悟一法师说：不好，太虚，太虚无了，太虚幻了，对办中学不好。我认为现在是科学时代，大家正在研究虚空，正要了解大自然的浩瀚。不过，我也知道，他们对于太虚大师不是那样的信仰崇拜，所以后来就妥协，而用智光长老的名讳来作学校的名称。就这样，南亭长老也很接受，所以智光高商职业学校就这样产生了。

太沧和尚

太沧和尚

外省的长老法师在台湾的，应该有三位，一位是智光长老，第二位是太沧长老，第三位就是证莲法师。

太沧长老，一八九五年生，江苏东台人，二十岁出家，于江天寺受具足戒。我在焦山、栖霞念书的时候，偶尔到金山寺参访，都是由他接待，因为他是金山寺的当家，又兼带头单知客。

我记得太沧长老身材魁梧，相貌庄严，气质雍容华贵，慈祥恺悌，让人觉得如沐春风。听说他在一九四五年就任金山寺住持，一九四六年我还在焦山佛学院就读时，他还帮助我做过一次“佛教古物展览会”。他把宋朝苏东坡的玉带，以及常住的古物，毫不吝惜地借给我在焦山展览。那时候，我也胆大妄为，在镇江贴出海报，写出宣传语“秦砖、汉瓦出现了，苏东坡的玉带也展出了，您有看过吗？还有龙蛋、历代的皇朝龙袍”；甚至还展出东汉著名的“伏波将军”马援的战鼓，成语“马革裹尸”就是出自他的英勇豪语。

那一次展览会，真是人山人海，从镇江几十条船，不断地载运人潮到焦山参观。看到蜂拥而至的人潮，把我也吓了一跳。但是一九四八年，忽闻金山大火，半个小时之内，就把金山寺几个主要的建筑都烧光了，大家都认为这是一种事件的前兆，国家必定有什么事情要发生。那时候，我在南京，也知道好像社会的风云一直在变化，现在回想起来，这一把火对促成我们到台湾，也不能说不无关系。

与心澄法师欣赏金山江天寺苏东坡的玉带

后来我在台湾，听说太沧长老到了香港，住在我们栖霞山香港的别院鹿野苑，之后辗转来到台湾。想到过去他那种“不轻后学”的长老风范，我也多次前往礼座、探视。后来有不少信徒，大家尊敬老和尚，便为他在旧北投购置了一栋房屋让他居住，定名为“金山分院”。

在大陆时，太沧老曾经与金山活佛同住十多年；来台后，煮云法师专程到金山分院拜谒老和尚，请他讲说金山活佛的行谊、逸事，后来写成《金山活佛》一书出版。

太沧老在台期间，也曾担任过南投日月潭玄奘寺的住持，不过我想，他也只是挂名而已，实际负责寺务的运作，应该另有其人。

证莲法师

上述两位长老之外，第三位就是证莲老了。证莲长老是江苏镇江人，一八九三年出生，在宝华山隆昌寺受戒。一九二五年担任天宁寺监寺，七年后任住持，将天宁寺本有的戒学堂改名为天宁佛学院，除学戒之外，尤侧重于教理的研究，并且广聘各方名师担任教授，大力培育僧才。

天宁寺是江南四大丛林之一，中国的佛教一直是以江苏、浙江为典型代表，浙江的天童寺、阿育王寺是每个出家人参学的圣地；江苏的金山江天寺与常州天宁寺，也为一些青年学子所向往。

现在在台湾的大陆法师当中，对台湾佛教产生贡献的，恐怕要算出身天宁寺系统的老少法师了。如戒德法师、默如法师、仁俊法师、印海法师、佛声法师等，都是出自江苏常州天宁寺。我在抗战胜利前，也曾经在天宁寺做过短期的参学，并且还任职行堂，因此，我和江苏的各大丛林，栖霞山、焦山、金山、常州天宁，甚至扬州高旻寺等，都有一些相当的因缘。

我对于证莲老，虽没有直接跟他亲近过，不过，他在永和建了一间"竹林精舍"，偶尔前去向他礼座，也和他重要的得力弟子，如佛声法师及曾任天宁寺监院的戒德法师等，相互唱和。我请过戒德法师到佛光山来举办天宁寺的"禅七"，也请过金山寺的慈霭法师多次在我们丛林学院担任教席，无非是希望大陆各名山道场的家风，能在佛光山树立。

证莲老在一九六七年圆寂，世寿七十四岁。他的弟子戒德法师倒是长寿，一九〇九年出生，二〇一一年五月才圆寂，活了一〇四岁。

广钦老和尚

过去广钦老和尚在台湾的声望很高，他是福建省惠安县人，一八九二年出生，一九四七年来到台湾时已经是五十五岁了。

他出家得晚，直到四十二岁才受戒；受完戒后到山中苦行，迷了路，靠着山上的树薯、野果充饥，一住就是十三年。吃习惯了以后，就一直以水果为主食。来到台湾后，最初住在丰原，仍然维持这样的饮食习惯，渐渐地，信徒就以"水果师"称呼他；加上有许多灵异事迹传出，信徒耳闻，纷纷前往护持。后来，受"公路局"局长

前往承天禅寺探望广钦老和尚(右一)

林则彬等人赞助，在三峡建了承天禅寺，中部建广承岩，在南部高雄六龟则建妙通寺。

广钦老和尚出生时，家境贫穷，没有受过什么教育，出家后寺院也穷，对寺院丛林教育也接触得少，以专修苦行为主。但他为人有德，很多退伍军人拜在他的座下出家。对于这些出家弟子，我想，佛法讲求智慧，出家人还是要受教育，要有大德提升他们的智慧、见地层面，对于修行才有帮助。

广钦老和尚一生中，并没高建法幢、升座讲经，也没有以文章度世，但他参禅念佛，平实地行持度化许多人，还是值得后学们学习的。他对我们也很支持，徒弟还捐赠佛光大学五千万元。在他往生后，弟子们把他平时的训诫，辑为《广钦老和尚方便开示录》传世。

灵源老和尚

灵源老和尚

其实，诸位大陆来台僧侣中，他们所创建的道场，最具规模的，除佛光山以外，就要算基隆十方大觉寺了。

十方大觉寺开山者是灵源老和尚，一九〇二年出生，浙江临海县人，是一位真正有德有修的长者。他所以能成功，是因为寺院建筑在基隆；过去，很多服务于基隆港的海员，都是浙江宁波、温州一带的人士。缘于同乡之情，他们成为十方大觉寺最大的护持者，所以灵源老和尚很快地就把寺院盖起来了，其庄严宏伟、金碧辉煌，可以说在基隆占领了一个山头。

那时候，在台湾有不少的退伍军人想要进入佛教，其他佛教界的老和尚，没有寺庙供给人挂单安住，只有十方大觉寺有此条件。因此，不少的军界人士，都以十方大觉寺作为进入佛门的根据地。如中台禅寺的惟觉法师，即是灵源老的门下高足。

灵源长老虽然不擅于讲说弘法，但是他心胸开阔，礼贤下士。一九五八年，他从香港礼请一位禅门的长者惠光长老，在基隆弘扬禅法；另外，也有自军中退役出家的知寂法师，在基隆莲社提倡净土。一时之间，灵源老和尚在基隆“禅净双弘”，有了一番作为。可以说，近代以来，灵源老对于开拓台湾的佛教，应该算是一位有力人士。

可惜的是，灵源老和尚在一九八八年圆寂，他的门徒大部分出身军旅，有的在佛学内典上的修学，时间显得不够，所以后来未尽发扬光大。十方大觉寺，在台湾佛教界成为庄严堂皇的寺院，弘法利生，就有待后人传承继起了。

乐观法师

说到门徒传人，太虚大师的门人中，来到台湾的，除了印顺法师、大醒法师、默如法师外，还有一位就是乐观法师了。

乐观法师，湖北汉阳人，一九〇二年出生，本来法名叫“悲观”，但是到了抗战中期的时候，他对胜利抱有必然的信心，所以改名叫“乐观”，意思是乐见未来的胜利。

他在抗战期中，曾经组织“僧侣救护队”，也出版过两大册有关僧侣参与抗战工作的史籍，蒙太虚大师赐题书名《奋迅集》。除此之外，他的著作不少，多以佛教与当代时事有关，像《护国卫教言论集》、《中国佛教近代史论集》、《六十年行脚记》等。后来他主编十年的《海潮音》

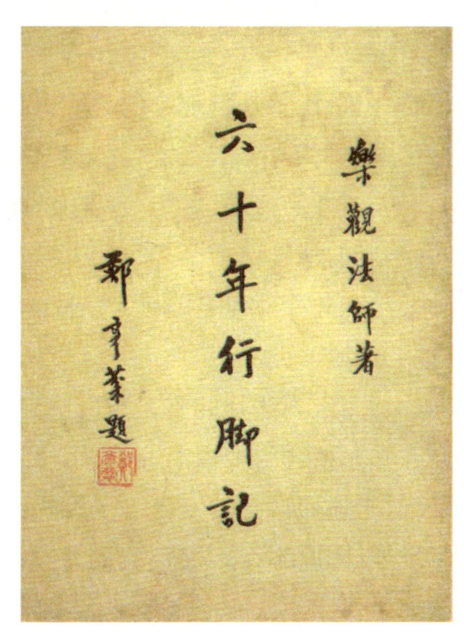

乐观法师所著《六十年行脚记》

月刊，其他相关的撰文，也散见在各佛教刊物，在近代以来的出家人中，乐观法师可以说是一位爱国的僧人。

为此，国民党对他特别爱护有加，对他非常重视。在大陆解放后，他也一直在缅甸替国民党做一些联系的事宜。一九六三年，他似乎在缅甸居住困难，后来回到台湾，国民党替他出资，在永和购买了一个民居。乐观法师把它改为“常乐寺”，作为弘法道场。

乐观法师性情刚烈，可以说，佛教里的什么人，他都敢直言批评。太虚大师圆寂的时候，大家选出太虚大师的“十大弟子”，他未能上榜。当时，他非常气愤，认为太虚大师的“十大弟子”应该有他一份。

后来，他参与编辑《海潮音》，和我结上因缘。蒙他爱护，经常在文章上不断称赞佛光山的好事，也到山上小住过数次。有人跟我说，乐观法师对佛教的人、事，通通都骂到了，只有没骂过星云法师。

记得他第一次到佛光山小住，正是一九六七年开山那一年。当时，山上还不具备现今的规模，仅仅只有佛教学院以及兴建中的万佛殿(即大悲殿)。之后，乐观法师为文称誉:佛光山具备大陆名刹天童寺的格局，名为“小天童”也不为过。他对丛林学院的整洁、学生的朝气精神，印象极为深刻。他说，佛教学院可算是个“劳动大学”，每个学生各有所职，平等有分，符合太虚大师兴办僧伽教育的方针。

感谢乐观法师的支持与鼓励，我曾多次邀请他到佛光山安居，并在佛光精舍为他留有一个房间。只是，他谦称自己是一名行脚僧，对于逍遥自在的安养日子无福消受，并且挂念永和常乐寺的未来发展，因此不得不婉拒我的好意，但仍然应允愿意在台北、高雄两地居住。

他说，初上山来，见到佛光山的规模，曾用“非常人做非常事，非常事非常人做"来形容我；十多年后，看到佛光山的发展，果然印证自己所说无误，内心极为快慰。我心想，是不是非常人、非常事，倒是其次，庆幸的是，自己一路走来所做的事，没有让长老失望。

悟明长老

除了乐观法师，在大陆来台的长老中，经常给我鼓励的，还有最近以一〇二岁瑞龄圆寂的悟明老和南投灵岩山的妙莲老。

悟明长老，一九一一年出生，河南人，但成长于湖北。年轻时在上海参学的过程，我不太了解，但他在台湾弘法六十余年的人生，确实是轰轰烈烈。他是白圣法师的挚友，也是我的一位善知识，虽不是什么学者、佛学专家，但他通达人情事理，处世非常圆融周到。

记得在一九五一年初，我在台中宝觉寺讲课的时候，与悟明长老初次相识。他比我年长十多岁，但在佛门的伦理中，他是一位老参、前辈。他就像当初圆瑛法师爱护太虚大师一样，对年轻后辈的我非常看重。

有一次，他约我到另外一个地方，轻声慢语地谈话，言多赞美鼓励。记得他说："老弟，将来你不是一个平凡的人物，你在佛教里面，要好自为之。"

我也记得当时年轻的我，还跟他开玩笑说："老兄的梵呗，音声嘹亮，我五音不全，哪能和你相比呢？"他立刻沉下脸来，说："我这种经忏小道，不足光大佛法，还是看你啦！"几十年来，从悟老的言行中，印证他的为人，不是那种表面上对我恭维，背后又是另一种面貌的人。

他对我的关怀真实不虚，始终如一。例如，我在台北"国父纪念馆"弘法三十年，他经常前来听讲。这当中，也曾发生一些插曲。例如，一九七八年，我在"国父纪念馆"举行三天佛学讲座，为了与

带领“佛指舍利护送团”至台北树林海明寺参访，住持悟明长老率众欢迎（二〇〇二年二月二十四日）

白圣法师他们和解，第一天开场时，特地邀约悟明老在我讲说之前，上台致词，以示我对佛教会的尊重。

但是，他说了几句赞美我的话之后，跟着，就把他自己在佛教会中常务理事的职务给丢掉了，也就是说不能再当选常务理事了。

我想，这应该是他对我赞美后所受到的惩罚吧！不过，悟明老毫不介意，继续和我往来，可见他做人的苦心。

台湾光复初期，台湾省佛教会每年都会举办“会务人员训练班”，悟明老和我，经常被聘为会务人员训练班的讲师。那个时候，大陆的出家人刚到台湾不久，外省人、本省人之间，彼此还有界线，因此，在台湾佛教界里面活跃的人并不多。但是，我们从不分本省、外省，没有什么省籍的观念。我在台湾社会里，算是深入民间，而悟明老做人处事比我更圆融，所以在本省的活动里，经常都有我们参与的机会。甚至,在台湾省佛教会里,当选常务理事的外省人中,恐怕就是我任职的时间最久了。

另外,在台湾的出家人中,前往美国弘法的第一人,恐怕也是悟明老。我知道他不会英文,但竟然一个人飞往纽约,独自在美国访问数月之久。有一本书叫《仁恩梦存》,就是记录他访美的经过。我真是佩服他的勇气,有着当初玄奘大师西行、鉴真大师东渡那种"为圣教也,何惜生命"的精神。

后来,他在美国创建护国禅寺,我也曾经前往拜访。当时,他并没有很多徒众,早在二十年前,取得赴美签证的条件还是非常严苛的时候,我看他每次从美国回台,都要嘱咐当地的在家信众代为管理道场,可见他弘法的辛苦。

在台北,悟明老则以树林海明寺作为本山,另外设有观音禅院,收了一位了不起的比丘徒孙——明光法师。他是台湾交通大学的硕士,曾任台北市佛教会会长。一九九四年,台北大安公园发生"观音不要走"事件。我感念悟老和明光法师平日弘法护教的热忱,为了让观音能在公园里留下来,我也积极协调处理,助他一臂之力。

那一次,多亏慈容法师有佛光会的背景,中南部的会员一听说此事,马上表示要发动三百部游览车的人,到大安公园念佛请愿。当时的台北市长黄大洲一听大惊,并说:"那还得了,三百部的游览车来,台北市的交通一定瘫痪。"黄市长这才感觉到事态严重。经过多方沟通,达成妥协,观音圣像成为共有的艺术品,从此安住在大安公园里,护念往来的大众,也让静坐绝食的昭慧法师一行人,达到诉求"观音不要走"的目标。

近几年,悟明老经常到台北道场来看我,我偶尔也会到树林海明寺去探望他;他都是一本初衷地热忱相待,实在是一个"做好事、说好话、存好心"的"三好"人。可以说,他做到了"三好人生"。

他在二〇一一年七月十九日圆寂，大家忙着组织治丧委员会，为他的肉身坐缸仪式致最后的敬意。我也在为他举行的追思赞颂会之前，赶往树林上香礼敬。站在他的灵前，面对这位六十年的忘年之交，不禁感慨万千，只有祝福他能够乘愿再来了。

妙莲长老

再说到妙莲长老。他是安徽巢县人，一九二一年出生，比我长六岁；但讨巧的是，我比他早半年受戒。按照丛林的规矩，戒腊高的人要在前面；虽然我早他受戒，但他年龄比我大，和他一起排班时，我都自愿让他走在前面；妙莲老很谦虚，都让我走在他的前面。他就是这样推崇我，一路走来，我们也算是老友了。

妙莲长老参学于苏州灵岩山，继承印光大师的宗风。一九四九年前往香港，起初吃了许多苦，住过大屿山，后来在青山闭关二十余年。其间，修行“般舟三昧”达十次，每次三个月为一期，可见他悲愿弘深，修持严谨，赞美他是有道高僧，也不为过。

记得一九七〇年代，他前来台湾时，最初挂单在佛光山位于台北民权东路的别院——普门寺。当时，我经常到普门寺讲说《金刚经》，每次都会看到一位老和尚，坐在前排专注聆听。有一次下座后，我跟他请教，才知道他是妙莲长老。

他跟我也不多言语，也不和信徒应酬，每次听完我讲经就回寮休息。就这样，长达一两年之久。我不知道他挂单普门寺的目的为何，他也不和普门寺的信徒来往，只是白天外出，晚上回来。想来，是他做人周到知趣，觉得不方便住在普门寺，又和普门寺的信徒来往，好像在利用关系一样。我想，他白天出去，应该都是到他自己的信徒家中访问，做家庭普照吧！

尔后，我忙着佛光山的开山工程、从事国际佛光会世界的活

应妙莲长老之邀前往南投,主持灵岩山寺大雄宝殿落成及佛像开光典礼。自我右起为净心、真华、永惺、圣严、妙莲等法师(一九九六年一月十三日)

动;一九八六年时,他到南投埔里开山,没多久,灵岩山就庄严巍峨地树立起来了,真是不可思议的奇迹。我很钦佩妙莲老,他到底是有修行的人,好像建设灵岩山比我建设佛光山还要容易一些。

妙莲老也经常到佛光山来,有一次,特地交给我三百万,说是他自己的捐献,要我把大雄宝殿重建得更宽、更深。但是,当初土地的问题,不是那么容易解决。我记得在建大雄宝殿的时候,连一根支撑屋檐的棍子落在别人家的土地上,那位地主都不准。乃至,后来我要买这一块地,以那时候的市价,六分地应该只是六万元,地主却索价二十万。我觉得太超过了,你可以多要一点,但不能那么多。

过一个礼拜,我心想:"算了,谁叫我有这个需要。"就准备了二十万和他买。他竟然开口说:“这现在要四十万才能卖。”

才过了一个礼拜,他就涨到四十万,我很生气,这种人真是不可理喻,不跟他谈了。

再过两个礼拜,我心里想:“算了吧,四十万就四十万,跟他买吧!”他又说要八十万才卖。我二话不说,立刻交付八十万给他,买下现在佛光山蓝毗尼园那一块邻近大雄宝殿的土地。

佛光山邻近的土地,就这样从一万块钱一甲,到十万块钱一甲,逐渐又涨到一百万块钱一甲、三千万块钱一甲,到现在,已经是一两亿元才能买到一甲。这几十年来,佛光山虽然辛苦买地,但是佛光山也没有穷,而那许多卖地的人也没有富贵啊!

我想到开山过程的点滴,只有亲身经历的人才会知道,妙莲老自己也在建寺院,仍关心我的大雄宝殿建设,实在感念他的情义相挺。

由于妙莲老和我这份深厚的情谊,到后来,他几乎要把灵岩山寺交给我替他处理,我们也对他的事情给予最大的护持。记得一九九六年灵岩山传授三坛大戒,全部的三师七证、引礼,都由佛光山负责。佛光山也确实倾巢而出,几乎以全山总动员的情况,全力支援他们的戒会。而他原本有意创办的埔里均头国中小,因为“九二一”大地震的发生而停顿。后来委请佛光山筹办,我们觉得很有意义,便应允承接建设。幸好没有辜负妙老所托,在二〇〇四年正式开学了。

晚年的他,腿部一直肿胀,不良于行。我曾到南投埔里灵岩山的关房前去看他;在台中,我也曾到他修养的病榻前表示慰问,但他到最后还是先我而去。后来我听闻在他圆寂前,曾经交代徒弟们说:“灵岩山寺的事情,要请教星云大师做主。”二〇一一年二月,灵岩山的当家兼代住持自毅法师,率领四位当家师及两位护法居士来佛光山,跪在我的前面要我前去主持开光。他说:"师父,妙莲上人有交代,我们做什么都要以您为主。"

我听了也非常感动,所以在同年九月,灵岩山在台中的念佛堂落成启用暨四大主殿圣像开光大典时,有上万的信众参加,我也专程从佛光山前往主持了。

妙莲老一生笃信净土,以念佛为主,仅以他修行十次、每次三个月一期的"般舟三昧"来说,就已经不是一般人容易修持的。所谓"般舟三昧",又叫作立行念佛修持,在过程中,昼夜精进念佛、绕佛,颈不落地,站立修行,是不倒下来睡觉的;不得已,想要打瞌睡了,只有扶在一条绳子上稍微眯一下。这对普通人来说,一天都受不了,何况妙莲老修行了十次。这种刻苦自励的修持不是普通人能做到的,所以他后来建寺顺利,当然自有龙天护持了。

妙莲老以八十六岁之龄圆寂,于今我也八十六岁,回忆如长兄一样的妙莲老,万分怀想,无限依依。

大陆来台的这许多长老法师,所遗憾的是,大部分都没有重视传承。说有传人的,除了上述的十方大觉寺灵源老、悟明老和妙莲老外,就是东初老法师了。

东初老收了一个高徒,就是农禅寺圣严法师。他非常争气,在日本获得立正大学博士学位。不过,他们师徒并没在一起相处过,当初也只是在名义上具有师徒之名而已。

另外,像证莲老和尚的弟子戒德法师,在台湾活到一〇四岁,圆寂后,也不是很清楚有哪些传人,甚为可惜。其他,像焦山的智光老和尚等,往生之后,也如人家所说,因为不知传人是谁,早已无人去闻问。

看起来,诸大丛林中的金、焦、天宁一系,在台湾都已没落;现在,只有寄望大陆的金山、焦山能够再起了。

天地並壽
日月同光

星雲

我与赵朴老

他一直推崇我，
说我是佛教史上能够跟佛陀媲美的人，
因为佛陀把佛教带到五印度，
而我能够将佛教带上五大洲。
其实，这都是我不敢听的话。
因为，佛陀的威德，
让他在当时印度那样交通艰难困苦之下，
能够创立教团，走遍五印度；
让他在九十六种外道的前面，
能够树立佛教救世的慈航；
我们今天所做的，
只是在五大洲的一点星星之火。
相较起来，这又能算什么呢？

百年来的佛教在家居士，为佛教奉献的人物为数很多，如杨仁山的兴学印经，为佛教延续命脉；如梁启超的大作《佛学研究十八篇》，替知识分子开启了窥探佛教的道路。其他如汤用彤、章太炎、戴季陶、朱子侨将军、李炳南、周宣德等居士，都是对佛教赫赫有功者。但真正成为对佛教救亡图存的人物，当属赵朴初居士了。

赵朴初居士，安徽安庆人（安徽太湖），一九〇七年出生，整整比我年长二十岁。他从年轻时代开始，就对慈善事业和佛教信仰非常热衷。曾经在红十字会等团体工作过，后来转入佛教的核心，从上海市佛教会的秘书，到中国佛教协会的会长，做到全国政协副主席，先后长达数十年。在“文革”后，只要是了解佛教今日发展的情形的，无不感谢赵朴初对大陆佛教复兴的贡献，也不难了解他是如何的和中央政府接触周旋了。

我和赵朴初居士正式来往，是在一九八七年五月。那一年，正逢泰王普密蓬六十岁，朴老受邀赴泰国为泰王祝寿，我也受泰国政府之邀到了曼谷，我们被安排下榻在同一个饭店里，晚间，我们就邀约相见了。

中国佛教协会会长赵朴初长者

那个时候，两岸还没有正式交往，对于这样的会见，也算是非常的敏感。但朴老在大陆应该是一言九鼎的人物，我在台湾当然已经没有太多的顾忌。所以晚饭后，我们就会面了。

这主要是由于在早先的典礼上，我们的位子安排坐在前后排，他的夫人陈邦织女士患了严重感冒，突然咳嗽起来。当时，跟我一同会见朴老的慈惠法师，递给了她一粒止咳的罗汉果，她一吃就不咳了。后来为了这一粒罗汉果，陈邦织女士对慈惠法师千言万谢。

那天晚上的会见，因为赵夫人重感冒咳嗽，坐在一旁也不能多言，于是就成了我和朴老两个人的对谈了。至于谈些什么，我已经不复记忆。总之，应该是彼此感到相见恨晚，甚至交流了如何使两岸佛教团结和谐、共同发扬人间佛教等意见。

这一次谈话后，我对赵朴老留下了深刻的印象。我觉得他纯粹像个出家人一样的慈悲随和，犹如一位比丘长者，充满了对佛教的虔诚和信心。我也对大陆的佛教有这样的人做领导，佛教复兴的前途可期，增加了许多信心。

他对我的印象如何，就不得而知了。不过，从言谈之间，我发觉他对我也有好感，对我寄予很深的希望。那晚，我们大概谈了有一个多小时，因为到底是初交，不方便彼此妨碍太久的时间，也就各自休息，相约后会有期了。

后来我回到台湾，之后又到了美国西来寺。他寄来北京琉璃厂出品的特有的书笺十六开宣纸，上面还印有底色图案，非常美丽。他写了一幅对联给我，记得内容是："富有恒沙界，贵为人天师。"我深深感到承当不起。不过，可以知道赵朴老对我有心互相往来。

当时，我正忙于美国洛杉矶新建的西来寺的落成，以及世界佛教徒友谊会第十六届代表大会在西来寺的召开。我非常注意世界佛教徒友谊会邀请的各国代表名单，因为那时候大会规定，一个国家只限定五个人参加，两位代表、三位观察员。那一次，有一百多个国家和地区，还有其他的职事人等，总共有近千人与会；而且是世界佛教徒友谊会创会以来，第一次走出亚洲，在美国召开会议。

当然，我也非常关心大陆派遣的代表。大会前两天，中国佛教协会的代表明旸、真禅、明哲法师，以及王永平等，就已经抵达洛杉矶了。那时两岸代表也会互相刺探相关消息，因为大陆方面事先就已经发出一句话：台湾不能派代表参加，台湾如果有派代表，大陆代表就不出席。

我为了两岸的和谐，当然希望彼此都能参加。尤其，我也说：如果台湾不能参加，我长住在台湾，那我怎么回去台湾见江东父老呢？那个时候，两岸已经在联合国的斡旋下，像奥运等国际竞赛，台湾都用"中华台北"作为团体名称，参加世界所有的体育活动。

后来，几经往来、折冲，陆铿先生在此中也扮演了重要的角色，由他帮助协调,最后,可以说是在不到一分钟的情况下,甚至在大会集合的钟声响了之后,大陆的代表才接到国务院的同意,准予进场。最后,两岸分别以中英文名称:“The Buddhist Association of Beijing, China · 中国北京”和“The Buddhist Association of Taipei, China · 中华台北”共同出席会议。

因为大会前后只有五天,在世界几百位的代表座前,双方也没有时间来争论。不过,当我跟大家说明两岸都参加了这次的会议,所有与会代表,都报以热烈的掌声。

由于有了这一次友好的经验,促成我有心到大陆访问。赵朴初长者闻之,也表示热烈地欢迎,这个时候已经是一九八八年的年底了。

其实,在此十年前,两岸还未互通的情况之下,乃至在两岸往来出现和平的曙光前,佛光山的徒众慈惠法师、慈容法师、萧碧霞居士等,就已经不断地代表我跟我的母亲、家人来往了。尤其,西来寺住持慈庄法师,不断地从美国将电视机、收音机等一些大陆那时候很希望拥有的高级家电用品寄往大陆,这前后也有十年时间。甚至,为了促成两岸人士的见面——因为大陆那时候的经济,普遍还付不起住饭店的费用,而台湾方面,要想在香港花旅费接待亲友也不容易,我特地在香港购置了一栋房子,提供给彼此在香港探亲会面时可以使用。

到了一九八九年,我和大陆已经分隔四十年了,好在有这前十年藕断丝连的联系,后来就由赵朴初居士提出邀请,我在美国用“国际佛教促进会”的名义,组织“弘法探亲团”赴大陆访问。我们主团七十二人,分别从美国、香港出发;副团近五百人,则从台湾出发,在三月二十六日抵达北京时,已经是当日下午三四点钟了。

以“国际佛教促进会”的名义，组织“弘法探亲团”赴大陆访问。中国佛教协会赵朴初会长（左二）与副会长明旸法师（左四）亲至北京机场迎接。左一为当时佛光山寺住持心平和尚（一九八九年三月二十七日）

我们两团的人马在北京首都机场会合，由姬鹏飞先生、赵朴老，以及中国佛教协会重要的领导，与大家见面。赵朴老一见到我，互相握手，他连说：“一时千载，千载一时。”这句话后来就成为两岸之间来往的名言。确实，那个时候我觉得是非常不容易的。

对于阔别了四十年的大陆，竟能重新踏上这一片土地，我不禁感慨万千；我也极愿倾己所有来和大陆社会各界广结善缘。为了感谢赵朴老在过去一年中，送给我分装成好几十箱的《西藏大藏经》和《龙藏》，今天能够再回到大陆，我也把一部大巴士送给北京中国佛学院，同时将许多家电，如电冰箱、电视机等，分送给有缘人，并且提供赵朴老弘法经费，以表心意。

赵朴老对佛教的热心无话可说，我想，在“文革”后，他所做的工作，应该就是不断地跟各级干部交涉，几乎每天都要求开放这里的寺院、开放那里的寺院，积极地为佛教争取空间。我也想，今天中国诸大名山、诸大丛林能够提早开放、提早发展，这应该也与赵朴老有很大的关系。

那时候，中国佛教协会在北京法源寺办有中国佛学院一所，学生百余人，成为全中国佛教的最高学府。另外，在南京栖霞山寺和四川法王寺等，也都办有分院。赵朴老在北京，以及后来和我的几次会面，从来不谈及个人的得失，都是关心佛教的未来。他一再地强调，佛教最需要的，第一是教育，第二是教育，第三还是教育。可见他对佛教人才的培养，有多么的重视。

我们在北京访问五天后，由中国佛教协会安排我们走访全国各地，包括各省政府、重要的丛林寺院，都给予我们特殊的待遇。让我们能够在一个月当中，访问了甘肃的敦煌莫高窟，四川的峨嵋山，我的母院南京栖霞山寺，我青年时期就读过的金山、焦山，以及唐朝鉴真大师驻锡过的高旻寺、大明寺，最后到杭州名刹灵隐寺等。

一九八九年那个时候的大陆经济，实在说也还有困难。例如，我们访问到某一个省，省长就摆明跟我们说，我们请客，你们出钱。话虽直接，但我们也欢喜乐于这样坦诚的来往。

在临别前，赵朴老跟我说，希望我能把《佛光大辞典》给大陆发行。那时候，《佛光大辞典》费了十余年的时间，刚刚编就完成，印行未久，有着“佛教百科全书”的美誉，他非常地欣赏，因此跟我提出将版权让渡给中国佛教协会。

实在说，赵朴老提出这样的愿望，让我无法拒绝。由于我也敬重赵朴老的人格品德以及赵朴老对佛教的热心，所以《佛光大辞

中国佛教协会赵朴初会长安排“弘法探亲团”走访全国重要的丛林寺院。左起：茗山长老、赵朴老、本人、赵夫人陈邦织女士、明旸长老

典》就在大陆发行至今。听说后来还有一些盗版的书在韩国、日本等地流通。这也可以说是赵朴老对中国佛教改革开放初期的一大贡献吧。

我们在大陆访问一个月后，于四月下旬各自回到各人的原居地。不久，就听闻北京发生了“六四事件”。事件发生后，我们除了为大陆祈愿，希望不要再有动乱，大家能够相忍，共同谋取和平；并且早期情势还没有很严重的时候，我们基于人道，给予医药的供给。后来因为政府出面处理，我们就未再置身其中，所以也就超然于争端之外了。

就如离开中国的一些民运人士，我们也没有与他们多所来往。甚至于民运人士要来商借西来寺，作为超度、祭悼场地，我们也因

受中国佛教协会赵朴初会长之邀，于南京西康宾馆与诸山长老见面。左起：赵夫人陈邦织女士、慈惠、慈庄、明旸、赵会长、本人、慧军、圆湛、茗山等法师（一九九三年一月二十六日）

美国法令——宗教场所不提供给政治使用，恐怕不方便，而建议他们最好在公园里举行。

吵吵闹闹、熙熙攘攘，到了隔年五月的时候，我正在澳大利亚弘法，突然接到一通电话，说许家屯先生希望在西来寺暂住数日。我根本就不想及其他，一口就答应了。因为我认为佛教有救苦救难的使命，不管什么人等要借住，这个方便之门，是永远为大家开着的。

哪知道，这样一个决定，为我带来了灾难，以致之后十多年，都不许我再踏上北京。但是，赵朴老实在是一位有心人，为我做了种种的努力。我和他偶尔也有些来往，例如，国际佛光会成立的时候，我想邀请他担任名誉会长。这还是我自己亲笔写的信函，但他都没有回复我一字，可是别的信函，倒是回复很多，唯对此事一直都不得答案，如今也没有答案了。

时间到了一九九三年一月，我人在美国，大陆突然来了一通电话，要我们三天内到大陆，说是可以作探亲访问。我想，这必然是赵朴老为我做的努力。后来我才知道，他一直和当时的全国政协主席李瑞环先生往来，强烈地为我保荐。也有人告诉我，当时李瑞环了解后，即刻让有关部门通知我可以回乡探亲，并且还用手这么一摆，说："我才不相信，一个出家人的袈裟，就能把我们共产党打倒吗？"因此，我才得以第二次踏上大陆探亲之路。

当时，我的母亲已九十多岁高龄，住在南京雨花台，那是由萧碧霞师姑等为她购置的雨花精舍。我到达时，赵朴初已经先我从北京抵达南京，住在西康宾馆等待我的到来，并且亲自书写一首他所作的偈语："慈光照三界，大孝报四恩。"在我拜访他的时候当面交给我。

隔年，也就是一九九四年四月，我再度回乡探亲，他又从北京坐了十几个小时的火车前来南京，盘桓数日后，再回去北京。对于他这样的不畏长途奔波，以及期间他题写了十余首诗词相赠的心意，我始终铭感不已。例如有一首《调寄忆江南》写着：

经年别，重到柳依依。烟雨楼台寻古寺，庄严誓愿历僧祇，三界法云垂。

金陵会，花雨满秦堤。登岸何须分彼此？好从当下证菩提，精进共相期。

让我印象深刻，其余的，也随此记在文后了。

在这当中，他悄悄地跟我讲，对于中国佛教协会的未来，希望我可以做他的继承人。我知道，这是朴老对我的爱护之心，或者他也看到佛教需要人才。但是我实在愧不敢当，我知道这是一个梦想，是不容易实现的。

后来一九九九年在香港，我们又再会见的时候，他就跟我讲，我已经九十多岁了，我对世间还有什么留恋的呢？我现在重要的心愿，就是你什么时候能够在大陆为中国的佛教作出贡献。

他一直推崇我，说我是佛教史上能够跟佛陀媲美的人，因为佛陀把佛教带到五印度，而我能够将佛教带上五大洲。其实，这都是我不敢听的话。因为，佛陀的威德，让他在当时印度那样交通艰难困苦之下，能够创立教团，走遍五印度；让他在九十六种外道的前面，能够树立佛教救世的慈航；我们今天所做的，只是在五大洲的一点星星之火。相较起来，这又能算什么呢？

但是，对于赵朴老他的心愿、他的远见、他的期望，我在这里不得不说一句感恩的话；

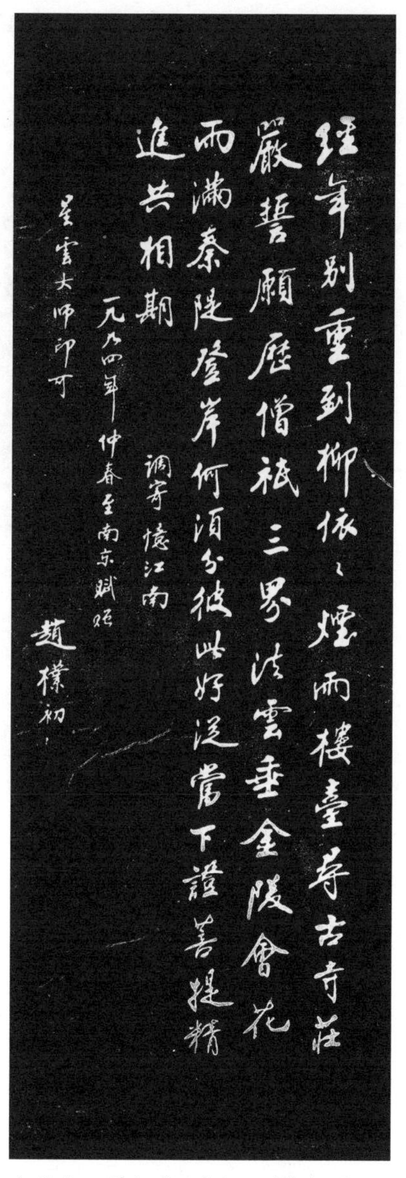

赵朴初以诗词《调寄忆江南》相赠，后来刻在佛光山的“百人碑墙”上

与江苏灵山大佛集团董事长吴国平先生

如果我不说出来,也辜负赵朴老对我的厚爱之恩了。

一九九三、一九九四年,我到大陆探亲,赵朴老两次南下和我会谈,当时他已年近九十岁的高龄,又是从医院出来和我会面,真是感动不已。在我们谈话时,由于他的耳朵已经有些重听,所以我跟他说话,音量必须大声一点。但有时候,他示意我也不要太大声,为什么?他说:我要听的,都能听得到;我不要听的,通通听不到。

在赵朴老这两次南下中,有一件我觉得值得追忆的事。他为了要跟我见面,在南京盘桓数日以后,借着空档,就到无锡巡视,希望复兴建于唐朝的古寺——祥符禅寺。他到达祥符禅寺时,当地的领导们希望借助赵朴老在中国佛教协会的力量,在无锡建一尊高八十八米的大佛,后来朴老取名叫"灵山大佛"。中央看在赵朴老代表中国佛教协会的意见,特予批准。这可以说是在大陆佛教发展上最具起头领先的作用。

所以后来灵山公司董事长吴国平先生，一定要在灵山大佛的边上建一所宿舍，并且一直要我去驻锡。为什么？他经常对我提起，如果没有我的因缘关系，赵朴老不会去无锡；赵朴老不去无锡，就没有灵山大佛。只是我一生云游四海，漂浮不定，就是在无锡辖下宜兴重建的祖庭大觉寺，我也很少有机会前往。因此，也只有谢谢灵山大佛的慈恩浩荡了。

最遗憾的是，赵朴老没有能到台湾佛光山一行。我曾和他相约，他也一直期盼着前来。只是，那时候两岸情势紧张，对于中国大陆这样地位高的干部，行动不会给予那样的方便。尤其，在即将要成功的时候，台湾的媒体报纸上发表了一篇消息："大特务赵朴初要来台湾。"台湾的安全部门相当紧张，认为大特务要来，这还得了，所以赵朴老就一直不能来台，这是我最引以为憾的地方。

他也建议我在佛光山建一座大佛。其实那时候，我在佛光山东山之上，已建了一尊一百二十英尺的接引大佛。由于我没有告诉他，他便一直想要实践在中国的东西南北中各建一尊大佛的愿望。

后来在香港，赵朴老很遗憾抱歉地对我说，一九九八年佛陀舍利到台湾，大陆方面认为这是达赖喇嘛赠送的，佛教协会不得不出面否认。之后才知道，佛陀舍利不是达赖喇嘛赠送的，而是另外由贡噶喇嘛和许多法王、仁波切共同认证赠送的宝物，他一直引以为歉。其时，我也不觉得有什么重要，因为我一生都是大事化小、小事化无，是是非非，不去睬它就没有事了。但是有一些人，对于错误就是不愿意修正，那也实在是无可奈何了。

从一九九九年那次我与赵朴老会面之后，我们就再也没有见面。但我心中一直记着赵朴老期盼两岸佛教能有因缘往来，促进社会安定，带给人民和平安乐的愿望。

尤其在我第一次返乡探亲时，朴老特地邀我到西安法门寺瞻礼佛指舍利，我想，如果台湾民众也能同沾法喜多好。我向赵朴老表示，希望能恭迎佛指舍利到台湾，让民众瞻仰礼拜。当时，朴老也抱着乐见其成的态度。但历经十多年，种种因缘所致，我虽然心系要促成这件事，却一直无法成功。

后来，我认识了国家宗教事务局叶小文局长，经由他和旅美企业家李玉玲女士协助，佛指舍利才终于在二○○二年的二月莅台供奉，前后共三十七天，那一次，有台湾和来自世界各地的民众五百万人瞻仰礼拜。

由于叶小文先生的积极热忱，促进了两岸三地佛教界的迅速交流。像二○○三年七月，我应邀前往厦门参加“海峡两岸暨港澳佛教界为降伏‘非典’国泰民安世界和平祈福大法会”；同一年，叶局长欣赏了应中国艺术研究院之邀，在北京中山音乐堂、上海大剧院演出的“佛光山梵呗赞颂团”后，隔年，我们共同组成“中华佛教音乐展演团”到香港、澳门以及美国、加拿大演出，造成当地的轰动；二○○五年，我到海南岛三亚市参加“海峡两岸暨港澳佛教圆桌会议”；翌年，又参与了在杭州举行的第一届“世界佛教论坛”。这些活动都引起热烈的回响，所以，在那时候有所谓“政治未通，宗教先通”的美谈。

后来我才知道，叶局长对这些好事的促成，与受朴老的理念影响，也有很大的因缘关系。其实，我于海峡两岸的来往，两岸重要的领导人士以及赵朴老，都对我认同肯定，因为他们知道我不偏不倚，一心只为国家的前途未来祈福。我只是希望和平，不要发生战争。对于加强两岸的来往交流，我想，这还需要两岸人民大家共同努力了。

赵朴老于二〇〇〇年逝世至今，已经十多年了。我缅怀这一位对佛教有着起死回生之功的长者，和我们之间一些相知的特殊因缘，所以在他去世时，我也希望亲自前往他的灵前吊唁。只是那时候，大陆对于我的出入境，还不是这么给予方便，所以我就只有亲自题写一幅“人天眼灭”，托人带去北京。近十年来，一直都挂在他的灵堂上方。

后来，我多次到北京，都到他的灵堂前上香，也都可以看到这一幅挽联。可见得，朴老的夫人陈邦织女士，也是深知我和朴老之间的相互因缘了。

值得一提的是，赵朴老倡导人间佛教，认为人间佛教对国家社会具有重要的功用贡献。后来，我在大陆各地访问，许多人都还能背得出朴老最早提出的对宗教的意见，特别是佛教具有国际性、民族性、群众性、复杂性、长期性等五项特殊的意义，这是任何朝代都不可磨灭和改变的事实，即使是唯物主义，也无法阻止民众的佛教信仰。

赵朴老一生为佛教的功劳，为佛教的苦心，他的胸量、他的远见，我们都要紧紧地记住，希望大陆各界人士不要把他忘记。

文末，附上朴老所赠诗词数首，从中也可见其诗文造诣之深，以及对佛教的关心与相互期许之切了。

一九九三年一月二十五日京宁列车中

前月北征千里雪，今日南行雪千里；

车窗光满净琉璃，瑞象倍增春节喜。

一九九三年一月二十九日赠星云大师

大孝终身慕父母，深悲历劫利群生；西来祖意云何是？无尽天涯赤子心。

一时千载莫非缘，法炬同擎照海天；自勉与公坚此愿，庄严国土万年安。

星云大师来金陵省母，余借缘南下与师相见，共叙昔年“千载一时，一时千载”之语，相视而笑。得诗两首，奉乞印可。

癸酉人曰　赵朴初

调寄忆江南　一九九四年三月二十日至南京赋赠星云大师

经年别，重到柳依依。烟雨楼台寻古寺，庄严誓愿历僧祇，三界法云垂。

金陵会，花雨满秦堤。登岸何须分彼此？好从当下证菩提，精进共相期。

西康宾馆樱花

经行处，眩目灿明霞。几度蓬莱仙境见，赏心长忆故人家，应是有缘花。

英雄气，花国擅嘉名。烈烈轰轰惊一代，不辞撒手殉千生，六侠亦温文。

三月三十一日访金陵刻经处

刻经处，墓塔拜仁山。今日版藏过十万，卅年两度救颓残，法宝护龙天。

方册藏，际会有因缘。译著新增宗大士，慧灯巴梵续南传，学业耀前贤。

四月二日星云大师招宴于雨花精舍

香积饭，风味胜龙华。妙供喜迎慈母笑，孝行今见法王家，眷属是莲花。

谈般若，持诵袭唐音。不减不增诸法相，有声有色大心人，善护未来因。

谈化度，方便有多门。龙女不难成铁汉，辩才亦可学金人，总是大悲心。

谈和合，四摄妙难持。同事自他都不着，利行法乳广交流，巨浪济轻舟。

四月三日访鸡鸣寺

鸡鸣寺，风雨警忧勤。远近潮来凡圣罗，塔波层供药师灯，象运傥重兴。

饮茶处，旧日豁蒙楼。供眼江山开远虑，骋怀云物荡闲愁，志业未能休。

台城上，一塔望归然。三藏译文皆舍利，更留顶骨照人天，花雨正弥漫。

四月四日游珍珠泉

定山寺，遗迹想南朝。万斛跳珠明水镜，三层飞阁府松涛，逸兴共云高。

清见底，静虑对珠泉。第一游观夸岸北，几多名士汲江南，增胜料他年。

安上法师赠碧螺春新茶

殷勤意，新茗异常住。远带洞庭山色碧，好参微旨赵州茶，清味领禅家。

四月五日星云法师来辞行明日将经上海南旋

来不易，沧海远浮天。不尽恩情申孺慕，无穷行愿种悲田，七日念千年。

千年念，安国与兴邦。花萼腾辉兄弟爱，文明增盛兆民康，万里好相将。

道珍重，时惠好音来。北海南海非异土，天亲无着是同怀，大道一心开。

四月七日邦炎、晓如、位诚自沪来宁相会喜赋

相见喜，正是雨花天。七碗初乾风起矣，三人必有我师焉，合唱忆江南。

魁光阁，高座聚茶人。南北朋来千里远，珍馐盘助一壶清，冠冕石头城。

夫子庙，古貌现新街。安步当车过贡院，河清有日待秦淮，容我泛舟来。

四月九日至宜兴参观陶瓷厂主人索题

陶都建，北宋已知名。坡老当年思买宅，羽仙于此著茶经，佳话说宜兴。

刀磨切，腻滑似柔肤。千古冰心藏一片，玉壶哪及紫砂壶，百艺让陶都。

游太极洞

真仙境，邻省聚群仙。洞里舟游银汉迴，奇峰怪石涌黄山，天上又人间。

仙人洞，贤守故乡迎。美意洞前花烂漫，隆情洞里石嶙峋，切切感余心。

赴无锡途中

不言老，聊发少年狂。千里寻春春待我，江南一路菜花黄，农女采茶忙。

四月十日游小灵山

鼋头渚，景色胜天堂。七十二峰争供奉，小灵山里建禅堂，大佛法轮王。

月亮湾

竹楼上，清茗助清思。月亮湾头波滟滟，柳阴堤上雨丝丝，收伞上船儿。

舟游太湖

飞龙号，昔岁大洋游。今日龙舟湖岸望，万人如海占鼋头，妙画眼中收。

舟中茗坐生继兰工艺师为余塑像

盲师像，国宝重东邻。始信吾邦传绝艺，斯须茗坐为留真，妙手叹如神。

北归前一日作

江南好，春意喜漫漫。两岸六和深忆念，双周三地饱游观，诗思壮波澜。

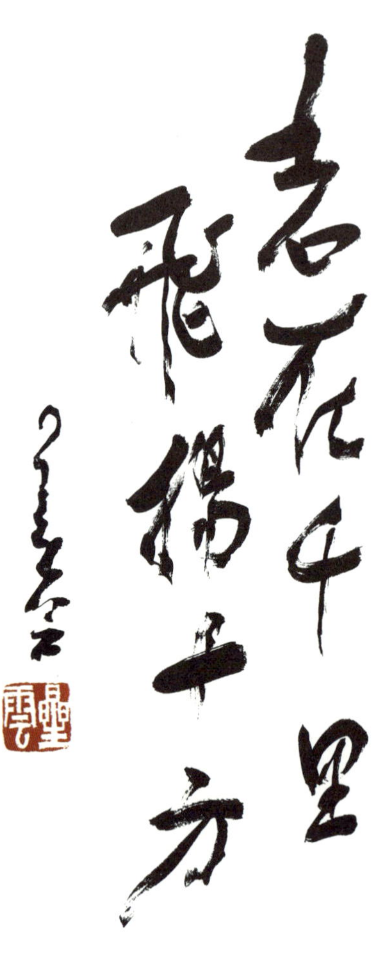

光复初期的信众道友

我初到台湾的时候，
因为时逢乱世，
这些居士们都不计较钱财富贵，
只为佛法能兴隆，
不计个人利益，
我为他们的信仰虔诚感动。
可以说,近代以来，
就是有这许多正信而又热忱的在家居士，
慢慢播撒佛教的种子，
成为台湾佛教的播种者。
后来台湾佛教在家信众愈来愈多，
这应该要归功于他们的发心护教和贡献。

一九四九年，我在家师志开上人和同学智勇法师的鼓励之下，领导“僧侣救护队”来到台湾。原本有六百人的“僧侣救护队”，到上海集聚上船的时候，只剩下七十余人。大概是那时候台湾才光复不久，加上大家没有听说过台湾在哪里，对于即将面临的新环境，茫然不知以对，故而纷纷退出。后来七十多人乘船抵达基隆港时，有些人来跟我讲要到台北探亲会友。对于台北在哪里？我毫不知悉。他们说：“就在前面不远。”我说：“你们快去快回。”就这样，在基隆的码头等了一天，回来的不到四十个人，其他都各奔东西，另觅前途去了。

原本我们抱着一线希望，期待有哪一个团体可以来承办“僧侣救护队”的训练工作。后来，听说在台南市立二中里面有一个训练单位，我们就到了台南市立二中，由里面的补充兵营房供应我们饭食。就这

一九四九年随“僧侣救护队”来到台湾，图为与“僧侣救护队”来台的法师们合影。前排右起：浩霖、悟一、生华、宽裕、以德、能果等法师；二排右起：果宗、隆根、本人、性如、宏潮等法师

样，在台南吃住了三个月，我们不到四十人的“僧侣救护队”，又离开了二十人左右，剩下十余人，看来不得希望成队了，于是我宣告解散，让大家另寻出路。

那时我才初到台湾，又曾在台南住过三个月，这样的因缘，让我对台南有些感情。后来好友煮云法师从浙江普陀山落脚在台南的时候，为了协助他的发展，我们也到台南来，看看有什么可以为他服务的。记得那个时候，煮云法师在台南已经有不少信徒，但他也没有力量招待我们，就把我们带到他的信徒家里去。

就这样，我们在台南结识最早、给我留下最深刻印象的信徒有三户人家：一是高维兴夫妇，二是严炳炎夫妇，再有就是莫正熹全家了。他们都是虔诚的佛教徒，见到我们这许多年轻的法师都高兴不已，看得出那时候他们真是掏心挖肺地来招呼我们。这三户人家好像都是空军的眷属，因为他们都住在台南空军的眷村里，距离竹溪寺不远。不过，那个时候由于我们都是外省人，不敢前往竹溪寺打扰，就在这三位居士的眷村里挂单小住。

高维兴

高维兴居士，浙江杭州人，一九〇九年出生，为人豪爽开朗，热忱正直，脸上经常笑眯眯的。夫妇二人虔诚护持佛教，只要是为了佛教，是关乎出家人的事情，他们无不热心赞助，每天都为我们的吃、住做种种张罗。

有一天，我们正要乘坐公共汽车到高居士家，有一位三十多岁的男士一直盯着我们看，当时我们认为他一定是情报人员在监视我们。但是，看他手里又拿着一本《阿弥陀经》在读诵，我们讶异地问："先生，你怎么老是跟着我们呢？"他说："我也是佛教徒，我想要了解你们到哪里去。"我们告诉他："我们也住在信徒家里，并没有寺庙。"他又说："我要跟你们去看看。"

这一位楼永誉先生，是澎湖公卖局的一位科长，后来就跟着我们到了高维兴居士的家里。当时，他为了感谢高家，便为大家表演一种特殊的技艺，即变魔术。第一次看到这种面对面的表演，顿时眷村里的老少都来观赏，好奇不已。

我因为曾经和他有过这样的交往，后来办大学的时候，还一度希望校长在学校里能够设立魔术学系，因为魔术神乎其技，可说也是一种文化、一种智慧。像楼先生这样的高级知识分子，一听闻佛法便起大信心，热心弘化，为佛教增加了不少力量。后来受我们的鼓励，他在澎湖成立"澎湖佛教会"，还邀请广慈法师先去担任理事长。

应澎湖佛教会之邀，前往弘法十日，走过四十余乡村。图为在马公镇演讲大会上，现场微亮的灯光及听经的人潮(一九五四年八月十四日)

同在那个时候往来的，还有澎湖马公镇镇长郭子德居士，他也是澎湖救济院的院长，全家信仰佛教，还有一位虔信三宝的侄女名叫郭宝秀。郭居士清廉勤劳、正直无私，是一位正派的好人，与楼永誉先生一同护持广慈法师推动佛教，成立歌咏队、到各个岛屿弘法，使得澎湖佛教一时大盛。

后来，我在台湾各处经常和高维兴夫妇碰面，甚至一九七八年我第一次在台北“国父纪念馆”讲演时，那时候他们夫妇已年登高寿，还前往聆听捧场。之后，我忙着弘法、创建道场，也无暇和信徒联系，只听闻慧峰法师后来生病时，都是由他们夫妇两人全心照料。高居士自己则活到一百岁才往生，并且有一个儿子出家，现在还在美国。对于这位当初护持三宝、推动佛教的热心人士，一直在心中怀念不已。

严炳炎

第二位是严炳炎居士。

初来台时，我在台北善导寺邂逅严炳炎居士。听闻他曾出家过，后来又给家人找回去；因为他年纪长我们二十多岁，我们就称他为“老沙弥”。老沙弥可以说是大陆青年僧共同的朋友，他虽年长，但对我们年轻二十多岁的法师们，都一视同仁地礼敬，具有忍让、谦虚的美德，尤其当时初到台湾，大家都不知道希望在哪里，老沙弥经常乐观以对。

严居士也是浙江杭州人，一九〇三年出生，在年少时代和高维兴居士就是至交好友。据闻曾在上海开了一家旅馆名叫“安乐宫”，是当时上海最大的旅馆，经济财富堪称大佬，等于过去的陶朱公、现在的总裁企业家一样。他擅于经营，但很有佛性，为人低调，也不自我宣传，生性洒脱，随来随去，也不计较。

他家在台南，但那时候他在台北善导寺“中国佛教会”上班，经常协助佛教会处理许多事情。由于善导寺里举行“仁王护国息灾法会”，他在法会中与我们同在一起，彼此非常熟悉。后来，我们还曾在宜兰同榻一张竹床，什么因缘则已不复记忆了。

一九五〇年代开始，煮云法师常居台南，与严居士成为更要好的僧信道友。后来我们到台南的时候，经过煮云法师带路，也曾经造访过老沙弥的家庭，并且就是在他的家中认识了高维兴夫妇。

那时候大家等于落难台湾，严居士有子女多位，也谈不上什么排场生活，但却非常热忱地接待我们。我们也没想到，现在担任公益平台文化基金会执行长的严长寿先生，就是他的公子。严长寿先生对台湾的饭店、服务、观光、教育、公益等发展，有很大的贡献，成就很大，还被誉为“台湾旅馆业教父”。二〇〇六年年底，我们在台北“国父纪念

于台北善导寺主办“仁王护国息灾法会”（一九六三年）

馆”有一场“管事与管人”的对谈。之后他又应高希均教授的邀请，担任我们公益信托基金举办的“真善美新闻传播贡献奖”的评审人，现在接任我们创办的均一国中小董事长。因缘真是不可思议。

印象中，严居士有见义勇为的性格，为人正直无私，但非常和善。后来听闻老沙弥回去台南之后，也好几次为了宗教界的事投书，仗义执言。只是什么内容，我因为都在宜兰，也就没有去深入了解了。

莫正熹

第三位是莫正熹居士。

当时因为高维兴、严炳炎居士的因缘，我们认识了莫正熹全家

二〇〇六年于台北“国父纪念馆”举行“星云大师佛学讲座——知性对谈”，与亚都丽致集团总裁严长寿先生（左一）对谈，由前“行政院”青年辅导委员会主委李纪珠教授（右一）主持（二〇〇六年十二月十五日）

人。说起莫正熹居士，应该是对近代台湾佛教初期发展的有功人士，因为他在台南打起招牌弘扬佛法，推动佛教的信仰。他最大的特点是不做个人崇拜，不管你哪一个寺院、哪一个法师，只要是佛教，他都护持。

莫正熹出生于一八九九年，广东中山人，一九三六年皈依慈航法师，法名净晞，也曾担任慈航法师在广东讲经的翻译。他精通国学，不但信仰佛教，还能讲经说法。他发心在监狱布教，拥护煮云法师、慧峰法师，生活上贫富不计，有着落、没有着落也不关心，一心一意就是要宣扬佛法，真是比出家人更像出家人。他也经常撰写论述佛教的文章，在佛教刊物上发表，甚至把在台南胜利电台讲说佛教的内容整理成《惊奇集》、《惊奇杂集》、《楞严经浅译》等书。

莫正熹有两位女公子，都非常有佛性，生得美丽大方，口才很好，对人主动。我记得大小姐叫莫佩娴，二小姐叫莫丽娴，这两位小姐都继承父亲的信仰，除一心以佛教为念之外，别的事情都不关心，全心帮助父亲到处说法传教、接引儿童、编辑佛教刊物，也撰写文章登刊在各报纸副刊、佛教杂志上。

莫正熹编述的《惊奇集》

尤其莫佩娴，长于外文、写作，著有《妙哉观世音》，并且翻译许多佛教书籍，如《世佛》、《佛陀的生涯》等。后来听说她们帮忙煮云法师翻译、整理著作，又帮忙道安法师从事文字的工作。在五六十年前的台湾佛教，很少有佛教青年，有这两位姐妹花加入佛教的行列，一时为佛教增加了不少声色，真是绿蒂莲花，难得一见的凤凰了。

台南，是台湾的一个古城，也是佛教的发源地，有赤山岩、开元寺，都建于郑成功的时代；另有法华寺、弥陀寺，也都有三百年以上的历史。近代修建的竹溪寺，也展开弘法传教的活动，再有慧峰法师住在竹溪寺，后来才建湛然精舍；煮云法师则住在台南市开山路，后来才在凤山创建佛教莲社。我想，莫正熹老居士和严炳炎、高维兴等，他们都是全力支助他们两位法师的。

后来因为我蜗居宜兰，宜兰的佛教青年也正在展开弘法队的工作，偶尔和台中的佛教青年、凤山的佛教青年、澎湖的佛教青年

台南大仙寺。前排左起：朱斐居士、煮云、太沧老和尚、浩霖。后排左起：本人、广慈、慧峰等法师

有一些来往，对于台南这几位居士就很少接触了。只有常常听到台南的消息时，心中为他们回向祝福。

值得一提的是，那个时候外省人在台湾，语言不通，文化也不同，但大家乐天知命，相处融洽，生活有无也不太计较。尤其，他们三个都不是富商巨贾，但是借着佛缘，彼此也等于异姓兄弟，相互扶持。对佛教的热忱，虽然屈居眷村的一角，但在他们的家庭里都有组织共修，念佛会、佛学座谈，法音宣流上，甚至超过了寺庙的贡献。

我吃过他们的饭，和他们建立了因缘，大家没有金钱来往，他们没有给过我一个红包，我也没有送过一个纪念品给他们，当时的我也送不起，大家只关心佛法是否兴隆。

所谓“佛法弘扬本在僧”，看到这许多台南的居士，让我想到，现在东南亚一带的佛教，不都是当初一些居士们飘洋过海，带了一尊佛像、一尊菩萨像，就在当地设立佛堂道场，因此才有现在的佛教发展吗？除了上述台南这几位居士，在台北，我也看到几位一心想要弘扬佛教的居士，其中之一就是黄一鸣居士。

黄一鸣

黄居士本来是“国大代表”，记忆中应该是湖北保康县人士，皈依过太虚大师，也曾经做过佛教会的秘书长。我们在台北见面时，他开口、闭口都是要弘扬佛法。他认为，社会的前途维系在佛法的发展上，有佛法，才有社会的公平正义；有佛法，民间才知有因有果；有佛法，才能安定人心；有佛法，才能改善风气。

他的年龄并不是很大，我记得那时候大概只有四十多岁，怎么样当到“国大代表”，就非我所知。不过，他经常也很老大地告诉我们弘扬佛法的技巧。例如：“你们法师们能说法给信徒听，当然最好；不能说法，也要会懂得发心聆听别人讲说他的家世、他的故事。好比一位老太太来了，跟你说她的儿子如何如何、她的媳妇怎样怎样；你要很耐烦地倾听，你要和她站在同一个立场，听她叙说；她说完了，必然会觉得很开心。”我感到他这样的说法，不就是佛法中“四摄法”里的“同事摄”吗？

他又跟我们说：“你们出家人会讲经说法固然很好，不会讲经说法，你有笑容，你见到人，给人一个微笑，给人一个点头；不可以只是希望别人对你恭敬，那种自高自大的态度，是不能度众生的。你要能谦虚、柔和、微笑待人，能够这样做，你不必要有语言，也会

受凤山佛教莲社之邀讲经。我右侧为煮云法师，左侧为《菩提树》杂志社主编朱斐居士（一九五四年八月十二日）

有信徒跟随你。”他说的这个道理，不就是“四摄法”中的“布施欢喜”吗？

甚至他也经常引用《华严经》里的开示，“但愿众生得离苦，不为自己求安乐”；发表许多“为人服务”、“给人方便”的意见。我在台北善导寺短暂的停留期中，就经常看到一些善男信女，都指定要来找黄一鸣居士。我觉得他实在是一位适合弘扬佛法的人。但后来我离开台北，也就不知道他做些什么事，只记得我南下佛光山开山之后，曾有一次他和艺术家杨英风先生、林锦东居士等人来山参观。此外就少有他的消息了。

还有一位贾怀谦居士，当时好像是在“外交部”服务。每天早晚都来善导寺打扫环境，每见到一个人来，他都会亲切地跟他讲话、招呼，甚至亲自倒茶奉水。后来，在善导寺帮忙寄赠书刊给人。

他好像是大醒法师的皈依弟子，大醒法师中风之后，约有两年的时间，他真是日夜守护，不辞辛苦。大醒法师因为半身不遂，大小便溺也都是靠他处理，他也毫无怨言。这不就是菩萨示现的教化吗？难怪中国佛教四大名山，有三座名山是示现在家身。例如浙江普陀山的观世音菩萨、四川峨嵋山的普贤菩萨和山西五台山的文殊菩萨，都是现的在家相，只有安徽九华山地藏菩萨现的是出家相。所以，我觉得弘扬佛法，在家众也不能缺席。

大概我初到台湾的时候，因为时逢乱世，这些居士们都不计较钱财富贵，只为佛法能兴隆，不计个人利益，我为他们的信仰虔诚感动。可以说，近代以来，就是有这许多正信而又热忱的在家居士，慢慢播撒佛教的种子，成为台湾佛教的播种者。后来台湾佛教在家信众愈来愈多，这应该要归功于他们的发心护教和贡献。因此，我后来就非常欢喜在家居士参与护法卫教，加入弘法利生的行列，他们和出家人分担同样的责任，好比“车之两轮、鸟之双翼”，这才重要吧！

所谓“滴水之恩，涌泉以报”，对于近代台湾佛教这些无名的居士们，我衷心感念，故而留下了这一点记录。

梅兰菊竹

国际道友的情谊

许多美籍的出家人受戒后回到美国，
因为没有寺庙安住，
所以并不容易生存，
不得不又回到社会上工作赚钱才能生活。
例如，天恩法师有一位比丘尼弟子叫恩静，
每周都要换下僧衣，
穿上便服，
到一个地方教人骑马，
以时薪二十美元，
一个礼拜五六个小时的薪资维持生活。
所以受过戒的比丘、比丘尼究竟是僧是俗？
游走其间。
这也是汉传佛教初传到美国时，
十分特殊的现象。

我在世界各地弘法，接触到很多的佛教僧信，发现出家的海外人士并不多，不过早期如法国的阿难陀（Ananda）法师、美国的苏悉谛（Susiddhi）法师等，都曾经到台湾弘法，我也一一接待过，并协助安排他们的弘法行程。那时候他们虽然年纪轻，但因生得一副洋和尚的样貌，所以在一九五〇年代的台湾，曾经轰动一时。

此外，早期的佛光山每年都会举办“国际佛教僧伽讲习会”，参加讲习的出家人来自数十个国家，每次也都有数十人、百余人不等，大家共同在山上学习。不过，这许多人当中，有的是云水僧的性格，不重发心、不重事业，只是游走十方，因此在弘法利生的事业上，都没有重大成就，甚为可惜。其中，跟我来往，并且在事业上有成就者，首推美国的天恩法师了。

法国的阿难陀法师到台湾弘法，拜访新竹青草湖灵隐寺

天恩法师

天恩(Thien-An)法师，原籍越南，一九二六年出生，比我大一岁，学历比我高，英文又好，做人也很随和。他最早留学日本早稻田大学，并且获得文学博士学位。后来回到越南创办万行大学，但正逢越南战乱，他不得不移民到美国，在加州大学任教。

回到美国的天恩法师，在弘法方向上，主要还是以大乘佛教为主。一九七五年他在美国建立了第一所越南佛寺，成为越南难民的精神领袖。后来，他又在洛杉矶创办东方大学，由于他的经济条件不够，只能购买六七栋民房作为校区。七八十年代，美国的房屋很便宜，一间普通的花园洋房，只要五万美金就可以买到；因此，在当时我也购买了一栋赠送给东方大学作为校舍。这并不表示我很

美国东方大学与佛光山“中国佛教研究院”缔结姊妹校，我与天恩法师（左一）共同签订宣言（一九七七年八月四日）

有钱，只是看到佛教界有人要在美国办大学，内心非常高兴，便倾尽所有来帮助他。

我们经常往来，佛光山开山之初，他也多次来访，力邀我到东方大学访问，并且颁赠我名誉博士学位。后来，佛光山在一九七七年首次传授“万佛三坛大戒”，天恩法师也率领了不少美籍人士前来受戒。

不过，那许多美籍的出家人受戒后回到美国，因为没有寺庙安住，所以并不容易生存，不得不又回到社会上工作赚钱才能生活。例如，天恩法师有一位比丘尼弟子叫恩静，每周都要换下僧衣，穿上便服，到一个地方教人骑马，以时薪二十美元，一个礼拜五六个小时的薪资维持生活。所以受过戒的比丘、比丘尼究竟是僧是俗？

游走其间。这也是汉传佛教初传到美国时，十分特殊的现象。

为此，我很早就意识到，在美国如果没有寺院，出家人流落到社会，是不能生根的。虽说天恩法师座下也有几位法将，如哈佛大学哲学博士普鲁典，及德国人类学硕士何吉理，都曾在佛光山住过很长的一段时期，可惜初期的佛光山还没有条件提供教育及供养他们。

天恩法师座下有几位美籍的比丘尼，除了前面提到的恩静，恩慈、恩进、恩乐等都相当优秀，可惜天恩法师英年早逝，无法亲自教导。那时，他已看出越南人要在美国发展佛教，人单势孤，群众有限，光靠美籍人士也很不容易，因此他在遗嘱里嘱咐，要徒弟们以我为师，听我的指示。但我不懂英文，事实上因文化风俗不同，我也没有办法知道他们心中的想法，只能保持友谊的往来。后来，佛光山在美国建西来寺，也曾获得天恩法师弟子们的一些赞助、支持，如捐赠图书及参加我们汉传佛教的法会等等。

记得我刚到洛杉矶弘法时，最初住在加迪纳（Gardena）；那时，天恩法师就率领一批来自中南半岛的南传佛教数十位比丘来受我供养。好在，我对于厨房的烧饭煮菜小有心得，不然那一天我只能出去买一些汉堡、披萨供养他们了。

提到在美国的出家人，或许由于英语人才不够，或者因为文化不同，或者我们来自中国北传佛教的出家人太多，所以有一些美籍人士即使在西来寺出家，如满仁，他是佛光山“满”字辈的出家众，常住至少也有二十年了，但还是存着南传佛教的想法，出了家只受人供养，不想自己发心为大众服务。事实上，这和佛光山的宗风并不契合，是难以适应的。想来，像天恩法师他们的越南佛教，还是有大乘佛教的基础，比小乘佛教的比丘发心。

我是在一九七八年到美国弘法的，遗憾的是，两年后天恩法师以五十五岁的年龄往生，当时我才五十四岁。怀念起与我挚诚交往的天恩法师，他可说是一位学德俱优的比丘长者，可惜早年圆寂。假如说，天假以年，在西方社会我能和他合作，共同发展，佛教必能有相当的成就。只是法运如此，也只能徒叹奈何了！

僧伽桑那法师

在外籍的出家人士中，与我持续来往最久、我也支助最多的，就属拉达克的摩诃菩提国际禅坐中心会长僧伽桑那（Sanghasena）法师了。

僧伽桑那，一九五八年出生，身高一百八十公分以上。早期，他远从拉达克到台湾，看到佛光山的发展以及女众法师的成就，想到自己故乡佛教的没落，就很希望我能对拉达克的佛教有一些帮助。但其实在那个时候，他看到我积极筹办"国际佛教僧伽讲习会"，倒是帮了我不少忙。因为他在各处云游，认识的出家朋友很多，在他的号召下，一下子就有七八十位国际比丘参加，甚至，后来他们对佛光山也有很多的协助，例如荷兰的阿难陀法师就是一例。

僧伽桑那法化的地区拉达克，两千年前是大乘佛教最活跃的地方，那里的神奇灵异的事迹很多。比如：拉达克是山区，海拔都在四千公尺以上，交通不便，每年的八月到第二年的五六月都是冰封时期，活动不易。听说就有许多大阿罗汉们在那里飞行自在。除了奉行大乘佛教的拉达克人以外，很多的藏传喇嘛、上师，也聚集在拉达克各自发展藏传的佛教。

记得一九九二年，我曾经应邀到拉达克弘法，车队到达拉达克佛教会会址所在的一个寺院，我们依照寺院礼仪为常住大众诵经祈福。在诵经时，我才举腔唱了一字，就不能接第二字了。那时候我也不懂，后来才知道，原来是因为海拔四千多公尺的高山气压和

前往拉达克成立“国际佛光会拉达克协会”，并参加累邑摩诃菩提国际禅坐中心开幕仪式。左为拉达克佛教领袖僧伽桑那法师（一九九二年七月七日）

平地不同，造成高山症，导致缺氧的状况。可见，平时我们视为理所当然而经常被忽略的空气，是如此的重要而不可或缺。

在拉达克访问期间，我看到当地的人民普遍贫穷，公务人员每月的薪水相当于二百块台币，土地大都寸草不生，昆虫更不容易生存。但在拉达克，我感受到当地人都像家人一般亲切，彼此心中没有分别。因此，一般人认为拉达克很贫穷，我却认为拉达克所潜存的精神文明，不是现在的物质文明社会所能相比较的。

尤其让我记忆深刻的，除了几乎要人命的高山症以外，有一次车行在一个广场，当我即将离去时，一位美丽的小女孩突然冲上前来，拿了一朵花要给我。我们素昧平生，但她含泪望着我的眼神，让我为此情此景深受感动。因为拉达克靠近喜马拉雅山，临近冰河地带，四季冷热温差甚大，一年有半年以上是雪季，在那么贫穷的地方，这一朵鲜花实在是来之不易。我一时不知如何感谢这一位十多岁的女孩，赶紧请司机把车子停下来，就把身上挂的一〇八颗念珠送给她，答谢她所赐予的纯真供养。后来如是我闻公司邀请知名音乐创作人李子恒先生，把我这一段记事谱写成《拉达克的花香》，曾有一段时期，成为流行的歌曲。

那一次行程中，同时也成立了“国际佛光会拉达克协会”，由我亲自主持。在众人推举下，请僧伽桑那担任会长，他是一位优秀的佛教人才，性格温和，说得一口流利的英语。他发心兴建拉达克贫困学童住宿学校，我除了捐款支持学校建设外，也协助他们修筑马路、建立僧寮，以及装设自来水管、开凿水源等。我回到台湾之后，仍然不断地帮助他们建设，他也随着国际佛光会到世界各地开会，各地的佛光会对他们也多所赞助，真可说是佛光普照了。

僧伽桑那法师的发心，使我想起在佛光山参加过“国际佛教僧伽讲习会”的南传、藏传、印度、尼泊尔、斯里兰卡的比丘们，他们各自行道于这许多苦难的区域。其实他们有的英语都很相当，应该可以弘法于欧美，但是他们却发愿到我们认为交通不便、经济落后的地区弘化，而且乐天知命，这不就是修道的本色吗？

另外，僧伽桑那每年也派十多位学生到佛光山丛林学院男、女众学部就读，甚至到美国西来大学留学。学成回去后，都能说上一口流利的中文。后来因为签证问题，移民局误以为他们是藏传人士，而不愿核发签证，不得已，只有把他们转学到马来西亚佛光山东禅佛学院去读书。

我深有所感，佛教的复兴不在于寺院的多少，不在于僧众的有无，而是需要佛教教育的普及。日本、韩国的佛教兴盛，归功于佛学研究的普遍和许多佛教大学的设立。但在佛教发源地印度，现有的佛教学校却是屈指可数。想起一千三百多年前,印度那烂陀(Nalanda)大学就有学生三万多名,思及于此,心中唯愿以后拉达克佛教的教育,也能像那烂陀大学一样,再现辉煌成果。

阿难陀法师

荷兰籍的阿难陀(Ananda)法师,是在一九九〇年代初到佛光山参加"国际佛教僧伽讲习会"的一员。他受持的是南传佛教的戒律,穿着南传的服装,一直都以南传佛教的方式维持自己的生活。虽是南传比丘的形象,不过为人非常正直、热忱,对佛光山帮助颇多。

例如,"国际佛教僧伽讲习会"每一次招生,他都是主要的策划者。有许多散居在中南半岛各地的南传佛教云水僧,以及在印度、不丹、尼泊尔大吉岭山中修行的大比丘,都是由他代我邀约的。

荷兰籍阿难陀法师(佛光山宗史馆提供)

这些人的参与对国际佛教的交流具有很大的意义。此外，我在亚洲的印度和拉达克、香港各地弘法，他也都曾专程赶去拜访，共襄盛举。

一九九四年，他曾与僧伽桑那比丘成立了一个十二人的委员会，想要连署推荐，为我争取“诺贝尔和平奖”。我一直认为不可行。一介僧侣如我者，只想做个平凡的和尚，尽力为社会大众作实质的努力而已。所以对于他们的盛意，我也只能铭感于心了。

过去国际佛光会在多伦多、巴黎、洛杉矶等地开会，经常见到他出席。但是近年来几次在亚洲开会，好像就没有再见到他的法驾了，也不知道他现在云游到哪里去，想必他的法务倥偬，法缘结得又更广了。

禅定法师

一九五八年我在宜兰曾接待过一位法国年轻的出家人，名字也叫阿难陀，因他年轻任性，对于信徒要求过多，只住了两周左右，我觉得还是把他送回法国，他比较适合他自己的本国文化。到了一九八〇年初，我认识了越裔法籍的禅定法师，与他多次往来，建立了深厚的友谊。

禅定法师长得一表人才，比我高大，穿起南传的僧服就像佛陀一样庄严，为人慈悲柔和。第二次世界大战结束后不久，他发心在法国兴建道场，只是那时大家的经济条件不足，也不是那么容易。我自己一生不向信徒化缘，但是想到要给巴黎的佛教一些助缘，也让台湾信徒有植福的因缘，所以就协助他募缘，为此，他对我也非常感谢。

一九八〇年，第十三届“世界佛教徒友谊会”会员大会在泰国

澳大利亚首度传授国际三坛大戒，于佛光山南天寺举行（二〇〇四年十月）

提伽耶国际三坛大戒暨三皈五戒典礼，共二千五百余人参加（一九九八年二月）

光山美洲代表寺院，一九八六年奠基）

清迈举行，禅定法师建议世界佛教徒友谊会世界总会邀请我以贵宾身份出席，无奈我申请出访时，“中国佛教会”搁置公文，没有转呈“内政部”，因此没有去成。他曾多次写信向“中国佛教会”抗议，我觉得这也不适当，一个外国的出家人，怎能干涉其他地方的政治事务？但是对于他的热情，在我的立场，我还是很感谢他的。

禅定法师懂得一些汉文，能阅读汉文的经典。几千年来，越南佛教的寺庙形式、穿着、经典等，都和中国佛教相近。近代以来受到法国统治，因此在文化、语言等方面，在近一百年间已受到影响。一九六三年，越南佛教受到信仰天主教的总理吴庭艳迫害，幸有广德法师等人，勇于护教、牺牲奉献而得以稳住。但到了一九七三年，越共统治越南，整个越南佛教即告瓦解，许多僧侣、民众纷纷避居法国巴黎。战争有千百个不好，却也让很多人走向世界各地，而有一个机会见面、促进往来的因缘，这也算是不幸中的幸事了。

后来，我虽数次访问法国，但由于在巴黎的行程来去匆匆，也不知道禅定法师住在哪个地区，也就失去联系了。

月下、菩成、世敏长老

我认识出家人最多的地方，应该算是韩国。青年少壮派的法师，如顶宇、圆明、性波、深山法师等等，我几乎都可以说得出他们的名字。但韩国以三宝道场为主，代表佛宝的通度寺月下长老，代表法宝的海印寺世敏长老，代表僧宝的松广寺菩成长老三位师友，与我有特殊的缘分，就不能不提了。

在韩国，佛教寺院的面积都很大，光是曹溪宗就拥有全韩国百分之四十的土地，可见佛教在韩国的力量。在谈到我与这三位长老的因缘之前，有一段趣谈先此一说：

通度寺、海印寺、松广寺各有一众聚在一起，他们各自吹嘘自己的寺院最大、最好。

首先是通度寺的僧众说："论韩国的佛寺，最大的就是我们通度寺。因为我们大锅煮的饭菜，都要乘船下去才能把菜舀起来。我们的韩国泡菜有千缸以上，你说，我们通度寺大也不大？再者，通度寺有佛陀的袈裟一件，袈裟代表僧团，岂不尊贵乎！"

海印寺的僧众听了就很不服气，说："我们海印寺的土地之多，超过通度寺。不但如此，海印寺之高，所住的地方，如果有僧众如厕时，大概要三分钟之后才能听到粪池'扑通'一声。你说，海印寺大也不大？此外，法宝寺还有木刻的《高丽藏》一部，木刻版本至今俱全，可谓法海无边！"

松广寺的出家众听了更不服气，说："我们松广寺在历史上出过十六位国师，每一位国师都是悟道者，他们心包太虚，量周沙界。十六位悟道者的虚空世界，岂止三千大千世界，你说大也不大？"

这虽然是个趣谈，也可见韩国佛教的三宝寺：通度寺、海印寺、松广寺他们的威力了。

言归正传，第一位要说的是月下长老。他出生于一九一五年，是通度寺的退居长老，担任过方丈之职。通度寺拥有土地五千公顷，是佛光山的一百倍。韩国佛教有很多宗派，目前以曹溪宗为领导。曹溪宗跟中国的佛教有同样的发展，目前在韩国有二十四间丛林，这二十四间丛林中，又有最大的寺庙，成为佛宝、法宝、僧宝三宝寺庙，代表韩国的佛教。通度寺被称为佛宝寺，就是因为它拥有一件佛陀的金襕袈裟。

一九八二年，在性波法师住持任内，通度寺和佛光山缔结为兄弟寺，两寺美名齐扬，一时传为佳话。那个时候一千三百年以上的

一九九〇年应韩国九龙寺之邀，参加该寺佛像开光落成法会，并开大座说法。图为当时弘法行程中，曹溪宗总务院院长义玄法师宴请后与大家的合影。左二起：通度寺现任住持泰应法师、道诜寺住持玄醒法师、本人、月下长老、前任总务院院长绿园法师、前通度寺住持草宇法师、圆明法师（一九九〇年四月七日）

通度寺代表传统，而筹建不到二十年的佛光山代表现代，互称兄弟寺，意味着传统与现代融和。

月下长老他们派下的别分院也很多，尤其别院中有一个比丘尼的道场，叫做“内院寺”。韩国的比丘、比丘尼教性都很强，看他们身着灰色僧装，背个僧袋、背包，行脚在首尔山水之间，很有中国北方人的味道，耐力很强，韧性很大。

不用说，月下长老是通度寺上下尊敬的第一长老了。一九九〇年他亲自率领大批徒众到佛光山参访，行走在迎接的队伍中，身高虽不满六尺，为人慈祥恺悌、雍容华贵。以我们的眼光来看，他展现菩萨、罗汉之相，但语言不多。我知道他也不断鼓励派下的法将和佛光山来往，希望韩国佛教透过交流，能快速地现代化。他于二〇〇三年圆寂，令我怀念不已，特别题写“人天眼灭”纪念他。

之后，二〇〇九年，时任通度寺住持的顶宇法师，听说我在兴建佛陀纪念馆，他率领僧信二众百余人，将供奉于通度寺的佛陀金襕袈裟，复制一件送给佛陀纪念馆珍藏，让来佛馆参访的人士，都能瞻礼这稀有难得的圣物。

第二位要说的，就是松广寺的菩成长老了。他一九二八年出生，小我一岁。我们的语言虽不通，但是见面时，他的热忱、恭敬，令人感动。他处处以我如兄长，表明以我马首是瞻，其实，他的德行、修养，我愧感不如。

他多次来佛光山小住，一九八八年我到美国西来寺传授三坛大戒，他担任尊证；一九九一年我在台湾举行“万佛三坛罗汉期戒会”，他也到佛光山来担任尊证和尚。他对于佛光山所有的活动、法务，都远道亲来参与，并觉与有荣焉。实际上，他所主持的松广寺，是韩国三大寺中代表“僧宝”的道场，曾经有过十六位禅师被封为国师。到现在，仍有不少西方人士聚集在松广寺参禅。

记得二〇〇三年我应邀到韩国弘法的时候，正逢韩国中秋节期间，遇到大台风来袭，交通中断，菩成长老为了见我，特地坐了四五个小时的火车从釜山到首尔来迎接，真是让我感动。

二〇〇四年，我前往访问松广寺，期间，他要我为寺中的大众说法，在集众的时候，有一位职事向菩成长老反映，禅堂里面的禅者不希望出堂来参与集会。我虽然不懂他们的语言，但我看得出菩成长老非常生气，大意是说："这是我最尊敬的人，他的开示，你们怎么可以不来参加呢！"后来，我开始说法的时候，看到一些禅堂的住众，还是出席参与听讲。由此可知松广寺的禅风和菩成长老对我的友谊了。

第三个要说的，当是我与海印寺的因缘了。二〇〇三年我应住持世敏法师之邀，前往该寺演讲，并且在大光佛殿和曹溪宗宗正暨方丈法传法师签署"文化交流结盟仪式"。几个月后，世敏法师亲自率领职事百余人来佛光山访问，我除了亲自到桃园中正机场接机外，佛光山僧信二众亦于大雄宝殿接驾。

其实长期以来，佛光山与海印寺双方早已交流往来，关系密切。他们曾赠送我一块"八万大藏经"的高丽大藏经版《心经》一卷，现在珍藏在佛光山宗史馆。

此外，现在国际佛光会韩国釜山协会，由深山法师主其事。其实，深山法师和我早期一样，在佛教界里像小指头一样没有力量、没有地位，要独自发展，可说备尝辛苦。但他与佛光山结缘后，感动于佛光山提倡的人间佛教理念，所以他在韩国弘法，不断实践和推动，这让我感到在人间佛教弘扬上并不孤单。

丹羽廉芳、水谷幸正、古川大航

说过韩国佛教的比丘道友，日本教界的长老同参，也令我一样尊敬。

在一九七一年中旬，我和曹洞宗馆长丹羽廉芳长老，分任台湾和日本佛教促进会的会长，那时我五十岁左右，一九〇五年出生的丹羽廉芳长老已近七十岁了，他为人恺悌仁慈，对年轻人非常体谅照顾，我把他当作长老、老师一样敬爱。我们相互尊重，

与日本曹洞宗永平寺副贯首丹羽廉芳长老合影（一九七七年七月二十八日）

彼此合作，双方为促进台湾和日本的佛教关系，来往非常频繁。

丹羽廉芳长老在一九七四年到佛光山访问，接着，一九七七年我也到东京访问。当时，他在永平寺的派下寺院“东京别院”设宴招待我们，他觉得两地的佛教有相互来往的必要，我也赞同他的见解。

有一次，他带我到横滨总持寺参访，当我看到唐朝禅宗祖师石头希迁和尚的不坏肉身，竟然堆放在一个小仓库里，心中真是惆怅不已。后来又听说，在日本一家百货公司一场禅的展览会上，他们也把和尚的不坏肉身放在会场上展出。那时候，我们大不以为然，我也曾试图设法迎请回台供奉，却总不得其门，眼见祖师国宝流落在外，心中着急不已，但也只有慨叹无奈了。

到了一九七〇年代，深感台湾和日本的来往，势必有重大的变化。尤其当时日本一直想要和台湾断绝“外交关系”，希望和北京建交。这是世界大势所趋，已难以挽回，所以在参观奈良东大寺时，我就建议他们将鉴真大和尚的圣像，送到大陆供奉，总比石头希迁和尚被放在百货公司展览要好得多了。

我的意思是，希望佛教可以早于政治作友谊的联系，这对促进双方人民和平往来都有好处。后来鉴真大师果真在一九八〇年回娘家探亲，在扬州造成轰动，计有五十多万民众和佛教徒前往瞻礼。但我们的报纸舆论上只提到中日打“乒乓外交”，却鲜少报道鉴真大师回乡一事。其实，宗教对于社会秩序的建立、人心道德的净化、友谊往来的促进，都有推波助澜的作用，其功德是不可磨灭的。

我与丹羽廉芳长老可谓忘年之交，对佛教的发展有许多共同的想法，理念一致，尤其是他谈话时的笑声，至今回忆起来，都充满着佛心法义，令人想念不已。

在日本的出家人当中，我早期交往的还有冢本善隆、水野弘元、中村元等人，但是后来往来最多的，就是水谷幸正了。

水谷幸正，一九二八年出生，曾担任日本佛教大学的校长，专研大乘佛教思想，是一位用心于佛教人才培育的教育家。佛光山早期的弟子慈惠、慈容、慈嘉、慈怡等人到日本留学，都曾经跟随他学习。

我们的友谊深厚，可以算是几十年的老友了，他给予了我许多

慈惠法师(左)作为代表参加日本京都佛教大学创校百周年纪念庆典,与大学前理事长水谷幸正(中)、现任校长山极伸之(右)会面(二〇一二年十月二十三日)

的支持和鼓励。像他任职的日本佛教大学,承认佛光山佛学院的学历,让许多佛光山的弟子,得以顺利前往进修。记得有一次,他在美国参观西来寺后,说:"我有一个不解,我们日本佛教到美国来发展,已经超过一个世纪了,但是我们设立一个别分院是那么的困难,而你们在美国一下子就成立了那么多的别分院,我们净土真宗要跟你们学习。"

另外他又谈到:"日本寺院的信徒觉得,只要对寺院缴纳会费,就算是尽到责任了。反观中国的信徒都会在寺院走动、做义工,把寺院当成是自己的家一样,这是如何教育的呢?"

感谢这些往来的好因缘,让佛光山能在日本发展佛教,此中水谷幸正给我们很重要的助力，尤其是协助佛光山东京别院立案成为“宗教法人”。后来，位于本栖湖边的本栖寺，因距离不远的地方，就是曾被日本政府视为邪教的奥姆真理教大本营，因此日本政府对于外来的宗教非常顾忌；水谷幸正也出面为我们讲话，现在寺门口已正式挂牌“临济宗佛光山本栖寺”。

水谷幸正曾经担任国际佛光会世界总会的副会长，他认为国际佛光会是超越宗派、种族、地域、国籍的一个社团组织，具有融和的特点，所以能在国际上受到认同。他也肯定我创办大学的理念，一九九三年佛光大学举行安基典礼时，他特地前来参加，给予佛光大学很高的期许。他致辞说：“相信佛光大学将会是一所代表台湾的大学，五十年后，更是代表佛教界的大学。”对于他的赞赏，我实在愧不敢当，也期许佛光大学在校长、师生的努力下，能朝着水谷幸正教授期望的方向而努力。

所谓“临济儿孙满天下”，佛光山是属临济宗派下；而在日本，临济宗也是一个大宗派，尤其是坐落于京都的日本临济宗本山妙心寺，内分四十八院，各立门庭，联合起来就等于一个城镇一样。它的派下有三千六百个别院，分布在日本全国各地，具有相当的影响力。

妙心寺对台湾佛教一向很友善，所以台湾佛教界很多的留学生到日本留学，都会先挂单借住在妙心寺。一九六三年，我曾随台湾佛教访问团到日本访问，妙心寺为我们举办了一个欢迎宴会，四十八分院的住持及该寺派下各事业机构主管全部出席，大概有百人之多，可见妙心寺对台湾佛教的重视了。

那一次的参访，我也拜访了日本临济宗的宗长古川大航长老。他是一八七一年出生，当时已九十多岁高龄了，是一位有德而慈悲的长老。一九六三年高雄寿山寺落成时，他还亲自前来参加，我非常感念他对我这样一位后辈的提携与爱护。

竺摩、金明、广余长老

早年,马来西亚佛教总会曾邀请台湾的法师前往大马去布教,也曾指名要我前去。我得知后,虽然也有意前往结缘,无奈“中国佛教会”却不让我去,后来也就不了了之了。

但这并没有断绝我与马来西亚之间的因缘,后来我仍经常受邀弘法,并且开创道场,尤其在当地弘法的竺摩长老、金明长老、广余长老等多人,与我结下深厚的因缘。

竺摩法师,一九一三年出生,长我十四岁。他是太虚大师的弟子,诗书字画无一不精,以出家人的才艺来说,没有人能超越他,加上佛学、文学都很周全,像《维摩经注解》、《金刚般若波罗蜜经讲话》,至今读者不减,可说是极受世人的肯定和推崇。

抗战八年期中,他旅居澳门。我记得在一九四九年的《海潮音》杂志上,他发表过一篇文章,叙述其旅居澳门八年的经过。尤其让我注意的是,他说他曾亲见地藏菩萨,并称地藏菩萨为恩师。我到马来西亚多次,承蒙他不弃,彼此成为好友善知识,我出版《观世音菩萨普门品讲话》、《无声息的歌唱》时,请他题签,他也乐意助成。

在马来西亚的佛教界,一向不和三江人士(指江西、江苏、浙江)往来。原因是当地的华人大部分来自福建,福建的出家人乡土观念浓厚,久而成群。而竺摩法师是浙江清县人,幼年在雁荡山出家,自称“雁荡山僧”,他却可以担任马来西亚佛教总会第一任会长,进而连任十余年,可见他的声望、才华,必定受到马来西亚佛教界相当的推崇。

竺摩法师是太虚大师的入室弟子,他全方位的思想,涵盖佛

率领“佛光山新马佛教访问团”展开为期十四天的弘法，图为拜访槟城佛教会，右四为金明长老，左四为竺摩长老(一九八三年九月七日至二十一日)

教、教育、弘法，关心佛教的事业前途，对大乘佛法在马来西亚的推广贡献很大。他也开启马来西亚华人研究佛学的风气，接引马来西亚青年学佛，蔚为风潮，所以现在大马弘法的人才，大部分都是竺摩法师所度的弟子。

我个人相当敬重太虚大师，认同太虚大师的理念，因此我和竺摩老，也可以说是一拍即合，彼此契合。我非常尊敬他，他也非常爱护我，每一次我到槟城，都承蒙他特别照顾。若遇到他闭关时，在关房门口，内外隔一个小洞，一谈数小时，忘记了我是访客，而他正在闭关呢！

他多次要我去马来西亚主持法会，无论是以佛门伦理或是年龄来论，他和金明老、广余老的资历、年龄都比我长；若以地方关系来看，他们也都是地方上佛教会的领袖。照理说，我是客，也是年轻后辈，但是每次他们非让我做主法不可，总是自谦居于副座，我感受到长老的提携和谦冲淡泊的胸怀。我想，亲近一位善知识，不一定要天天跟在身旁，接受耳提面命，而是要将其风范，如道德、慈悲、智慧，深植到我们心中，就能接心、受用。

说到金明老，他出生于一九一四年，长居在马六甲，就是过去明朝三宝太监郑和下西洋时，曾经到访过的胜地。金明老是一位热心佛教事业建设的人，他重视教育，经常为马来西亚的佛教学院筹措款项，并且建设香林学校，培养人才。他从过去传统的佛教走出来，发心要将佛教现代化，所以和竺摩、演培、广余法师等，都成为大马新佛教的一群。

每次和金明老见面，他总是和我讨论“佛教的前途在哪里？”“我们还能为佛教做些什么？”除了关心大马地区的佛教外，他对于大陆、香港、台湾和日本、韩国等地的佛教，更是了若指掌，如数家珍。我想，他若不是一位热爱佛教的人，怎能如此呢？我在台湾办佛学院的初期，他特地派了一位曾做过警察的出家女弟子来佛学院读书。我与他来往多年，从来没有因为地域、宗派而彼此分歧、计较。在大马的道友中，可以说，金明法师和广余法师对我最重要了。尤其，广余法师跟我的交往匪浅，二人称兄道弟，已经到了“有福同享、有难同当”的程度了。

广余法师出生于一九二〇年，他并没有受过正式的佛教教育，但与生俱来就有“为了佛教”的精神，对佛教热忱无比，对佛教事

与妙香林住持广余法师（右一）（佛光山宗史馆提供，一九八三年）

业更是关心，对佛教的前途时时挂怀。

他在槟城建立了妙香林，在吉隆坡建设了鹤鸣寺。他还曾经一度要把鹤鸣寺、龙华寺交由佛光山心定和尚主持。在他自己担任妙香林住持期间，举凡所有活动的开光、落成、法会，都要我去替他主持，好似我才是妙香林的住持，而他只是代理我。

记得一九五五年我的《释迦牟尼佛传》第一次印刷出版的时候，他就买了五百本，后来经常都是几百本、几百本的在马来西亚赠送；《玉琳国师》出版时，他也是千本、千本的购买，成为我们三重佛教文化服务处最大的功德主。因为每次都是从台湾寄送几百本，甚至上千本，为了节省寄送的麻烦，最后他跟我讲，干脆不要到台湾请购寄发了，让他自己印行就好了。我听了也很高兴，就随他去印行，只要佛法能弘扬，我早就不计较版权了。

我现在想，佛教界也不一定全部都要经师、论师、律师来讲经说法。假如有的人能以慈悲度众，有的人能以帮助服务大众，有的人能以热心关怀大众，佛教界能有更多像广余法师这样的人，一心只有“为了佛教”，什么好事都要做，佛教必定兴隆。

宏船长老

谈过马来西亚，自然一定要提及新加坡佛教界最令我尊敬的宏船长老了。

宏船老出生于一九〇八年，福建省晋江县人，我在一九六三年访问新加坡的时候，他正在扩大发展光明山普觉寺。虽然自己没有受过基础的佛教教育，但是“为了佛教”，兴办教育，培养人才，都是非常热忱、真诚。

我记得那时候，他拿了一万美金交给我们带回台湾办教育，当时白圣法师在台湾除了有“中国佛教三藏学院”，多处也设有佛学院，他接受宏船长老的这笔善款之后，如何发展，后续就不得而知了。

新加坡佛教总会创会时的秘书长常凯法师

宏船长老是新加坡佛教总会的会长，据说受到总理李光耀先生的护持推崇。在宏船长老的领导以及名医出身的秘书长常凯法师的共同支持下，新加坡的慈善事业发展顺利，力量相当大。

常凯法师出生于一九一六年，也是福建省晋江县人，十二岁出家，并跟随着他的师父元镇和尚学医。在“八一三”战事爆发时，他加入了佛教界组织的“僧侣救护队”

闽南佛教三长老。左起：新加坡光明山宏船长老、菲律宾信愿寺瑞今长老、弥陀学校广洽长老

前往战地协助救护。

随着时代的发展，宏船长老渐渐感觉到，光是支持社会慈善事业是不够的，于是和常凯法师商讨，自己兴办佛教施诊所和新加坡菩提学校。当时，加上一九〇一年出生的广洽法师也创办了弥陀学校，一时之间，新加坡佛教界的慈善、教育事业都热烈地开展了。可惜佛教的人才还是显得不足，那时演培法师、隆根法师先后到了新加坡，他们宣说教义，弘扬佛法，但对于佛教实务事业的推动，则还有待提升。

性愿和尚

距离新加坡、马来西亚不远的菲律宾，在美国的支持下，在第

性愿法师圆寂五十周年纪念法会，在福建省南安市石井镇大慈林举行（二〇一二年三月二十八日）

二次世界大战后成为独立国家，其发展非常现代化。可惜，后来因为总统马科斯、夫人伊梅尔达贪污，使得国势一落千丈。

在佛教的护法中，菲律宾可说是世界上护持佛教最有力的国家，后来发生“菲化案”，政府剥夺全菲华侨所有独立经营的产业，致使华人经济节节衰退，这个影响就很大了。

菲律宾的佛教，和新马一样，也是福建系统，早期大多是以师姑所领导的斋教为主，后来，信愿寺迎请性愿长老以及来自闽南的瑞今法师前来领导，举办各种讲经、念佛共修活动，成为华侨的信仰中心。同时，他们也创办普贤学校、能仁学校，指导许多佛教的事业，如台中莲社、慈光图书馆、菩提医院等。后来，国际佛光会也设立协会，使得原来只弘扬于华侨之间的佛教，渐渐地也广及菲律宾民众了。

普净、苏达玛雅那、答达吉辅法师

在泰国佛教中，影响最大的要属泰国华僧宗长普净上师，他一九〇三年出生，广东人，曾住过镇江金山江天寺，与太沧法师是旧识。第二次世界大战后至泰国弘法，提振华僧风气，有再造华僧地位之功劳，因此泰国设立华僧事务委员会时，即是请他担任华僧宗长，领导华人佛教及照顾华僧。

其中，值得一谈的是一九九三年和佛光山缔结兄弟寺的法身寺了。

“法身寺”，从这个名称上看来，就已经给南传的泰国佛教下了一个新的定义。法身，就是大乘佛教。他们这个系统的人士，应该与人间佛教的性格相应，所以和佛光山建立了兄弟寺的关系。

法身寺的开创比佛光山晚两三年，但是他们的发展比佛光山更快。我们之间的来往，多是透过负责国际弘法部门的范淑智小姐翻译。范淑智小姐是台湾中坜人，到泰国法身寺学佛不到数年，就已能负起中泰语的翻译工作，可以说是中泰佛教的桥梁。

我有几次到泰国参加法身寺的活动，受到住持苏达玛雅那（Phra Sudhammayana）法师、副住持答达吉辅（Phra Padet Thetthachiwo）法师等人的盛情接待。法身寺的占地有三百公顷，是佛光山的六倍，他们举办上灯法会及供僧，都是数十万人的集会，甚至一期一期地举办十万名比丘出家典礼。因此，也曾引起政治上的震动，以及媒体的攻击、社会的批评，甚至同门的质疑。

佛光山与泰国法身寺缔结兄弟寺，共同为弘扬佛法而努力，当日共有二十余万人参加庆典。右一为法身寺住持苏达玛雅那上座（一九九三年）

其实，据我的了解，他们是纯宗教的活动，并不涉及政治；他们重视信徒，重视社会，积极推动文化教育。只是因为人多，难免受人排挤、疵议，就像佛光山开山之初，也曾受到许多无谓的批评。为此，我还曾特别撰文《认识法身寺的贡献》，发表在一九九九年第二三七期的《普门》杂志上。

总之，世间法即是如此，想做事或者有力量的话，不免都要受到一些毁谤，或许这就是佛法中所说的："是法住法位，世间相常住。"

不过，我觉得副住持答达吉辅法师与我们的交往很低调，只是谦虚地表示要向我们学习。法身寺早期在美国洛杉矶的弘法道场，是以佛光山西来寺的前身"白塔寺"为据点。后来，他们找到更好、更大的地点便搬离了，现在我看起来，是有胜于西来寺的规模了。

总之，这许多国际的友人，大家的目标都是“为了佛教”，不计较南传、北传，也不计较宗派，因此，我和很多佛教出家的友人交往密切，只是现在对曾接触的许多道友，无法一一细述，只有遥祝大家法躬康泰，法轮常转了。

弱水三千

行佛有道

星云

台湾青年法师的形象

圣印法师听说我在台北永和办了智光中学，
他在台中也办了慈明中学；
他听说我在佛光山新建了一座万佛大悲殿，
他也在台中省议会的后山建立了万佛山，
开创丛林，安僧度众。
可以说，初期在台湾的弘法活动，
我做什么，他就做什么。
别人就笑他，
你为什么跟星云某人都是一样的模式呢？
他也很坦诚地说，
我是他的学生，
[illegible]学他，要学谁呢？

我初到台湾的十余年当中，也遇到过一些可爱的台湾佛教僧青年，他们跟我幼年时候一样，曾经懵懂无知，也不知道佛教的前途在哪里。所幸后来台湾的佛教一直发展，教育、文化、社会事业不断成长，他们也跟着进步，甚至都成为了这许多事业的参与人。

时光迅速，不知不觉，那许多青年法师如今也都垂垂老矣，有的为寺庙行政辛劳负责，有的为文弘法，有的到处讲说，有的兴隆道场。现在只把在台湾与我有互动往来的一些青年僧，甚至到中年一代的法师，乃至耆年的长老，略作介绍，以志往事因缘。

圣印法师

先从年青一代的圣印法师说起。圣印法师俗名叫陈林，台中县石冈乡人，一九三〇年生。我在一九五一年于新竹台湾佛教讲习会担任教务主任时，有一位叫演慈的学

应邀到台中做佛学讲座时与圣印法师合影(慈容法师提供,一九九三年)

生,他跟我介绍说,他的故乡有一位青年学僧,很想到讲习会读书。

我于是商之于灵隐寺的住持无上法师,他一听,面露难色,主要是因为寺中食指浩繁,每天的日用开支不容易负担,而且他也怕我学习慈航法师来者不拒,无限制地录取学生,增加名额。

看他为难的样子,我实在不忍心增加他的负担,但又基于讲习会大多数是女性,在家、出家都有,可是男众僧青年不多。我觉得佛教虽然倡导男女平等,但是女性很多,男性太少,还是不平等。我很希望在教育上,男女性别能平衡,因此有心让这一位青年僧伽加入讲习会,就对无上法师承诺,每个月的生活费五十元,我愿意为他负担。这位僧青年就是后来的圣印法师,因为这样的因缘,他得以进入台湾佛教讲习会。

圣印法师天资聪慧,肯得学习,那个时候我正在翻译日本森下大圆的《观世音菩萨普门品讲话》,他自己主动跟我说,愿意为我翻译的稿子做誊清工作。我想,给他学习练字也是好事,就答应他。哪里知道后来他的文笔和字体都和我相似，可见年轻时候模仿的力量之大。后来讲习会搬去台北善导寺，我就到了宜兰。

圣印法师学习的勇气很强，为了练习讲经，他的师父智性长老有一间在家佛教的斋堂，他就鼓励堂主吴随居士邀请我去讲经，由他担任翻译。其时他虽有学习的勇气，但我并不是什么有经验的讲经法师，我也还在学习。不过，承蒙他把我看作是有本领的老师，能够传授他一些弘法的技巧；因为这样的因缘，吴随居士的一善堂就想交给我管理。我当然无意接受，后来就到条件都不如一善堂的宜兰雷音寺住了下来。

我在雷音寺所以能够长住，一住就是二十年，是因为宜兰人情很冷淡，没有送往迎来的许多应酬，比较合乎我自己的性格。尤其，有几位青年人热心禅坐、歌唱、文艺、弘法等；我觉得有青年，佛教就有未来，就有希望。

当时在宜兰雷音寺参与的年轻人，过不了几年，就对佛法生起很大的信心，愿意献身于佛教事业，就这样，佛光山早期的几位重要职事，像心平、慈庄、慈惠、慈容等，就因此到了三重埔一善堂去办理“佛教文化服务处”。

所以设立三重佛教文化服务处，最初我只是想，佛教应该设立一个联络、服务的文化机构，所以三重佛教文化服务处并不是一般单纯的书店，也不是什么单位，只是想告诉佛教界，他们有什么困难、有任何问题——比方说，要购买经书、要知道佛教的讯息、要获得进入佛门的资讯等等——三重佛教文化服务处都可以为大家提供。

但后来不少人纷纷表示，他们想要认识佛教，想要了解佛法，可是一些佛书都看不懂。因此，就有早期我为帮助他们而编写、出版的《佛教故事大全》、《佛教童话集》、《佛教小说集》、《佛教文集》等。后来也编印了《中英对照佛学丛书·经典之部》、《中英对照佛学丛

率“世界佛教青年会一九八五年学术会议”代表团参访台中万佛寺。前座左四起：邱隆汉伉俪、世界佛教青年会会长帕洛普、本人、万佛寺住持圣印法师、世佛会秘书长帕拉森等（一九八五年八月一日）

书·教理之部》、《中英文佛学辞典》，以及“每月一经”、美术图集等等，这一切无非是希望能把佛教的文化普及于社会大众。

那时应该是一九五七、一九五八年吧，圣印法师看到以后，他也在台中设立台中佛教文化服务处。我想，为了免于名称相同，以后此间、彼间会有所混淆、搞错，我就建议他成立“佛教文化供应社”。因为那时候，国民党在台北有个“中央文物供应社”，所以我灵感一起，就建议他以此为名。后来他办得有声有色，也出版了小型的报刊，创办《慈明》杂志、《慈明》月刊，在台中弘法，一时法缘大盛。当时台中的佛教，在家的有以李炳南居士为代表的“佛教莲社”，出家的就属圣印法师的慈明寺和万佛寺了。

后来，他听说我在台北永和办了智光中学，他在台中也办了慈明中学；他听说我在佛光山新建了一座万佛大悲殿，他也在台中省议会的后山建立了万佛山，开创丛林，安僧度众。可以说，初期在台湾的弘法活动,我做什么,他就做什么。别人就笑他,你为什么跟星云某人都是一样的模式呢?他也很坦诚地说,我是他的学生,不学他,要学谁呢?

再后来,我在一九九〇年代初期,到澳新建立道场,先在新西兰利用一间民舍作为佛堂;圣印法师也到新西兰创建了一座更有规模的寺院,也取名叫"慈明寺"。我们看得出他有为教的勇气,看得出他有弘法的热忱。

他的师长智性老法师,出生于一八八四年,台北人,是台湾初期佛教的长老之一。最初在台中宝觉寺做过住持,后来就到北投关渡建设慈航寺。承圣印法师之请,也介绍我跟他的老师会见。一九六七年左右,他举办三坛大戒,知道我没有出家的弟子,就礼请当时声望非常令人起敬的印顺长老为得戒和尚,并且邀约当初在台湾佛教讲习会教授过他的演培法师为策划。

圣印法师善于讲经说法,又长于传统梵呗唱诵,尤其他娴熟焰口佛事,我非常欣赏这一位年轻有为的法师。可惜他年纪比我小,却同样罹患了糖尿病,后来在一九九六年三月,以不到六十五岁之龄往生了。台湾佛教的青年,都是热心有为之士,但天不假年,实在令人遗憾。

修和法师

和圣印法师同在新竹台湾佛教讲习会读书的,还有一位叫修和法师。修和法师出生于一九二九年,台南县人,十八岁时在基隆月眉山灵泉寺礼文印法师披剃出家,二十岁到福建厦门南普陀寺受具足戒,一九五〇年返台后,就到台湾佛教讲习会就读。

修和法师身材虽然不很高大,但精神抖擞,满身的英气勃发。他为人诚恳正直,没有一般年轻人的虚浮习气,我认为他将来必能对佛教有所贡献,是佛教的希望所系。

由于他在讲习会接受教育的时间不久,大概两三年后,一九五四年台东海山寺住持吴修然因病卸任,没有多久他就应邀接任该寺第四任住持,并且承担台湾佛教会台东支会理事长的法务。

在修和法师担任住持期间,他扩建海山寺的殿堂、办理海山幼稚园、组织念佛会、成立歌咏队、定期举行佛经讲座等等,对于培养佛教人才、救济灾贫不遗余力,一时也带动台东佛教的新气象,使得海山寺成为台东的名刹。偶尔在一些佛教会议的场合,见到我时,他总是非常乐观地谈说台东佛教的发展。

只不过他有一个嗜好,喜欢吃槟榔,我觉得那么一位英气风发的青年,满口的槟榔,深不以为然。可是如果换个立场来想,他处在台东那么一个蕉风椰雨、充满南国风情的地方,受到当地习气熏染,其实也算是常事。

遗憾的是,后来传来一个不幸的消息,当时高雄县有一位在家的社会人士名叫吴泰安,原名吴春发,彰化人,出生于一九二四年,小学毕业,识字不多,平常卜卦算命、招摇撞骗,被警方列为甲级流氓。一九七八年时,吴泰安自称要据台为王,写了一份资料,上面列名余登发担任"统一司令",庄勋是"陆军总司令",陈文雄是"东部最高总司令"等等。当中,还找了修和法师做"台湾自由民国副主席",并且指明有书写的东西存放在海山寺。

事实上,吴泰安只是曾在海山寺的门口摆摊子,因而认识修和法师。吴泰安想要说服修和法师加入他的组织,修和法师一听,认为他要革命,就请他不要再到海山寺,至于他写的什么资料,修和法师并不知道。

吴泰安可说是一个跳梁小丑,是一个社会无业流氓,他自己理智不清、胡说八道,这一下子就忙坏了"警备司令部"。在他资料中的所有人等,一一遭到逮捕,余登发也就因此与国民党愈走愈远了。其实,余登发也不知道吴泰安是什么人,就被罗织罪名囚禁在监狱中,后来虽被释放,但在当时还引发了所谓的“桥头事件”。后来一九八一年时,就闻讯修和法师在狱中病逝了。

据闻在他刑期将满之前,他的弟子和几位信徒还前往监狱探视,身体还算健康,谈吐也很正常。没想到几天后,就死在狱中,往生的时候才五十二岁。

我在想,修和法师一定非常懊恼、怨恨、不平,自己怎么会招来这样的一桩横祸,只因为吴泰安自己说要封他为总司令,就这样害他送了一命,他可能为此愤恨不已,因而在狱中生病而亡。

对于台湾最初的政党政治,完全以政治利益为考量,无顾于人民的权益,深为那些政治领导人不值。例如一九五一年初,有人密报台南开元寺的证光法师曾接受过大陆巨赞法师的接待,因为这样的事情,就把证光法师枪决了。政治权势之可怕,人命之渺小,良可叹也。

修严(晴虚)法师

在本省的年轻法师当中,同样从台湾佛教讲习会出身的,圣印、修和以外,就是修严法师了。

修严法师,一九三一年出生于南投,十六岁时礼普钦法师出家,后来从慈航法师在汐止弥勒内院学习,一九五五年于灵泉禅寺受具足戒。在台湾佛教讲习会读书时,原名叫宏潮,先后亲近过演培、续明、仁俊、印顺等法师。后来为演培法师所赏识,推荐他主编《海潮音》杂志,名为“晴虚”。之后赴京都佛教大学修学;再回到基隆月眉山承继法席,就以“修严”为名了。

修严应该算是一个很有福气的人,因为他继承月眉山灵泉禅

基隆灵泉禅寺传授三坛大戒，住持晴虚法师特地前往佛光山，邀请我担任得戒和尚（二〇一〇年七月二十日）

寺的第四任住持，一九八六年又担任台南法华寺的住持，这一南一北，都是台湾佛教传统的大寺，应该有些作为，不知什么缘故，这许多寺院的房舍却都没有得到正常的应用。

不过，我知道他在佛教界还是非常的活跃，南北奔走。二〇〇二年二月，我邀约台湾佛教界组织一个庞大的佛教代表团，到西安法门寺迎请佛指舍利。那时正值农历春节期间，他听到以后，非常热心，赶办手续，跟随我一起到西安恭迎。当时，我也很感激他，因为对于这样殊胜的台湾佛教盛事，他能主动出面参与，可见对佛教也算得上是一位热心的人士了。

那次佛指舍利来台，台湾的恭迎团共有二百余人，加上大陆的恭送团，特以两架包机专程迎送。团员中，佛教的百余位出家大德，一概由我替他们购买机票，免费来回，这很博得他的好感，后来也时相往来。直到二〇一〇年十月，月眉山灵泉禅寺传授三坛大戒，他三番五次写信，说我是他在新竹青草湖台湾佛教讲习会读书时的老师，希望邀约我前往担任得戒阿阇黎。我也乐于成全，不过事前言明，我只作一次讲说，其他的戒坛仪式、法事进行，都由他代理。

灵泉禅寺是我刚到台湾时最初到过的寺院之一，记得我在一九四九年曾挂单在此。到二〇一〇年，时隔整整六十年后再见，寺容焕然一新，可以看出，在修严法师主持之下，寺庙建设快速，规模甚为可观。在我到达月眉山灵泉禅寺的时候，发觉他事必躬亲，举凡工程、经费、采购、人事等等，凡事都要经过自己处理；事务性的工作之多，难怪对法务的发展就有所疏忽了。

现在，闻说修严法师仍然主持灵泉、法华两寺，以他的年龄，应该和我仿佛，小不了几岁，到现在，他的继承人不知道培养好了没有，深为挂念。我也建议，他应该把这南北两大寺院，一处可以作为比丘道场，一处由比丘尼住持，两序竞相向上，各自发展，或许可以互相激励道心与愿力，法务或许可以蒸蒸日上。

净耀法师

在本省佛教的青年当中，属于比较活跃型的，净耀法师是其中之一。他是嘉义市人，一九五四年出生，世新大学毕业，曾做过警政记者五年。后因车祸受伤，幸而不死，感叹人生无常，因此出家学佛，礼南普陀佛学院广化法师为师，在树林海明寺悟明长老座下受具足戒，曾亲近印顺法师，在他创办的福严佛学院学习三年。以这样的佛门经历、学历，成为当今佛教的弘法人才，他是很有条件的。

净耀法师曾告诉我，他也曾想拜我为师，但是无人引介，想来要成为师徒，因缘也要具备。其实，在哪里拜师并不重要，最重要的还是自己本身的条件。净耀法师不但一表人才，而且气质文雅、性格热忱，尤其对于助人结缘，多年来乐此不疲。光看他的职务，就可以知道其平常工作之辛勤了。

“佛光山第九任住持晋山升座法会暨临济宗第四十九代传法大典”上，传信物给净耀法师等七十二位法子（陈碧云摄，二〇一三年三月十二日）

他曾担任佛教青年会理事长、普贤中医诊所创办人、观音线协谈中心理事长、“中华佛教音乐协会”推广人、普贤教育基金会理事长等。此外，他创建莲花临终关怀中心，为往生者服务；他也创办“更生保护协会”，收容了许多更生的青年，让他们得以回头；尤其跑遍全省监狱，发心在狱中弘法，聆听犯罪者与死囚的心声，并热心给予教化。为此，他在一九九六年曾获得“教育部”的奖章。

由此就足以看出，净耀法师的弘法是从文化交流到艺术活动，从生亡的服务到对青少年的关心。据他说，他的理想是要让“生有所居，老有所养，病有所医，死有所归”，这也是他自己努力弘法的方向。

净耀法师曾经在我创建的海内外道场，像日本、美国、加拿大等，都做过巡回弘法。尤其，他的“国际供佛斋僧功德会”，每年举办“供僧大会”圆满后，都会把各地，包括大陆来台应供的僧侣，带到佛光山跟我见面。他也多次邀我参加他所举办的活动，例如三重学佛同修会开光时，他要我与佛教青年会的会员讲话，为了他的热忱，我也乐意随喜结缘。

提到佛青会，一九四七年第一届“中国佛教会”在南京召开时，我就主张“中国佛教会”应允许青年代表参与会议，但是遭到佛教会的反对。因此，我对净耀法师的佛教青年会寄予希望，建议他一定要有青年读物、青年训练、青年组织、青年活动，才能满足青年的需求，才能增加佛教青年的力量。

我觉得佛教界，像他这种为教发心、活跃的青年实在不多，所以我也勉励佛光山初发心入道的男众，要他们多向他学习。目前在台北的佛教活动，举凡佛学讲座，或是一些跟政府有所交涉的，如“观音不要走”、法定佛诞节设立等，都有他的参与。

我看他并不好大喜功，只是默默地耕耘，可惜的是，他个人辛苦奋斗，没有建设道场作为弘法的根据地，在佛教界的长老、教团，也都还没有和他打成一片。假如现在佛教界年轻的比丘，都能像他一样受高等教育，都能从事社会服务工作，不需要很多，只要十人、八人，台湾佛教未来的发展，必定可以大大改观。

二〇一三年三月，他在“佛光山第九任住持晋山升座法会暨临济宗第四十九代传法大典”中，与台北佛教会理事长明光法师、佛光山副住持慧传法师等海内外共七十二位法子正式受法，成为佛光山第二代弟子，期许他日后奉行临济宗风，实践人间佛教，以慈悲喜舍的精神广度众生。

明光法师

和净耀法师同样年代的青年，也非常具有人缘、在台湾佛教界也很活跃的，那就要算明光法师了。

明光法师，台北县人，一九五二年出生，台湾交通大学管理科学研究所硕士。他以悟明长老为依归，在台北大安公园建了一所大雄精舍，在那里弘法利生，很有口碑。一九九五年，曾到美国纽约沈家桢居士创建的庄严寺担任过住持，是一位诚实本分的有为僧青年。

明光法师自从出家后，就和我多所来往。他的身材高大，行动举止彬彬有礼，可惜佛门的长老凋零，如果佛门长老众多，像他这种人才，能够亲近各方的长老大德，他的成就真是不可限量了。

我想，在明光法师的弘法过程中，让他最感困难、挫折和考验的，应该就是一九九四年二月，发生在台北大安公园的“观音不要走”事件了。

所谓“观音不要走”事件，是因为明光法师的大雄精舍就在大安公园旁边，公园里有一尊一丈余高、由国际知名艺术家杨英风先生所创作的观音雕像，自一九八五年起，就由土地所有人捐赠安座在那里了。多年来，成为台北市民一个流连、沉静、散步的好去处。

后来在一九九二年时，台北市政府计划辟建公园，明光法师代表民众向市府陈情，希望能在公园内保留此一观音圣像。经过市长黄大洲裁示，并且发文给明光法师明确指出，“大安七号公园用地内的观世音像一尊，经查系名雕塑家杨英风教授作品，经本府深入研析结果，为维护艺术、文化气息，在捐给本府维护管理原则下，准予保留……”

然而，对面的基督教教堂灵粮堂，他们放不下这尊开门就能看得到的观音圣像，便由林治平牧师向市府提出异议，认为公园乃公共所有，不可以设立宗教色彩太浓厚的观音像。但是明光法师认为，观音雕像是艺术作品，树立在公园里面，让人见了也能引发心灵的美感。

事实上也是如此，当地居民、信徒多年来每天在那里经行、散步，礼拜、问讯，已经成为他们生活中的一部分，根本不存在任何问题。这一切说起来，只显得灵粮堂有些小气，放不下观音像的存在，故而一再诉诸市政府，强力要求把观音移走。

当时台北市政府黄大洲市长，也不愿意得罪远在美国的蒋宋美龄夫人和基督教，就出尔反尔地发出公文，要明光法师在限期内，将观音像迁离七号公园。那个时候，明光法师和昭慧法师多次到佛光山台北道场找我，要我出面支援。为了明光法师所托，我也曾到灵粮堂拜访林治平牧师，但他们的态度强硬，非要观音离开不可。

后来，明光法师、昭慧法师和林正杰等数十位信徒，就在观音圣像的旁边搭设帐篷，静坐绝食，诉求"观音不要走"。后经媒体报道，社会舆论哗然，很多佛教徒及非佛教徒纷纷主动加入静坐行列。

黄大洲市长见状，觉得事态严重，主动和我联络，并约定在市长官邸，召集基督教周联华长老，市议员江硕平、秦慧珠，还有国际佛光会中华总会署理会长慈容法师等人，大家共同协商，看这尊观音圣像到底要怎么走？走到哪里去？

会谈几度陷入僵局，这时慈容法师提到，南部的佛教信徒听说台北大安公园连一尊石雕的观音像都容不下，认为台湾竟然这样没有艺术水平，大家非常愤慨，已经包了三百多辆游览车，准备到台北来，要在现场以称念"观音菩萨"圣号的方式，诉求观音菩萨不要走。

出乎我的意料，慈容法师的话语一出，黄大洲市长立刻改变立场与态度。他说，你们的游览车千万不能进来台北市，三百部的游览车一到，整个台北市的交通就会瘫痪。最后他说，我们市政府同意观音不要走！

这话一出，决议底定，观音可以留下来了！这时已经是深夜将

明光法师在“佛光山第九任住持晋山升座法会暨临济宗第四十九代传法大典”上，礼拜我为师，成为佛光山第二代弟子（陈碧云摄，二〇一三年三月十二日）

近一点钟。得到了这样好的结果，我立刻赶到明光法师、昭慧法师等人静坐的现场，告诉他们这个讯息。

大家闻讯，欢喜踊跃，现场立刻响起热烈掌声，久久不息，不少人更是感动得热泪盈眶。不过他们还不敢相信，这么轻易就能获得“观音不要走”这样的结果吗？为了确认事实，他们一直静坐到第二天，直到市长黄大洲亲自到大安公园宣布，明光法师他们才放心撤退。

“观音不要走”的事件到此，终于有了一个圆满结果。因为当时有周联华牧师在场，基督教也就没有再抗议了。记得那天夜里离开公园时，望着天上一轮明月，高挂在无尽的苍穹中，不觉松了一口气，心中涌起一股幸不辱命的欣慰。

经过这件事之后，明光法师和佛光山就更加常相往来，共同参与许多佛教的盛事，诸如法定佛诞节、恭迎佛指舍利来台、世界佛教论坛等等。

明光法师曾于一九九一年当选第二届“国大代表”，并于二〇〇五年获选为台北市佛教会第十三届理事长。他著有《初探佛教原理的系统观》、《台湾佛教儿童教育概况》、《佛教与生命》等书，可以说也是台湾佛教僧青年当中，不可多得的一位。

二〇一三年农历二月初一（三月十二日），适逢我出家七十五年，明光法师也在当天的“佛光山第九任住持晋山升座法会暨临济宗第四十九代传法大典”里受法，成为佛光山第二代弟子。我把象征法脉传承的念珠、法卷及袈裟等信物一一交到现场共七十二位法子手上，希望每位法子谨记，传法授记是一时，但度众、弘法是永远，要永不忘初心，期许人间佛教的种子在各地开枝散叶，利乐一切有情。

心道法师

在台湾佛教界中，和圣印、净耀、明光法师等齐名的青年僧，还有灵鹫山的心道法师。

心道法师是云南人，一九四八年出生在缅甸。四岁那年，其父因为缅共发生冲突而遭杀害，家人离散，便与姨丈相依为命，过着流浪的生活。

听说他在幼年时，曾加入滇缅游击队幼年兵的训练，但他非常有佛性，十几岁在军中就开始茹素。二十岁脱离军旅后，在二十五岁那年，也就是一九七三年，进入佛光山佛教学院就读。之后跟随我出家，我替他取名“心道”，法名“慧中”。

那个时候，我看他性情孤单坚忍，欢喜一个人苦修；适逢宜兰圆明寺的住持往生，寺庙没有管理人，我就建议心道可以去圆明寺的骨灰塔修行。他确实在骨灰塔里住过两三年的时间，天天与白

灵鹫山心道法师重返师门(佛光山传灯楼,二〇〇九年三月四日)

骨骷髅为伴。据说,蛇虫百脚经常在他身旁游戏,他都能通过考验,没有动摇修行的信念。

后来,在日本东京大学留学的依空法师,趁着放假回山,写了一篇叙述他苦修过程的文章,刊登在《普门》杂志上,结果引起佛教界信众对苦行的崇拜,纷纷前去探视,给他热心的护持。他觉得受到打扰,便另外寻找地方闭关修持去了。不多久,就听说他自己创建了灵鹫山,经常靠打水陆接引信徒,成立灵鹫山世界宗教博物馆等等,也有不少弟子、信众。

外界一般的人认为他脱离了佛光山,但他多次透过各种管道想要回来认祖归宗。终于在二〇〇九年,他正式率领僧信二众弟子三十余人回到佛光山礼座忏悔,重返山门。佛门本来就有本山、支派的情况,不过,这个时代不同了,虽然我知道他自己有认祖归宗的意思,但是他们后代的徒众,就看他们的法系伦理观念了。

禪風淨月
佛道慧心

台湾的比丘尼

时序迈入五六月，
天气已经慢慢炎热起来了，
几十个人的拘留所中，
冷热不是问题，怎么吃饭才严重。
做事，肚子饿得快；
不做事，肚子饿得更快；
感谢智道法师，
她每天都做两桶的泡饭，
从中坜转乘两趟车，
送来桃园拘留所给我们吃。
就这样，二十三天的拘留生活，
每天都有四五个人送饭菜来，
当中必定有智道法师，
可见她为了解救我们，
费了不少的心力！

人有男女老少之别，佛性则是人人平等无差。“平等”是佛教的真理，从人权到生权的平等，是佛教所要实现的理想与目标。只是早期我初到台湾时，看到台湾的佛教界，比丘尼的地位十分卑微，尽管她们慈悲耐烦，默默为佛教奉献，但并未受到重视。当时我便有心想要提升比丘尼的地位，所以后来开创佛光山，我倡导“两序平等”，乃至主张“四众共有”，希望能在男女两序，甚至僧信四众同心协力下，好好弘扬佛教。

时至今日，台湾佛教的蓬勃发展，比丘尼贡献很大。有人说，这与我当初提倡两性平等不无关系，对此，我不敢居功，倒是早期在台湾，和我有缘分、帮助我的比丘尼很多，此中帮助我最大、最多的，应该要算是苗栗净觉院的智道比丘尼了。

智道比丘尼

智道比丘尼

智道比丘尼，出生于一九二六年。我初到台湾时，举目无亲，走投无路，当时就有人建议我到中坜圆光寺投靠慈航法师。慈航法师我是没有遇到，在圆光寺，第一个见到的，倒是智道比丘尼。那时候，智道法师是慈航法师在台湾的翻译，客家话、闽南话、日文、佛学一流，又是妙果老和尚最亲近的徒孙，在圆光寺里，俨然像当家一样。我到达时，正是圆光寺要遣散外省籍法师的时候，圆光寺全然没有留我下来的理由，幸好，智道比丘尼帮了我很大的忙。

我那天到达圆光寺时，大约是他们刚用完斋的时候，智道法师第一句话就问我吃饭没有？从哪里来？来做什么？我谈起过去在大陆曾经编过《怒涛》月刊，她非常兴奋，直说她读过这本杂志，从杂志里可以看得出青年编辑为教的热忱和希望等等。

话才说完，她立刻转身，要人弄饭菜给我吃。接着，她又转身到另外一个小房子里。我想她应该是去找妙果老和尚，替我鼓吹、说好话，希望妙果老和尚留我在圆光寺吧。

我才吃过饭，妙果老和尚就出来了，询问了我几句话以后，就说："慈航法师他们明天要带领外省的年轻法师到新竹去，你留下来吧。"我一听，真是求之不得，心想，就算老和尚不说"你留下来"这句话，我也得开口要求留下来，因为如果不留下来，这时候的我，到底能到哪里去呢？

为了感念妙果老和尚接受我的留单,住在中坜圆光寺一年多的日子里,我完全担当了圆光寺里劳力的服务。我为他们扫地,打扫净房,每天还要打六百桶的井水,供应寺里八十人使用,以及上街买菜、储粮、收租等等。总之,我那时候很年轻,什么样的苦工在栖霞山都做过,也就毫不考虑担当起来做。所以,外省的青年僧侣让本省的寺院接受,说来我也建立了一点苦劳,这都得感谢智道法师帮我的忙,给妙果老和尚一个很好的印象,才能顺利地在圆光寺留单。

智道法师比我稍长,一直以老大姊的身份来指派我们做这个、做那个;一直以来,我看待她也有如我的生活保证人,总是支持着她,因为她护持我,我才能挂单下来。还有,因为我没有户口,就问智道法师,要怎么样才能顺利报户口呢?当时,台湾正是风声鹤唳、草木皆兵的社会,她一听,也紧张起来,问道:“你有身份证吗?”

我说:“我有,但没有入台证,因为我们是团体过来的。”

她想了想,说:“我们有一位信徒代表叫吴鸿麟,在中坜行医,同时也是警民协会会长,假如能获得他的帮助,应该不难办。”

于是,她带我到中坜,在吴家附近的街上数度巡回,希望能巧遇吴鸿麟先生。皇天不负苦心人,有一天,吴鸿麟先生从他中正路的老家出来,我就上前对他说:“吴先生,我是圆光寺的出家人,我现在想要报户口,想请你帮忙。”说完就拿出身份证给他看。

他看了我足足有两三分钟吧,最后他说:“你跟我来。”他家的不远处就是中坜分局,他带我进去,分局警员都站起来跟他敬礼。他指示值日的警员说:“替这个和尚报户口。”警察举手敬礼说:“是!”然后吴鸿麟先生就离开了。

就这样,我报了户口,在台湾有了合法的居留。实际上,因为我缺少入台证，照说是不容易顺利报户口的，但因为是吴老先生带我前去，所以警察也没有提到入台证。想想，假如没有智道法师，没有吴鸿麟老先生，没有我那唯一的身份证，我今天真是不知会流落到何方去？

也幸好当时很快就办好了手续，因为不久后，我和智道法师在中坜街上为圆光寺采购的时候，就被警察逮捕了。他叫智道法师先回去，把我扣下来。我记得，我被关在中坜拘留所的一间小牢房里，一直到下午都没有人来问话。后来，智道法师送来一个便当，一整盒饭加上几颗花生米，我也吃得蛮香的。

智道法师告诉我："慈航法师他们也被逮捕了，律航法师也被逮捕了，你们的同道——在圆光寺住的以及在新竹住的一二十位从大陆来的年轻人，都被逮捕了。你不要挂念，我们会了解情况，把你们保释出来。"

到了黄昏的时候，中坜拘留所的人把我押到桃园的临时拘留所去。那是一个大仓库，里面已经关了二三百人。我到了拘留所，就和从大陆来的五六十个出家人会合。当时，我们当中有一位律航法师，他刚来台湾的时候还是一个军长，阎锡山先生担任"行政院长"的时候，他在山西做过军需处的处长，后来在慈航法师座下出家，他也被逮捕了。我们当然不知道是什么原因，不过，有律航法师在被捕名单中，我想，我们会获得平安的。

第二天又传来消息说，和慈航法师一起在台北的四五十个出家人，也被逮捕了。台湾到处在捉捕僧人，这究竟是为什么呢？后来才听说，传闻大陆派了五百个出家人到台湾做间谍，国民党因此要逮捕、审问。那个时候在台湾被捕，可说事态严重，不能轻易释放的。真是只有感谢佛恩浩荡，佛力广大，这时有"立法委员"董正之、"监察委员"丁俊生、孙立人将军的夫人孙张清扬女士、"台湾省主席”吴国桢的父亲吴经明老先生，他们都努力到处奔走，想办法营救。

我们每天都盼望会有好消息，但是多是传来这样的回音：“你们放心，我们会努力，我们会救你们。”时序迈入五六月，天气已经慢慢炎热起来了，几十个人的拘留所中，冷热不是问题，怎么吃饭才严重。做事，肚子饿得快；不做事，肚子饿得更快；感谢智道法师，她每天都做两桶的泡饭，从中坜转乘两趟车，送来桃园拘留所给我们吃。就这样，二十三天的拘留生活，每天都有四五个人送饭菜来，当中必定有智道法师，可见她为了解救我们，费了不少的心力！

终于，我们从拘留所被释放出来了，那时，大陆的情况更吃紧了，许多军政要人纷纷到了台湾，例如辽宁省的“省主席”徐良，二十六军的军长缪澄流等；虽然情况是有些惊险，不过我们总算平安了！

当时，我们住在圆光寺的房子是日式的榻榻米，两排的房屋门对门，中间隔着走道。房间和房间之间，只隔着一扇纸门，即使你小小声讲话，隔壁也听得到，对户也听得到，尤其离净房很远，上厕所都不是很方便。

奇怪的是，在这样的生活条件下，我们住了一两年，彼此没有一点意见，也没有听说哪一个人嫌谁不好。尤其，缪澄流将军就住在我隔壁，他有一个儿子，当时正在中坜念高中，和我们一起住，大家都相安无事。

大难不死之后，智道法师安排我替妙果老和尚当翻译，跟他走访竹东、平镇、杨梅、峨嵋、苗栗、大湖一带客家地区，让我获得老和尚对我的信任。智道法师也安排我做老和尚的侍者，其实，老和尚并不需要我做侍者，也不用我来翻译，他的客家话很好。但是，老

中坜圆光寺(二〇〇八年)

和尚有时会叫我跟大家讲讲话,我想,他最主要的是要让大家知道,圆光寺里住了不少外省的僧青年,正好让我出来做个小广告。

后来,老和尚对我有了更进一步的认识,就安排我到苗栗大湖法云寺看守山林。那一段时期,正好让我在山林里每天看书、写文章,《无声息的歌唱》就是伏在那矮小的茅棚里面完成的。

我离开中坜圆光寺之后,对智道法师护持我们外省青年人的恩情,一直非常感念,难以忘记。佛光山开山后,曾经邀请她上山来。我记得她很直率地对我说:“佛光山没有地理,前面高屏溪的水都往外流了呀!”我说:“那很好啊! 水是法财,水往外流,表示佛法往外流,这是‘法水长流’啊!”

让我感到遗憾的是,她在苗栗开山建设净觉院时,我没有力量帮助她,看来,虽然我一向期许自己要过“滴水之恩,涌泉以报”的人生，但对智道法师，我也不知道该如何做才能报答她了。

修慧长老尼

我在一九四九年正月来到台湾，见到的第一间寺院是基隆极乐寺，看到的第一个比丘尼，就是修慧长老尼。

台湾，真是个美丽的宝岛！当年七八十个从大陆参加“僧侣救护队”来的青年僧，在基隆港靠岸的时候，那种欢欣鼓舞的心情，真觉得我们到达了天堂。只是上岸的时候，许多人各自说要去找寻他们的亲友，散去了一半，再集合时，只剩下四十几人。

我在台湾无亲无故，只有留在基隆码头游走观看。信步走到了中正公园，进了公园不远，左手边就是一间茅棚式的极乐寺，那是我见到的第一座寺院。我没有进去，就在寺院门口张望的时候，从里头走出一个近中老年的比丘尼，她看看我，我看看她，彼此语言不通，也没有讲话。后来我才知道，那是在基隆地区很有名的修慧长老尼。

修慧长老尼，一九〇八年出生，基隆人。她住持的极乐寺，是月眉山灵泉寺派下的道场。那一次短暂的、第一次的见面后，我们一别数十年，再见面时，已是一九七八年了。当时，我应基隆佛教界之邀，在基隆中正文化中心做一场讲演。我听说基隆佛教会会长修慧长老尼就坐在其中，她没有邀请我去极乐寺，我也觉得没有在基隆停留的必要，讲经完之后，就回台北普门寺了。

后来，她托人来跟我说，要把极乐寺交给我。我听了这句话并不觉得奇怪，因为在台湾这么多年，经常有人对我说要把他的道场交给我。但我没有分身，也没有那么多徒众可以去接受别人的寺院啊。

一九八四年的某一天，修慧长老尼要我到基隆极乐寺走一趟，

修慧长老将基隆极乐寺归属在佛光山派下，后由佛光山派依恒法师重建

她说有重要的事情要跟我请教。我自信有服务的性格，听到别人有需要，就欣然前往。哪里晓得，到了极乐寺，她正召开极乐寺的董事会，有五六位董事在会议中，我一个都不认识，修慧长老尼指着我，跟大家说："这位是星云法师，今天我们主要的议题，就是要把极乐寺交给他去领导，弘法利生，请大家鼓掌。"接着，修慧长老尼对我说："这里有七十多两黄金，还有一千多万台币，现在极乐寺请你来，我们已经在基隆市政府里，把相关的手续都办好了，财团法人、寺院登记，都改换成你的名字。刚才大家的鼓掌，就是请你担任住持了。"

我愣住了，我自信对各种场面都有应变的能力，但这时却让我犹豫，不知是答应好，还是不答应好。因为我有一个原则，不接受本省的寺庙，假如我要寺庙，我可以自己兴建。当初，嘉义圆福寺交由佛光山管理，是因为欠了税捐处二百万元，另外遣散费也要几千万，诸多债务问题无法解决，到最后只剩五天期限，若无法处理，圆福寺就要面临被拍卖的命运，真是情何以堪。经过他们的老里长陈斗棩一再请托，佛光山花了一两千万处理他们留下的问题，之后才交给佛光山管理。

在一九八〇年代初，一两千万是一笔很大的数目。虽然有圆福寺的先例，不过，我当时仍对修慧长老尼说："极乐寺是月眉山的派下，你有得到总本山的同意吗?"修慧长老尼说："几十年从来没有来往过，我已经不知道有总本山，我只知道有佛光山。"

关于这件事情，修慧老尼师是强人所难，但也情有可原。她已经是七十多岁高龄的老人家了，她有这样的心愿，我想了想，基于"为了佛教"，还有她把手续都已办好的诚意上，我就请佛光山依恒法师前去承继她的责任。另外，还花了五千多万买下"国有财产局"的土地，就是现在极乐寺大雄宝殿的所在位置；之后，又再经过大众的护持捐献，花了三亿多元的经费重建。可以说，接办一个寺院后，就加重佛光山常住的负担了。不过，我很感谢修慧长老尼和依恒法师、永平法师、满益法师、宗恩法师，她们在一起共住了多年，彼此相互尊重、谅解，新旧融和，才有今日极乐寺的风光。

修慧长老尼，性情刚正不阿，心直口快，教界和她来往的人，几乎都说和她相处不容易，但是她和我，还有和依恒法师她们相处，相互都很尊重，彼此从来不曾有过意见。尤其，这一位老人家，把极乐寺交给年轻的依恒法师主管，她自己就做一些细微的杂务，甚至于扫地、倒茶，她都甘之如饴。佛光山本山遇有法会，她都来帮忙厨房料理大众的饮食起居。

后来基隆极乐寺也举行过十多次的皈依典礼，每次都有数千人参加，算来也有万千的信徒皈依了。所谓"佛法弘扬本在僧"，出家人要负担起弘法利生的责任，假如自己能力不够，不要紧，要懂得交棒、懂得选贤与能，这也是能让道场法轮常转、法务不坠的原因。

修慧长老尼，于一九九九年往生，世寿九十二岁，她着实是佛光山早期的重要功德主之一。

圆融比丘尼

圆融比丘尼，一九〇六年出生，屏东海丰人。我知道圆融尼师她所主持的屏东东山寺，在台湾光复前，是日僧东海宜诚主领的布教所。记得我来到台湾后，应该是在一九五〇年代左右，就参拜过东山寺。那时候，谁人住持、东山寺兴办什么事务，我一概不知，只知道东山寺殿宇辉煌，庭园美观，是一个市区里非常适合修道的场所。我去东山寺参访的时候，适逢暑假，不少年轻学子在东山寺的树荫下、草坪上温习功课，我感觉到，这个寺庙有青年人在里面活跃，那必定是兴旺、富有朝气的寺庙。

圆融比丘尼

一九五二年，白河大仙寺传授台湾光复后的第一次三坛大戒，我还代理南亭法师前往担任尊证阿阇黎。其时，受戒的沙弥尼首天乙比丘尼，据闻就是圆融尼师的大弟子；又听说圆融长老尼的徒孙乙纯也是戒子，她们徒孙三代，都在那个戒期里一同受戒，一时传为美谈。基本上，东山寺和大仙寺，她们都有法派上的关系，只是当时我们初到台湾，也没有研究这许多台湾佛教的现状。

后来，和圆融尼师见面、访问、交谈，在佛教的场合里都有来往，假如用“女中丈夫”这句话来形容圆融长老尼，一点也不为过。她虽是女众，但有大丈夫的气概，说话一言九鼎，对于所有佛教的事务，她都能负起责任、承担责任。尤其，她热心弘法，热心佛教教育。我知道她没受过什么教育，但是在屏东县的佛教会，每周必定有人在屏东县各处举行乡村弘法活动。

她曾经亲自告诉我，她捐了三十万元给白圣法师，请他办“中华佛学院”；当然，后来并没有“中华佛学院”的出现，但圆融法师自己就在东山寺办起东山佛学院来了。圆融比丘尼请道源法师为院长，最初由会性法师做教务主任，请我做教师，后来由于道源法师没赞同而作罢。因为我给人的印象是一个新僧派，喜欢搞革命，一般保守的佛教都宣扬我的恶名。不过，我也很感念道源法师，由于他的刺激，虽然我那时候才刚刚有一个小型的寿山寺，自己就立志要办一个寿山佛学院，后来搬到佛光山，改名为“佛光山丛林学院”，至今已近五十年了。

圆融尼师，热心弘法、办教育、传授三坛大戒、举办结夏安居，经常资助全省佛教界的活动，放眼今日的比丘尼界，能有像她这般气魄为教奉献、热忱的比丘尼也不多见了。可惜天不假年，圆融尼师在一九六九年，以六十三岁舍报，若她能多住世十年，相信她会为人间创下更多贡献。

圆融尼师不喜欢别人称她为比丘尼，喜欢人们称她“圆融和尚”。回顾圆融比丘尼的一生，确实，她是寺庙里的住持大和尚，用“圆融和尚”称她也不为过。

妙本比丘尼

早期台湾和圆融长老尼一样关心佛教教育发展的比丘尼，还有台中后里毗卢寺的妙本法师。

说到毗卢寺妙本法师，她是一九〇二年出生的，出身台中县神冈乡的望族，和雾峰林家有姻亲关系。那个时候，台湾举家进入佛门的贵族为数甚多，如台中的灵山寺，等于是雾峰林家的家庙；妙本法师担任住持的毗卢寺，也等于是台中县神冈乡吕家的家庙；妙本和姊妹妙尘、妙观、妙识、妙湛、妙偏等人，先后完成了毗卢寺的各项建设。

妙本比丘尼

我在一九五一年初认识妙本法师时，她还没有落发，因为她在《菩提树》杂志上看到我一篇译自日本森下大圆先生的《观世音菩萨普门品讲话》，她觉得深合其意，就专程到新竹拜访我，希望我能够前往主持在毗卢寺创办的佛学院。

那时，正是李子宽居士决定将新竹青草湖的台湾佛教讲习会搬到台北善导寺，不愿续聘我的时候，我的前途有两个选择：一个是到宜兰弘法，二是到毗卢寺办佛学院。一九五二年底，我到毗卢寺了解察看的时候，一点办学的念头都没有了。

为什么呢？第一个原因是，虽然住持妙本对办学很热心，不过她的寺院日本色彩太浓厚，上下殿堂、进出房间都要脱鞋子，这是我第一个不习惯的。第二，毗卢寺所在的山上没有水。要办学，水源是很重要的，时代已经不同了，我不能教学生像我们过去住在山林的时候一样，每天还要到江边挑水。所以，我就只有感谢吕妙本的好意，跟她说明寺里缺水的困难。她也能够理解这是一个非常实际的问题，只有说等以后改善了再讲。就这样，过了农历新春，我就一心不二地到宜兰弘法去了。

经过这次接触以后，吕妙本和我并没有因为学院办不起来就互不来往。我记得在宜兰弘法的时候,她曾有两次前往探望。不过那时候,简陋的雷音寺和毗卢寺相比,简直像是土地庙与大丛林,她的毗卢寺,是一座现代建筑,金碧辉煌,位在山丘上,居高临下,风光明媚。犹记得我走访毗卢寺时,看到寺中有一横幅,是由近代佛学大家欧阳渐(欧阳竟无)题写的"毗卢寺"三个字,大为称叹。因为在当时,能拥有欧阳大师的题签,这可是台湾值得纪念的珍宝。

而宜兰雷音寺,是位在一个小巷道里面,汽车都开不到门口,里面还住了军眷。在面积只有三十多坪的小佛殿,殿堂里供了上百尊的佛神像;尤其,我的房间还和佛祖共用一盏电灯,实在是自惭形秽,完全不能相提并论。

吕妙本为我感到很惋惜,认为我到宜兰实在是太委屈了。虽然雷音寺和毗卢寺比起来相形见绌,但我并不觉得委屈,因为在宜兰这个地方有青年人,我就希望能接引这许多青年,相信只要我好好跟他们在一起相处,在将来,他们都会是佛门的龙象。我记得后来吕妙本也办过"佛教布教人员讲习会",可见她是很热心于佛教弘化事务的人。

一九七四年,吕妙本发心出家,由道安、贤顿、圣印三位法师为她主持剃度,随后在万佛寺求受三坛大戒。她出家后,更加热心于对法务、教育的推动,以弘法利生为己任,并且终于完成了她在一九五二年时就跟我提到的心愿——创办毗卢佛学院。我为了响应她的热心办学,还曾派了两个徒弟到她那里念书,表示我支持的心意。

之所以在这个章节谈起妙本法师,主要是因为最早她对文化和教育的关注,我引以为志同道合;后来虽然我们没有合作,各行其道,但是至今回忆起来,应该也算是我在台湾相当亲近的佛门道友了。

如学比丘尼

谈到台湾重视佛教教育的比丘尼，就不能不提到一九六九年在南投碧山岩寺创办“南光女众佛学院”的如学法师。所谓“不是一家人，不进一家门”，说起我和如学法师的因缘，还得先讲述她的师父玄深比丘尼。

玄深比丘尼

如学比丘尼

玄深法师出生于一九一三年，出身新竹望族，其主持的壹同寺，最早是她出家的祖母创设，算是一所私人的家庙。

和她的认识，是我还在新竹青草湖灵隐寺台湾佛教讲习会教书的时候。因为灵隐寺和壹同寺相隔只有一小时的路程，不是很远，我在上课时，玄深法师都率领徒众前来听讲，就这样结下了因缘。

后来，在我每个周末前往新竹城隍庙前街头布教时，她也常常替我翻译。壹同寺在当时新竹市的寺院当中，被认为是一个贵族的寺院，她们对外都没有来往，真可谓“门虽设而常关”，不过，她们在佛法上相当精进，不落人后，后来还办了壹同寺女子佛学院。

我感念玄深法师为教的热心、做人的高贵，所以就很愿意为她们服务。她另外一个徒弟叫如琳法师，一九八一年在竹东大觉寺晋山的时候，特地找我去送座，我也应命前往。就是这样的因缘，后来她还将竹东大觉寺交给佛光山管理。

如学法师和玄深法师同龄，也是一九一三年生，台湾新竹人，但玄深法师早她出家，并且继承壹同寺。因为玄深法师的关系，我和如学法师就像是同道一般，有佛门的友谊。尤其，一九五九年发生“八七”水灾时，如学法师的常住碧山岩寺被洪水冲毁，我特地前去探望，希望可以在南投帮她们安定人心，佛法再起。

结下了这样的因缘之后，一直到了一九七〇年代，如学法师请我去为她的徒众开示。原来，她希望比照佛光山建立僧团的制度和理念，成立一个“师子会”（师徒会），她要我去讲说师徒会如何成立。其实那时候，我也不懂她想要建立什么样子的团体，不过我想，她交给我这个任务，或许将来有因缘，她的弟子可以和佛光山的弟子联谊往来，大家共同为佛教努力发展。但世间事并不这么轻易都能如人所愿的，虽然如学法师自己对佛教的团结有着殷殷的期盼，但在人事纷纭中，她也无可奈何，而我终究也没有能帮她办成“师子会”。

如学法师是日本驹泽大学的高才生，可以说，是一位正牌的日本留学僧。“八七”水灾之后，如学法师在台北兴建法光寺，第一期工程才刚完成，她就开始筹备“法光研究所”，同时利用周末的时间，教导台北大都会的民众禅修。后来，她为了兴办佛教的高等教育，在一九八九年正式创设了“法光研究所”，真可说为了教育、为了弘化不疲不厌。

这些年来，有一点我觉得对不住如学法师的是，在一九八〇年代，文化大学创办人张其昀先生有意成立宗教学院，要我协助筹建玄奘馆。如学法师一得知，就率先出资一百万元。以那时候的价值，超过现在的一千万元了。后来，张创办人因年老体弱，已经无法处理校务，我把所有募得的款项，悉数交给文化大学新任董事长张镜湖先生处理。结果文化大学一直对玄奘馆没有交代，至今也没有下文。这就是我觉得对不起如学法师的地方。

不过，后来如学法师在美国洛杉矶创建了法光寺，其弟子禅光法师担任住持，和佛光山西来寺时有互动，轮流举办佛诞庆典、供僧法会等，信徒彼此也都相互往来。我想，这都是受如学法师的交代而影响的吧！

如学法师的身材高大魁伟，具大丈夫相，对佛教相当有远见，做人也肯牺牲奉献。我觉得，作为一个出家人对佛教有无贡献，就看他能不能喜舍布施，凡是能喜舍布施的人，他对社会的弘法事业必定都能展开，就怕只受人供养，自己一毛不拔，要想弘传佛法，这会是很难成就的事。

尤其，今后的社会，必定是一个服务的社会，谁能为社会服务，谁就能生存，谁不能为社会提供服务，谁就走不出山门。佛祖虽然坐在大雄宝殿里，但我们要知道，他的化身是遍满虚空、充塞法界的，二六时中，时时刻刻都在人间为众生服务，广结善缘。

所以，对于如学法师这样热心教育的比丘尼，以及其关怀社会、关心佛教事业的热忱，我们应该向她深深地合掌致敬。

慧定比丘尼

慧定比丘尼，台湾美浓人，一九二八年生，比我小一岁，小学毕业就出家了，她还有一个同龄的师兄名善定，她们的师父是在家的

在南部如莲花一般的比丘尼师兄弟善定、慧定于高雄美浓朝元寺。前排左起：明常老和尚、能净老和尚；后排左起：慈惠、善定、妙然、本人、煮云、慧定、天机等法师

师姑，师公能净老和尚，是一位有德的高僧。那时候的台湾佛教，以为住在寺院修行的师姑就是出家人，不过，没有落发，在中国佛教的传统上总不被认同，后来她们的两位师姑，为了徒弟，也就跟着落发出家了。

慧定和善定都读过“台湾佛教中学林”，一九五一年，我在台湾佛教讲习会担任教务主任的时候，她们也在其中读书。可以说跟我亲近最多、后来影响最大的，也是她们师兄弟二人了。

在台湾埔里，有彩蝶翠谷；在美浓，有黄蝶翠谷，黄蝶翠谷就在朝元寺边缘。朝元寺位在美浓的深山里，地址是竹头角广林里九号。从美浓市区进去，要经过两次涉溪而过。能净老和尚就是因为涉水不慎而圆寂，所以徒弟们就发心把桥修筑起来了。

慧定、善定在讲习会读过书，接受大陆佛教丛林的思想训练，师兄弟二人都非常聪慧，闽南语、客家话、日本语都是一流的。以此因缘，后来我在高雄建了寿山寺，由于我自己不想住持寺庙，就请慧定和善定她们两位来担任当家。

但是，当时她们也有朝元寺要发展，实在难以兼顾。加上慧定又想到日本攻读学位，而我也要筹办寿山佛学院，大家弘法的方向不同，所以，她们只在寿山寺当家了一段时期，之后慧定就到日本立正大学，和圣严法师、净海法师成为同学了。

这二位师兄弟，因为崇拜中国佛教的传统，自从讲习会毕业之后，回到朝元寺，就把过去台湾寺庙神佛不分的情况完全革除，改为纯正的佛教寺院。当初，能净老和尚修这座寺院的时候，建材都要从台南购买，慢慢地将一砖一瓦挑到美浓寺院的现址。想起那时工程的困难，实在比现在的台北一〇一大楼还要浩巨。

能净老和尚圆寂后，慧定、善定二人增建了朝元寺的厢房，也如佛光山有朝山会馆，许多的客堂、教室，另外也设有关房。圣严法师曾经在朝元寺两度闭关，前后共六年。南亭法师、东初法师、道安法师，都因其二人思想先进，与中国佛教契合，所以曾先后在朝元寺短期驻锡。可见，朝元寺在台湾光复初期，可以说是最早和大陆佛教融和的台湾寺院了。慧定后来也把弟子融文、融慈送到佛光山丛林学院就读，融文毕业的时候，我特别写了“融文是为真佛子，学慧能成大丈夫”（学慧为融文的内号）的联语送给她，她至今仍保留着。

我与朝元寺还有一件难忘的因缘。佛光山的大慈育幼院曾经养了一只土狗“黑虎”，住在对面佛光精舍里的老人家，抱怨“黑虎”经常乱吠，扰人安宁。为了解决这个问题，我只得另外找了一

主持花莲慈济综合医院安基典礼，代表佛教诸山长老致辞。左为慈济功德会证严法师（一九八四年四月二十四日）

只温驯的小狗，安抚育幼院的院童，同时，请朝元寺的慧定法师收养“黑虎”。八年后，我和慈容法师及徒众访问朝元寺，“黑虎”竟然还记得我们，热烈地摇着尾巴表示欢迎，亲热地跟前跟后，对于我把它送走的事，一点怨尤之色都没有，实在令人感动。

虽然朝元寺是在穷乡僻壤的深山里，但慧定、善定师兄弟二人，弘法利生不落人后。因为寺院距离乡镇较远，即便现在有公路通行，也要花上半小时的车程。所以那时她们就在美浓镇上购地，办有慈能幼稚园，办得有声有色。

我提起她们的主要原因，是因为她们师兄弟二人没有地域观念，不分本省外省，也不论亲疏，只要是为了佛法，大家有志一同，不分彼此，都可常相来往。并且，她们从国民小学一毕业就献身佛教事业，建寺、办教育、弘法度众一直到现在，至今已经是八十多岁的老人，为教的热忱仍然不减，这对本省比丘尼来说，应该要以她们作为模范。

总结

台湾的比丘尼很多，有的发展慈善，有的推动文化，有的兴办教育，有的从事教化，都为佛教写下了不平凡的历史。例如创办华梵大学的晓云，慈济的证严，香光寺的悟因，台北大佛寺的能定，慎斋堂的普晖，弘誓学院的昭慧、性广，慈明中学董事长常露，香云寺的明虚，圆照寺的敬定，前佛青会理事长修懿比丘尼等；另外，还有更多的优秀比丘尼，都是一方之主，她们也都很发心护教，广传佛法。

现代的比丘尼，真是为佛教撑持了半边天。

日月长经
生命光辉！

星云

长者居士们的贡献

佛教的长者，对佛教都有很大的贡献。
从李炳南居士主持莲社，
周宣德居士广度青年，
朱镜宙居士印行佛经，
蔡念生居士以藏经为命，
周邦道居士淡泊名利，
张剑芬楹联高手，
赵茂林居士为法传教，
他们为佛教的功绩，
处处都跃现在我们眼前。
假如说，佛教有健全的教会，
这许多大德们都应该给他们金牌奖章。

佛教有四众弟子，所谓比丘、比丘尼、优婆塞（男居士）、优婆夷（女居士），这四众弟子在佛教里，尤其是对今日台湾的佛教，可以说都有莫大的贡献，这也足以证明：四众同心协力，佛教才能普遍十方。

早在民国初年，大陆的一些佛教居士，如杨仁山、欧阳竟无、唐大圆、韩清净、黄智海、章太炎等，都是一代大儒；由于年代关系，我和他们没有来往过。但是在台湾，倒有一些有佛缘的在家居士，我和他们也曾结过一些法缘，今仅凭回忆，略述如下。

李炳南

首先要介绍的是李炳南居士。李炳南（下称炳老）名艳，字炳南，号雪庐，山东济南人，一八九〇年出生。一九三七年起，即一直担任"大成至圣先师奉祀官府"的主任秘书之职，也就是孔子奉祀官孔德成先生的秘书长。

过去孔子奉祀官是政府一个特任官的职位，炳老担任孔德成先生的秘书多年，直到九十岁才请辞退休，所以他曾自嘲为“政府最老的公务员”。事实上，早在一九二〇年他就当过大陆莒县的典狱长；一九四九年来台以后，先后担任中兴大学、东海大学、“中国医药学院”教授，在台湾数十年都居住在台中，直到一九八六年去世，世寿九十七岁。

由于炳老早年皈依印光大师，一生致力于弘扬净土，他在台中创建佛教莲社，领导念佛；光复后的台湾，最初念佛风气之盛，绝大部分与炳老提倡净土有关。

炳老在一九五〇年，与董正之、徐灶生、朱炎煌、张松柏等人筹组、成立台中佛教莲社，每个星期定期念佛，每次集会都有数百人，一直维持至今不辍。

说到当年的台中佛教莲社，真是犹如古代慧远大师的东林寺，他们念佛共修，成就道业者众，在《念佛感应往生记》中，记载了不少念佛感应的事迹，如李清源、林清江等居士往生净土，都有明证。甚至该书作者林看治居士，本身也如愿往生西方，火化后得数百颗舍利子（见《念佛感应见闻记》）。他们都是佛教莲社的居士，能够修行有成，真可谓“古有慧远，今有雪庐”。

一九五五年“中华佛教文化馆”发起影印大藏经活动，我与南亭老法师组织“影印大藏经环岛宣传团”，当我们巡回到台中时，也承佛教莲社大力支持。炳老不但对国学、净土的义理多有发挥，据说他对佛学的表解就有数千则，雅俗皆懂。尤其《十四讲表》，在大专学生里流传甚广。

因为炳老对儒学、佛学都有精湛的研究，常以学人自居，与他来往的居士，如周邦道、蔡念生、周宣德、董正之等，都成为他的崇拜者。后来炳老也收皈依弟子，他们都自称是李老师的学生，不称师父。

他的学生很多，在当时的台中佛教，炳老堪称为王；其时能在台中与之分庭抗礼的，就属圣印法师了，所以我也曾赞叹圣印法师了不起，他在台中建设慈明寺与万佛山，与炳老一僧一俗，都为台中佛教写下一时之盛。

一九七〇年，炳老创办《明伦》月刊，炳老尤其重视檀讲师（居士）的培训，他于一九七四年在美国船王沈家桢居士的资助下，创办"内典班"（内典研究班），目的就是为了培育弘法人才。其门下弟子如朱斐、邓慧心、许炎墩等，都是佛教莲社的重要干部，在他们的协助带动下，一时念佛在台湾蔚然成风。当时邓慧心居士因听从炳老的意思，与朱斐居士结婚，其对炳老的崇拜，可见一斑。

炳老精通世学、佛学，基本上是儒佛兼弘，但实际上是儒为体，佛为用。他也曾专习医学，人又慈悲、热忱，所以在度众上真是得心应手。在初期台湾的经济不怎么发达时，他就如慈济一样，到处救济，曾经获得海内外信徒的赞助，创立菩提医院、慈光图书馆、乐队、口琴队、文艺班等，熔新旧于一炉，引导青年，避开僧团，以老师之称，收徒纳众，有别于佛教僧团，也为佛教开辟出另一番天地。

炳老对于净土的信心丝毫不能动摇，印顺法师曾著有《净土新论》，内容对于西方净土稍有批评，炳老就在台中倡导焚毁《净土新论》，闹成很大的风波。不过印顺法师做人也很随和，他知道自己初到台湾，不愿意和庞大的居士集团对立，所以在菲律宾弘法时，向菲律宾的信徒募集净财，捐献给炳老兴建"太虚纪念馆"，于一九六五年动工，楼上供奉释迦牟尼佛像及太虚大师画像，作为大殿及讲堂，提供病人及老人做早晚课诵之用，楼下则为办公之用。

与煮云法师(左一)、南亭法师(右二),影印大藏经弘法团抵台中,李炳南老居士(右一)接驾

炳老在《菩提树》杂志上刊登佛学问答,数百期从未间断,编有《佛学问答类编》上、中、下三篇。其在早期在为佛教徒解除疑难上,很有贡献。

对于炳老,信仰他的人认为他一心弘扬净土,难能可贵;批评他的人认为他过于执着。佛法不是只有净土一宗,除净土之外,还有很多法门,他不应该独尊净土,排斥其他宗派,只是专弘净土。

不过炳老的净土这一系,至今在台湾佛教还是继续发挥着力量,所以对于台湾念佛法门的推动,他有一定的功劳。而在台湾的居士集团,以信仰为中心的,也只有炳老这一支了。一些居士都称炳老为恩师，实际上以他九十多岁的高龄，德高望重，也有这个条件，堪称一代宗师。

可惜生前没有重视传人，所以炳老一去，台中佛教莲社就失去了领导，幸好《菩提树》杂志有朱斐，瑞成书局有许炎墩，菩提医院及菩提救济院有于凌波继承遗志；另有王炯如在《菩提树》杂志连载佛教漫画等，都为炳老的佛教事业延续于一时。

只是这许多人也垂垂老矣，其中于凌波居士业已往生，其在二〇〇四年编纂的《现代佛教人物辞典》，由佛光文化公司出版。书中对炳老的一生有详尽的介绍，当可告慰炳老，并供后人缅怀。

周宣德（周子慎）

对台湾佛教相较有广泛贡献，甚至比李炳南居士更具有影响力的，应该要算周宣德居士了。

周宣德又名叫周子慎，江西南昌人，一八九九年出生。一九四六年受政府派遣，来到台湾接收台湾糖业公司，后奉命担任台中后里月眉糖厂厂长。我认识他的时候，他已经在台湾糖业公司担任人事室主任。

据说他最初是信仰基督教，在和杨秀鹤女士数次辩论之后，终于改信佛教。他对台湾佛教影响最大的，就是我请他参与佛教青年运动；因为我知道佛教需要青年，青年也需要佛教，所以在一九五三、一九五四年的时候，就想发起青年信佛运动。后来有了一个机缘，知道台湾大学等多所学校的青年，如王尚义、吴怡、张尚德等人，愿意来参与佛教的集会，于是我就把二十余位青年约在善导寺见面。

会中，这些青年朋友们说，现在要叫青年人走进大雄宝殿，可能不容易，应该先有一些方便，来接引青年人亲近佛教，例如郊游

与周宣德居士合影(佛光山宗史馆提供)

等。确实,那个时候佛教没有活动,郊游、参观寺院倒是一个好办法。于是我们约好,第一次的集会活动,定在四月的某一个星期天,地点在中和乡圆通寺,人数以八十人为限。因为那时候连坐个大巴士、游览车的钱都负担不起,所以只有叫学生们前往圆通寺,大家在那里见面。

会议商量过后,悟一法师就语带警告地对我说:"你下次不要再把这许多青年人带到善导寺来,为了这许多青年人,就要花去多少费用,这我们可负担不起啊!"我一听,心里一急,想到这怎么办啊?我在台北没有一个落脚处,总不能老是和青年人在路上会面啊!

既然善导寺不准,就表示佛化青年的因缘还没有成熟。不过就在这个时候,我看到前来参与的周宣德先生还在善导寺院子里,尚未离开。我一个小跑步上前，说道："周居士，礼拜天在中和圆通寺和青年的会见，由于那天我有特殊的事情，恐怕不能参加，拜托你去领导他们好吗？"

周居士一听，非常欢喜，满口应承，他说："没问题，没问题！"接着我说："总要买一点香蕉、糖果带去，当成点心，以增加郊游的乐趣！"周宣德当然也知道我很为难，立刻又承诺："这个没有问题，这个没有问题！"周居士的慨然允诺，让我如逢大赦，觉得这一切都太美好了，真有得救之感。后来周宣德先生也就因此一手接办起大专青年的活动。

周宣德实在是一位很热情、很发心的居士，他在各大学都成立了佛学社团，如台湾大学的晨曦学社、师范大学的中道学社、政治大学的东方文化研究社、中兴大学的智海学社等。

他不但成立社团，提升大专青年学佛的风气，而且透过南亭法师的介绍，认识了旅居加拿大的侨领詹励吾先生；由于詹先生的发心，将位于台北重庆南路一段精华地带的一栋四层楼房出售，并将所得款项，全部捐作大专学生奖学金。所以一时之间，全台湾各个大专学校纷纷以学佛，乃至能获得这个鼓励为荣。

詹励吾先生，又名詹昱斋，一九〇四年出生，江西婺源人。詹先生对于台湾教育的热忱，对青年学佛的贡献，居功甚伟。他多次把私产变卖，除了作奖学金以外，又成立"慧炬学社"，作为奖励大专青年长期活动的一个机构，并且印制书籍，分送给大专青年。如过去李恒钺居士的《向知识分子介绍佛教》、尤智表先生的《一个科学者研究佛经的报告》，以及王小徐先生的《佛学与科学之比较研究》等，印行了不止数十万册，分送给青年阅读。

詹励吾先生对大专学生的所有捐款，全都委托周宣德居士在台北主其事。他们之间的交流经常是靠书信往来，十多年间从未谋面;但我有机会旅行到加拿大,倒是和詹励吾先生有过一面之缘。

他曾经想把加拿大尼亚加拉瀑布边一百七十英亩的土地,捐献出来作为世界弘法中心。可是那时候我很年轻,一来不会英文,二者觉得加拿大稍嫌过远,所以也就不敢承当了。后来听闻他有意请圣严法师前往主其事,为此我还特地去找台北的张少齐居士,那时候他是"中华佛教文化馆"董事长,我请求张少齐居士把这一个基金会让给圣严法师,我想他当能向世界推展佛教。

后来加拿大的世界弘法中心虽然没有办成功,不过圣严法师在台湾的法鼓山,倒是办得轰轰烈烈。这也可以说是不可思议的缘中缘。

周宣德居士和僧团很少接触,基本上他对佛教的僧团并没有太多的重视。不过,那时候台湾热心的居士们如李炳南居士等,倒是经常召开会议,共商佛教的未来。

一九六七年,我在高雄县大树乡创办佛光山。到了一九六九年,因为已经有了简陋的教室,我就想举办大专青年佛学夏令营。但其时大专青年活动的这一区块,好像全由周宣德包办了,能获得他的同意,得以举办活动来接引青年学佛的,就只有台中的明伦学社和莲因寺的斋戒会了。

不过,当时我在佛光山开办大专青年佛学夏令营时,也邀约了周宣德前来担任讲师;他念及我过去和他共度青年的因缘,毫不迟疑地答应全力帮助我。加上这时我也有"救国团"给我很多的因缘,所以后来佛光山和大专青年,也就因此结下了不解之缘。

周宣德居士热心佛教的程度,已经超越了对公家职务的用心,我知道那时他是台糖公司的人事主任,实际上我看他都在佛门里举办一些青年活动。例如我为了大藏经的发行,在做环岛宣传时,有一次,我人在斗六,他特地开了一节火车,把我们青年弘法团的数十人,带到彰化溪州的台糖总公司去宣讲佛教。

周宣德居士是一个充满活力,做任何事情都能担当、负责的人。晚年长居美国,仍倾全力设立了南加州慧炬社。现在台湾的大专青年活动,要找一个像他这般热忱、发心的人,实在不容易。不过,台湾的教育生态也一直在改变,现在台湾佛教也有一些是出身于过去大专青年佛学社团的人才,目前分布在海内外,可以说也替佛教增加了光彩。

佛光山开山初期,也承蒙周宣德居士的不弃,多次来山关怀大专青年的运动。总说当时台湾青年学佛的系统,一是周宣德的慧炬学社,二是佛光山的大专佛学夏令营,三是在台中莲社设立的明伦社,四是莲因寺的斋戒会。但是现在还在继续不断努力的,有佛光山的青年团,包含了百个大学以上的数千个团员,并且每年举办多次的活动。

在佛光山的台北道场,有专设的青年团办公室,其活动的范围已不局限于学校的青年,逐渐地也往上拓展到社会的青年,甚至往下扎根于高中生。乃至和国际佛光会举办的人间佛教读书会合作,并与国际佛光会在世界各地的青年团,都经常互相交流。

例如,二〇〇一年青年团在马来西亚的绿野仙踪国际会议中心举办了八千人的世界青年活动;二〇〇五年参加联合国 NGO 组织友善大使基金会所举办的“第二届国际青年会议”。甚至由青年团的青年所谱曲的《和谐》(Harmonize)一曲,也承蒙联合国认定,作为联合国倡导、推展的音乐。二〇〇九年,青年团更于日内瓦联合国会议厅出席“国际青年参与联合国事务入门”圆桌会议。近年来甚至远至巴西、印度、菲律宾等国家做“公益旅行”,为当地的儿童、老人服务。

不过，现在我们要虔诚祝福周宣德居士、詹励吾居士，希望他们的在天之灵，还是要继续帮助台湾佛教青年的发展；因为佛教唯有重视青年，才会有未来的希望。

朱镜宙

论及台湾百年佛缘，对台湾佛教有重大贡献的，除了上述李炳南、周宣德两人之外，再有应该就是朱镜宙居士了。

朱镜宙居士，浙江乐清人，一八八九年生，一九八五年去世，享寿九十六岁。因为乡居靠近浙江雁荡山，所以又称“雁荡老人”。

综观朱镜宙居士的一生，曾做过财政厅厅长、税务局局长、军需处处长，以及从事新闻编辑、总编辑、主笔多年。他是章太炎的女婿，章太炎的第三位女儿就是嫁给了他。

我想他一生最大的事迹，第一就是做了蒋介石的基本干部。他二十四岁加入国民党，在大陆期间，一直受蒋介石的调遣，也算是“忠党爱国之士”。来到台湾之后，又担任“光复大陆设计委员会”委员。

第二，他曾受大总统徐世昌资助三千银元，周游东南亚各国，进行考察，开阔视野。所以，后来他在川康藏各地管理税务、财务，对国家深有贡献。

朱镜宙居士身材不高，也不胖，但是精神活力高人一等。因为信仰佛教，所以初到台湾时，看到台湾佛教几乎是一片文化沙漠，便创建台湾印经处，发心印行经书流通。

在那个时候，佛教书籍可谓一书难求，但是台湾印经处大量地供应，几乎只够回收成本，泰半是以赠送为多。当时印经事务乃由他的得力助手周春熙居士主其事，每个月都有多种经书出版。我们在各地讲经时，没有经本根据，都会向台湾印经处请购，有的一本五毛钱，也有的一本一块钱。所以在流通法宝方面，他和香港佛经流通处的严宽祜，同样都是让法宝重光、法音宣流的模范，可以说功德无量。

朱镜宙居士的信佛因缘，有一说是因为见到太虚大师，太虚大师送给他一本《金刚经》，他读了忍不住痛哭流涕，深受感动而皈依佛教。

又有一说，他曾经在夜间走路时，看见一位女子在前面行走，起初不以为意，后来发现她竟只有半身飘浮于空中，一时大为吃惊，吓出一身冷汗。为此，他感到世道奇妙，对于人间“灵”的世界有一份好奇，因而皈信佛教，希望进一步探讨。

我和朱居士是在台北结缘的，我们经常在善导寺见面。但是我发觉朱居士看我们似乎不太顺眼，好像一直很想对我们有所教训、开示，只是他也摸不清我们的底牌。既然大家在善导寺的大雄宝殿里见了面，就天南地北地聊起来，有时也是各说各话。

据我的观察，朱镜宙居士是属于传统佛教的一派，他的观念里，认为出家人还是应该保留苦行僧的形象；和台中佛教莲社李炳南居士等人类似，他们并不希望僧侣走向社会，而是留在山中寺院自修自了，也就是所谓的“为僧祇宜山中住，人间社会不相宜”。

其实，佛法要在大众中求，连佛陀都说他在众中；僧团就是一个“众”，要在众中才能成佛，离开了群众哪里有佛呢？所以后来我到宜兰主持宜兰念佛会，为了让道场里不是只有几位老公公、老婆婆在那里专修念佛，我成立了弘法团、学生会、文艺班、歌咏队等。

当时我引导青年人唱佛歌，宜兰中学的杨勇溥老师对我的帮助最大。我写好歌词，他为我谱曲，如《西方》、《钟声》、《弘法者之歌》等，就是在那时候完成的。

他除了谱曲以外，也教唱，而我则只是替来唱歌的年轻学生们搬凳子、张罗歌谱罢了。那时候因为生活穷困，我对杨勇溥老师，几乎是连倒一杯茶请他喝都很为难。所以在这种艰困的环境中要推展佛法，只有靠着青年人对唱歌的爱好了。

当时我甚至于在念佛共修结束后，也都是用一曲佛歌作为圆满。在台北的朱镜宙居士听到这种情况，深不以为然，认为我败坏佛教，对我满怀嗔心，甚至要把我除之而后快，这也可见朱居士信佛的性情之刚烈了。但是每当有人告诉我这许多朱居士的有关看法时，我一点儿都不介意。事实上，我和他在台北会面的时候，他并没有对我表示不满、反对，我们还是客客气气地对待彼此，更是经常天南地北地谈话。

朱居士创办的台湾印经处，我也是他们的重要主顾之一，无论我行脚到哪里、弘法到哪里，都会介绍大家向台湾印经处请购佛书。因为那个时候没有广告，也没有传真，更没有网络，一切的东西要推行，只有靠口耳相传。

为了台湾印经处，我特地在宜兰念佛会设立一个分处，摆放一个橱柜，里面专门陈列台湾印经处印行的书籍。所有书籍，都是我背回宜兰的；因为不值几个钱，所以我就拜托当地的一位老尼师，我说："妙观师，请你代为看管这个橱柜，如果有人买书，卖了的钱就是你的。"

多少年间，从我这个橱柜里卖出的书，全部所得都是交给她，我从来没有拿过一毛钱。现在想想，我这个人还真奇妙，我自己不也没有钱吗？为什么卖了书的钱不要？我想，最主要的，还是由于自己不贪。

台中佛教三老：右起蔡念生、李炳南、朱镜宙（于凌波提供）

后来我在台北三重成立佛教文化服务处，还是以专门流通佛教文化书籍为主；台湾印经处的书，当然也是我服务、推介的重要对象。这一切的一切，朱镜宙居士可能都不知道，但是替他工作的周春熙应该非常了解，因为我向台湾印经处，一百本、两百本地订购，都是周春熙居士为我包装的。

过去朱居士在世时，我们无暇谈论于此，今天为文至此，不禁要和朱居士报告一声：你我虽然思想不同、看法不一，但是为了佛法，我们还是殊途同归啊！

朱居士在中青年的时代办过许多杂志、报纸，在文化宣扬上有许多的贡献。来台后，他已经逐渐进入中老年时代，这时他转而弘扬佛法，态度非常认真。

据闻他曾在厦门大学担任过教授，但是他的浙江口音实在不敢恭维，比蒋介石先生的浙江话还不容易听得懂。另外，听说他初到台湾时，也在观音山闭关过，晚年时在台中正觉寺居住；

他为佛教宣扬，佛教也照顾了他，这应该是信者、受者，各有所得吧！

蔡念生

居士弘扬佛法，除了上述三位以外，其实有佛缘的居士，可以说比僧侣更多，就如我接触的"国大代表"蔡念生居士，也是其中之一。

蔡念生居士，安东省（中华人民共和国成立后废止）人，一九〇三年出生，他是安东省的"国大代表"，在我认识蔡念生老居士时，他就一直投稿给《人生》杂志，而且是长期不断，也不计稿酬。

我曾经到他府上拜访过，见他在炎热的夏天里，穿了一件无袖背心，满身大汗地伏案疾书。他在佛法的研究上，下过很深的功夫，著述也多有见解。他的著作《鸟兽春秋》上、下册，就是由我成立的佛教文化服务处所出版。"鸟兽春秋"这个书名是我替他取的，奇怪的是，那时候没有人买这本书；现在想起来，这本书实在是不错，不知为何会如此？

其实，当时他是为了帮我的忙，因为他看到我的佛教文化服务处想要出书，但却没有书可以出版；为了捧我的场，所以索性就把《鸟兽春秋》这本书交给我出版了。

我和他来往的机会很多，他实在是一位恂恂儒士，为人正直，对我们青年僧侣尤其爱护、尊敬，所以今日回忆起他的道貌形态，还是非常感念，永铭于心。

记得当时初来台湾的"国大代表"，都很贫穷，大概是因为那个时候才刚选过"总统"就撤退到台湾来，而"国大代表"要靠开会才有收入，没有开会，恐怕连吃老本都很困难。

蔡念生居士块头很大，讲话非常豪爽，一有所论议，总是滔滔不绝。他除了自己写作之外，也很关心佛教文化，他曾经和赵恒惕、钟伯毅、屈映光等许多国民党元老，发起影印《中华大藏经》。

我也参加过他们几次召开的大藏经会议，觉得蔡念生居士其人有一股傻劲，那时《中华大藏经》的发起人虽多，但是对于印行大藏经，蔡居士有一股舍我其谁的勇气。

可惜《中华大藏经》只是影印本，并未予以整理。但是蔡念生居士确实为历代所有的藏经版本，都做过一番审查，并且出版了一本《三十一种藏经目录对照表解》，工程非常浩大。

尽管《中华大藏经》的印行，只是保有前人的智慧，并没有增加新意，但毕竟那时候宣传大藏经最方便的方法，就只有影印，况且几年才出版一本，可见其经费困难。

后来佛光山发起编纂《佛光大藏经》时，我把它分为十六类，其中最困难的五类，现在已经出版了，其他也即将完稿。若能再假以两三年的时间，集合四十年的岁月，总能完成《佛光大藏经》的出版。

佛光山编纂的《佛光大藏经》，是经过重新标点、分段、考证、校勘、编订、排版后，再加以印行出版。这一切工程都由佛光山的比丘尼主其事，先后有慈怡、慈嘉、慈惠、慈容、依淳、依空等人负责编修，希望能在二〇一五年，把这一套《佛光大藏经》全藏出版。

我觉得，蔡念生居士的《三十一种藏经目录对照表解》，将来与《佛光大藏经》相互参考，必定有其意义。

蔡念生居士又名蔡运辰，“念生”是他的号。他为《中华大藏经》担任总编辑，花了二十年的时间，在没有薪俸、没有人鼓励的情况下，不分春夏秋冬、寒暑岁月，在斗室里埋头苦干；只要一有多余的时间，便为《人生》杂志和《菩提树》做长期撰述。有人说他国学渊博、佛学深厚，信有然也！

蔡念生居士十六岁便参加秀才考试，那时他和老师同赴考场参加考试。放榜之后，他是第二名，而他的老师是第五名。其实主考官本来是要把他列为榜首，只是从他的字迹上看去，应该是个年轻人，担心他从此骄傲，所以就把他改列为第二。但是从这一次考试之后，他也就有了"神童"的称号。

另外，他十八岁的时候，出生地凤凰城的县长沈观澄，要修凤城县志，便邀请他和他的老师同来担任编辑，两人花了两年的时间，编成了四大册，出版后叫作《凤城县志》，直到现在，美国的国会图书馆都还保留了一部。

蔡念生居士二十岁的时候就步入了仕途，在奉天省（今辽宁省）分别担任了科长、秘书及省府秘书长。一九二八年，张作霖被日本人预先埋藏的炸弹给炸死，当时蔡念生就在同一列火车上，也被炸伤了。

一九四九年，蔡念生居士全家一起来台，住在台中市。由于当时台湾刚光复不久，各地寺庙都保有日本佛教的遗风，他很排斥日本佛教的作风。为了消除这些陋习，他便在《人生》、《觉世》、《菩提树》等佛教刊物上撰写文章，弘扬大乘佛教。

蔡念生居士是个怀抱理想、坚持信念的人，在莫德慧出任"考试院院长"时，请他当秘书长，他却怎么都不肯答应，一心一意只想印行大藏经，也不是为了钱。可以说，他的一生完全都是为了信仰，虽没有像李炳南居士那样传教，也没有像周子慎居士那样办理佛教事业，就只是默默地在家里写作、编藏，但其实他的功德也不亚于其他人。

从一九五七年到一九七七年这二十年的时间里，蔡念生居士除了埋首在藏经的印行工作中之外，也在佛教杂志上撰写文章，后来结集出版的有《人生漫谈》、《护生诗抄》等。

周邦道

在我初到台湾期中，有些在家信众不但社会地位高，信仰也很虔诚。当中有好多是“国大代表”，甚至是“院长”、“部长”等，他们对佛教都很热心参与和护持。例如曾任“司法院院长”的居正先生，每次我在台北参与“仁王护国息灾法会”，或是由我主办的一些法会，只要邀请他，他不但参加，并且出面当主事者。

再如曾任“监察院院长”三十四年的于右任先生，人称“美髯翁”，晚年自号“太平老人”，为人亲切平和，没有官僚架势。他也是近代中国知名的书法家，曾送我多幅书法，可惜当时居无定所，没有地方悬挂，后来都遗失殆尽，也不知流落何方了。

周邦道居士

接着要说的是“考选部部长”周邦道先生，他虽然身居要职，但是崇信佛教，为人谦和有礼，生性淡泊无争，没有一般官场的习气，所以也是我非常尊敬的一位学佛长者。

周邦道居士有“民国状元”之誉，早在一九三一年，当时中华民国在南京第一次举行高等考试，周邦道居士参加应试，获得榜首。这以古代的制度来说，就是所谓的“状元”。

周居士字庆光，号“龙雾居士”，江西瑞金人，一八九八年出生，一九四九年来台，一九九一年去世，世寿九十三岁。他在一九四五年，即曾主持过国家考试院；到了一九四八年,中华民国颁布“行宪”令后,周邦道以最高票当选第一届江西瑞金县的“国大代表”。

来台后,曾任“考选部部长”,并先后担任中兴大学(时称台湾省立农学院)、“中国医药大学”(时为“中国医药学院”)等多所大专院校的教授,以及“中国文化大学”佛学研究所所长,被尊为“教育方家”。早年任职教育部编审时,就受历任“教育部长”李书华、朱家骅、王世杰、陈立夫等人的器重,后任江西教育厅厅长多年。

与佛结缘很深的周邦道居士,礼敬李炳南居士为老师,跟随他学佛。早年也曾皈依过虚云老和尚,并且在一九五二年依止证莲、斌宗法师受五戒与菩萨戒。一九七五年到一九七八年期间,我和他曾共同当选“中国佛教会”常务理事。只是我们在佛教会里都是边缘的人物,并不能有所作为。

周居士服务公职多年,工作勤奋,例如,于凌波居士在台中办了一所高中,请他担任校长;他每天主持升旗、降旗,晚上监督自修,到了深夜还在为学生改稿。他信仰虔诚,对人非常尊重,跟这种人来往,也只有淡泊名利的人,才能互相了解。

他的夫人周杨慧卿女士,几乎是佛教莲社每周必到的信徒;数十年持诵大悲咒不断,后来相传其所持诵的大悲咒水非常灵感。由于他们夫妻伉俪情深,夫唱妇随,彼此从未有过疾言厉色的争执。

现在国际佛光会正要表扬“佛光模范人家”,假如周邦道居士夫妇还在世的话,必然当选无疑。

张剑芬

和周邦道居士一样是高考状元的“三湘才子”张剑芬,十九岁

于佛光山大佛城三湘才子张剑芬所撰写的“接引大佛碑记”前(陈碧云摄)

就担任县长。来台后担任台湾银行襄理,我和他认识、往来,应该就是从这个时候开始。

张剑芬居士是湖南湘潭人,宣统二年出生,自号“无净居士”。一九五三年,我在编辑《今日佛教》杂志时,他为我写了许多佛教的成语故事,如顽石点头、胡说八道、盲人摸象、空中楼阁等,他都能写出种种的典故,可见其研究佛学非常用心。

他不善于攀缘,也不长于交际,但他有一个最大的特长,就是为各佛教寺院道场书写楹联。他也曾替佛光山写过一些对联,至今都让我赞叹不已。例如,佛光山大雄宝殿供奉的是三宝佛,中间是释迦牟尼佛,两边是阿弥陀佛和药师琉璃光如来。他写来的对联，上联是："兜率娑婆去来不动金刚座"，下联是："琉璃安养左右同尊大法王"，把三尊佛像都作了介绍和赞叹，不但符合主题，而且对仗工整，实在堪称为"绝对"。

此外，他又为佛光山万寿园题写："永念亲恩，今日有缘今日度；本无地狱，此心能造此心消"，也是非常贴切。尤其，台北的悟一法师和他交情也非常深厚，他也为悟一法师作了一副对子："迷即众生悟即佛，二不成双一不单。""悟一"这两个字，要嵌到对联里可以说非常困难，但他信手拈来，佛法奥义尽在其中，真是令人拍案叫绝。

他也曾以我的名字书写一副对联："星辰影里那伽定，云水光中自在身"；尤其在一九七七年，佛光山开山十周年时，他又替我写了《佛光山开山记》。坦白说，当时佛光山仍属草创阶段，百端待举，实在并无繁盛可陈；但是经过他的生花妙笔，还是把开山的艰辛历程描写得十分深刻。后来我在佛光山东山建了一尊一百二十英尺的接引大佛，特别造了一座大佛碑亭，将全文镌刻其中。

一九七六年我在佛光山兴建佛光精舍，当时就想到，过去很多护持佛教的功臣、护法，我们应该对他们有所回报，所以愿意提供十个房间，专门供给有功于佛教的居士们，作为退休养老之用。我觉得他们一生为佛教奉献，到了晚年应该要有人奉养。

当时我列的名单有：张剑芬、赵茂林、冯永桢、王郑法莲等等；当我要把这十个房间提供给"中国佛教会"，由"中国佛教会"颁发给他们的时候，悟一法师沉着脸教训我："你以为你了不起？只有你能代表佛教做好事？你知道，你洗脸碍到鼻子，难怪很多人不喜欢你。"这时我很讶异，也忽然发现，原来发心为了佛教做事，有时候也不见得能得到别人的认同与谅解。

一九七九年张剑芬居士因病逝世，由于他在台无亲无友、无子无女，对他俗世的生活我也不太了解，所以他的后事都由我处理。甚至于在他晚年时需要洗肾，经费也都是由我负责。那个时候洗肾费用相当高昂，不是他一介公务人员可以负担的，他也没有保险。感谢张剑芬先生为佛教做了很多事，他能给我机会，让我为他尽一点心意、结一点善缘，我是非常心甘情愿的。

张剑芬居士的灵骨，现在就奉安在佛光山的万寿园。从他往生至今，算起来也有三十余年了，从未听说他有什么后人前来凭吊。我倒希望他曾帮忙写过楹联的那些寺院的当家、住持，或曾受他题过对联的那些出家人，有机会能到佛光山，在他的灵前上香献花，也算是对张剑芬居士聊表一番心意。

赵茂林

和张剑芬同样为佛教热心、同样受我尊敬的居士，还有一位赵茂林居士。

赵居士，江苏盐城人，一九〇三年出生，二十岁就在上海大江南饭店当经理。后于一九二九年，时年二十六岁时从军，在黄百韬将军的麾下担任参士。黄百韬将军在一九四八年淮海战役身亡之后，赵茂林居士捧着他的遗骨前来台湾，可见此人的忠义之心从他的行为中早已流露无遗。

赵居士来台以后，担任羽毛公会的总干事；因为膝下只有一子，其他别无家室，而他笃信佛教，所以在各个道场的法会中，经常都能见到他高大的身影。那个时候，一般寺院都没有装置麦克风的音响设备，宣布事情发言困难；由于赵居士声音洪亮，法会中如有事情要宣布，大都会请赵茂林居士代劳。千余人的场合，他的音量必能传达到每一个人的耳中，所以在善导寺、华严莲社，或者其他外省的小道场里，经常都有人欢迎他前去参与法会。

因为赵居士参加法会的机会多了，他对佛教的梵呗唱诵，犹如出家僧侣一样。一台焰口，他能从最前面的“会启瑜伽最胜缘”一直背到最后的“金刚萨埵百字咒”，甚至放焰口的大德们，唱腔稍有差错的时候，他都能纠正，重复说明唱腔应该要“一板三眼”，如何为梵呗定位等等。

佛光山于一九七〇年代在台北松江路购置台北别院时，我也经常前往结缘。其时先由慈庄法师担任住持，后有慈容法师接任，因为他们对信徒都谦和有礼，热忱接待，所以一时大楼里的道场就显得拥挤。

在没有集会的时日，赵茂林居士常来相约，和我闲聊；有时，从早晨一直聊到深夜才归去，让台北别院的那许多法师们对我都非常佩服，说我对信徒的耐烦，他们是如何也及不上的。

其实，和赵茂林居士谈话是一件非常愉快的事情。因为他居住在台北，佛门逸事、各家门风，甚至各人长短，他都毫不顾忌地坦诚直说，让我这个长居南部的人，偶尔在台北听听佛教的动态，也觉得很高兴。

赵茂林居士不但是参加佛教的集会热心，他每个礼拜到台北监狱弘法，二十多年从未间断，他在民本广播电台义务讲说佛法，也是二十余年从未间断。赵居士古道热肠，可惜没有出家，如果出家为僧，必然也是一代大和尚。

赵茂林于一九八一年去世，世寿七十九岁。他不但跟我有同乡之谊，而且他当佛教的义务传教师，数十年如一日，如此的功勋不可埋没。因此在他逝世之后，我也是尽朋友之谊，免费将他的骨灰供奉在万寿园之中。他唯一的公子，不知是否常前来祭拜父亲？

李子宽

除上述护持佛教的居士之外，再说到党政人物中与我有缘，且将佛教作为毕生事业者，首先当说李子宽居士了。

李子宽居士是国民党元老，湖北应城县人，一八八二年出生。于留学日本法政学校期间，加入同盟会，并于辛亥年参加武昌起义，成功之后担任鄂军都督府参议。一九二二年，孙中山先生遭遇陈炯明叛变，登上永丰舰，奔赴黄埔。船只靠岸后，停在白鹅潭，舰上所需的一切，就是由李子宽与居正等人负责运送、补给。在这危难之际，他能勇于赴难，也就深受国民党的重视了。

与其说李子宽居士信仰佛教，不如说他是信仰太虚大师。一九二九年，太虚大师自欧美弘化归来，在汉口佛教会讲经说法，当时于湖北担任财政厅长的李子宽，每天都前往听讲，之后便皈依了太虚大师。但是自从他皈依之后，眼中就只有太虚大师及他的弟子，此外的佛教人士，他也就鲜少往来了。或许也可以说，从他皈依太虚大师后，除了孙中山先生、蒋中正先生，太虚大师就是他的人生了。

李子宽居士曾在太虚大师创立的很多事业中任职，例如他曾担任汉口佛教正信会会长、武昌佛学院院护、汉藏教理院院董、世界佛学苑董事。抗战胜利后，他和太虚大师、章嘉大师三人，还被指定为“中国佛教整理委员会”的常务委员。

不到数年，大陆解放，李子宽居士将《海潮音》杂志迁到台湾，东初法师也把“中国佛教会”的招牌带来台湾。当时孙张清扬女士以一千万旧台币、李子宽居士以五百万旧台币，两人合资买下台北善导寺，作为《海潮音》及“中国佛教会驻台办事处”的会所。

作为《人生》杂志主编，创刊六周年庆时和杂志社董事长及工作同仁合影。前排左起为李用谋、朱镜宙、李子宽、东初法师、南亭老和尚、本人、黄王圆通；后排为周宣德（左二）、妙然法师（左三）、孙张清扬居士（二排右一）（一九五四年十一月）

李子宽居士在台期间，最初只信赖太虚大师的弟子大醒法师，因此，在大醒法师病故之后，他便不断地和香港方面联系，希望邀请演培、印顺、续明、仁俊等太虚大师的门人、学生到台湾来弘法。虽然当时在台湾的慈航法师也是太虚大师的学生，但是慈航法师除了信仰太虚大师以外，还有很多佛教的理想，所以他们的弘法路线也就稍有不同了。

后来，“中国佛教会”改选，白圣法师因票数超过李子宽，出任会长。但也由于李子宽居士最终以在家信众身份对不过白圣法师，因此，那个时候，大家都认为这两个湖北人彼此在佛教里各立门户。

不过，话说当年我们初到台湾时，无依无恃，非但白圣法师不愿意收容大陆年轻的僧侣，李子宽居士也不接受与太虚大师无关的出家僧侣。虽然如此，但也承蒙李子宽居士对我还蛮友好的，曾劝我加入国民党做党员。

在台北善导寺时，偶尔和李子宽居士谈起佛教的未来，他总是要我们僧青年加入国民党。他说："你们这许多法师，不加入国民党，在台湾就不能弘法，只有加入国民党以后，才有许多方便呀！"

其实，在我二十岁前，也就是抗战胜利的那一年，就已经加入国民党了。那时候，我并不知道什么党不党的，只想到现在国家胜利，赢过日本了；在我的心中，并没有"党"的概念，就只是一个"国家"的想法而已。所以，当初我加入国民党时，只想到这是一个爱国运动，仅仅是为了表达爱国之意而已。但是，后来我才知道，原来除了国民党以外，还有一个共产党，而且国共两党正在对峙。于是我就把党证给烧毁，期许自己日后过一个中道的人生、做一个中国人就好，也就不去管什么党派了。

当时因为我志在弘法，听到他说加入国民党能帮助我们弘法，我也就动心了。但是，我还是和他约法三章：第一，我没有钱，无法缴纳党费。那时候，确实连买公共汽车票的钱都没有，哪里有钱去缴党费呢？第二，我不能参加小组开会。我是一个出家人，若时常地要我和在家人组成的小组党同伐异，那实在不是我的性格。第三，请国民党保护我们的秘密身份，不要对外宣传我们是党员。

李子宽居士神通广大，对我的诉说，似乎早在意料之中，立刻就全部接受了。或许也是由于他对"党"和"教"都有信仰，所以两方面都能配合，就这样，我又成为国民党的党员了。

入党后，确实为我带来了不少方便。尤其在我弘法的生涯中，偶尔和各地的警察有些意见不同时，我总是大胆地和他们抗争。我并非有多大的力量，只是想到我也是国民党党员，也就有勇气了。

后来，台湾步入民主，每年都要选民意代表，或者地方行政官员。因此，一到选举，国民党就会动员党员支持，为了台湾的安定、和谐，我们当然也只有拥护国民党的发展了。

当时一般人都认定我们是国民党的铁票，在我想，既然做了国民党的党员，管他是否公开，就等于一个女人嫁出去了，就是人家的媳妇了，应该誓不二心。只是后来当我在报纸上，看到我被选为国民党评议委员的消息时，我才知道这个身份已经不再是什么秘密了。

在此之前，大概是一九六一年，高雄市党部主任季履科先生曾征询我的意见，要我竞选“立委”。那个时候，只要由党提名，都能顺利当选，但是我奉行太虚大师“问政不干治”的主张，认为佛教出家人可以问政，但不宜做官员。虽然进入“立法院”做佛教的核心代表，这也未尝不可，不过，我以教为命，以弘法为要，对于问政并没有兴趣，尤其以我当时的年纪，要我坐在那里和诸位“立委”开会，我也不敢久坐，所以就婉言推辞了。

总而言之，李子宽居士对我是很好的，但是我嫌他把持教会。太虚大师也是我信仰的佛教领袖，但是我总觉得心中不能只有一人，而不容许他人的存在；就是释迦牟尼佛，在他的心中，也还有药师佛、阿弥陀佛、十方诸佛菩萨啊！因此，在我心里，是反对李子宽居士的。

我现在书写“一笔字”时，都常常写“我在众中”或“众中有我”，就是因为我非常不喜欢一人的天下，一人的事业，一人的公司。

后来,白圣法师掌握了佛教会,他的行事作风也如同第二个李子宽一样,让佛教会成为一人的佛教会、十普寺的佛教会,并不能普遍地容纳全体佛教徒,不能让佛教会成为佛教徒所共有。所以,“中国佛教会”也就与所有的佛教徒渐行渐远了。

李子宽居士是一位有思想的人,只是他太执着于太虚大师的理想,而没有“全佛教”的理念;白圣法师也是一个有作为的人,只是有个人英雄主义,为了造就自己的名位,并没有想到佛教的未来。其实,他们的做法,并不是一位领导人应有的作为。他们两位湖北人,相争的成见事小,可是影响了整个佛教,良深可叹啊!

现在回想起来,我对李子宽居士还有一件事情不能谅解,只是我并不计较。我在继承大醒法师于台湾佛教讲习会的教务工作时,主动邀请了比我资深的人前来主持院务,当时获得了演培法师的首肯,我们彼此皆大欢喜。但是,李子宽居士他们却私自在台北开会,要请印顺法师从香港到台湾,并且把台湾佛教讲习会搬到台北善导寺,不但指定了日期,而且已经通知了学生,但是就是没有通知我。那个意思也就是表明,我被他们“炒鱿鱼”了,他不要我随着讲习会到台北。

这原本是可以引起争端的,但是为了佛教,我觉得还是忍耐下来为好。所以,后来当学生们来对我说:“只要你答应,我们愿意跟随你留在新竹,不去台北。”我想,如果是君子,就要有成人之美的雅量,也就奉劝他们到台北去学习了。

其时,我也不是说没有去处,那个时候,台中县后里毗卢寺及台南关仔岭碧云寺都要我去兴办佛教学院,她们也都派了代表来与我接触。

毗卢寺曾有家族七人同时入佛道的纪录，当时在台湾传为美谈。那时候，与我来往接洽的是姐妹当中最小的妹妹吕妙本，当时她应该也有六十多岁了，大姐吕妙尘等人早已往生。因为在她们那个时代，承继日本佛教的风格太深，所以我去后里毗卢寺的时候，尽管看到欧阳渐题的“毗卢寺”三个字，非常雄壮，巧夺天工，很有价值，但是其内部的设施，却好像是一座日本寺院，上下都是榻榻米，也就让我感到不容易适应了。

关仔岭碧云寺，则是一个神道不分的道场，不过，她们能有兴办佛学院的发心，还是相当可取的。

我自己一生不朝钱看，但是，总觉得办学不能没有预算。尤其在一九五一年左右，假如是办一所小型的佛学院，以三十个学生来算，至少也要请四位老师，那么一个老师一个月一千块钱的薪水，总加起来也就是四千块钱，另外的六千块钱，就作为学生、教务等各种支出之用。

只可惜，当她们问我要有多少经费才能办佛学院的时候，我告诉她们，一年可能要花上十万元，若是办四年，也就要有四十万元的准备。她们一听，大为吃惊，办一个佛学院竟然要花费那么多的资金？当时一年的花费就等于现在的一千万元，所以谈过以后，她们也就没有再和我联络了。当然，不用说，这件事情她们实在难以做到。

真的很感谢李子宽居士、演培法师等这许多太虚大师的弟子，以及毗卢寺、碧云寺这些不能具足的因缘，终于让我在一九五二年的冬天，决定到宜兰去。

当时宜兰是一个什么样子的地方，我完全不知道，只知道它是位于东北部的一个偏僻乡镇，是一个生活很困苦的地方。但是我想，我应该适合那样的因缘。到了宜兰之后，很快地，我也就忘记了过去李子宽居士那种没有胸量的行为。

其实，我曾亲近过太虚大师，应该也可以说是他的再传弟子，也听过他的讲演，可以说，我也是一个心仪、崇拜太虚大师的学生。但是李子宽居士却不能容我沾上太虚大师的一点儿边，容不得我有一席之地，可见他党同伐异，格局太小了。但是，我一点都没有记恨，当他在善导寺举行法会或活动时，我还是前往协助。例如，一九六三年，“行政院”为了美国来台拍摄台湾佛教纪录片，要求台北善导寺办理“护国息灾法会”时，活动就是由我承办的，也承蒙他们给了我一个短期的名义，担任法会的主任委员。

之后，我也请演培法师到宜兰讲经。记得那时候，我请他宣讲了好多天的“佛法概论”，并由当时宜兰念佛会的才女张优理小姐，也就是后来出家的慈惠法师，协助演培法师翻译。

综观许多人士，无论是在佛教界，还是在社会上发展有限的原因，都是由于心胸狭窄、度量太小。但是，不能容人，又哪里能有天地人和呢？没有天地人和，也就没有事业了。所以，他们一面追逐名闻利养，一面忽略了天地人和，实在可惜！

不过，话说回来，李子宽还是一位对佛教很有贡献的居士。最大的贡献就是他说服蒋介石先生，把台北市政府的兵役科和警务处的交通大队，从善导寺迁移出去。但是，这多少还是涉及个人自私的想法，因为与他自己的获益有关系。另外，印顺法师和续明法师因有“亲共”的思想，曾被“警备总部”拘提审问，也是靠着李子宽居士大力地奋勇护持，两位法师的麻烦，才使得满天的乌云随风散去。可以说，这都是他对佛教最大的贡献。

李恒钺

再说台湾佛教讲习会，自从大醒法师病倒后，我便邀约心悟法师、心然法师前往协助。其间，李恒钺居士等人也利用假日前来讲学。

李恒钺居士，山东济南人，一九一〇年出生，是河北交通大学的高材生。一九四八年，随着“中国石油公司”到台湾，出任该公司新竹研究所的工程师，四十多岁时升任副所长。当时，他主要研究的工程是苗栗出矿坑石油气生产的问题。

因为新竹研究所临近青草湖灵隐寺，所以他们也就组成了一个研究佛学的团体，但是平时并无用武之地。因此，后来他们就自愿于每个礼拜天，到青草湖台湾佛教讲习会，为学生们讲授现代社会学科，增加学生的现代知识。

除了李恒钺居士以外，还有程道腴、许巍文等人，当中则以李恒钺为首，因为他的著作《向受过现代教育者介绍佛教》一书，那时在台湾非常流行，发行不止数十万份，尤其《慧炬》杂志当年推动大专青年学佛运动，可以说几乎人手一册。乃至于经常能接触到社会有心人士的各个寺庙，也都参与推销杂志。因为这样的关系，佛教也就慎有其事地跟随现代潮流，提倡科学的发展。

后来，讲习会停办以后，印顺法师在新竹壹同寺旁边建立了福严精舍，也开办佛学院。这时，李恒钺居士又再礼拜印顺法师为师，并且在那里讲授课程，护持佛教。

我和李恒钺居士的认识是因为台湾佛教讲习会的关系。每个星期天，我都会把学校的课程空下来，留给他们前来上课。我觉得那个时候的居士们，各个都非常虔诚，而且认真负责，把授课当作一回重大的事情。可惜，我都已记不清当初他们来教学的时候，交通问题是如何解决的了。不过，那时候我也真的没有能力解决这个问题，也只好不追究了。

李恒钺居士是个谦谦君子，文人雅士，身材高大的他，戴着一副眼镜，颇有书生的气概。他从教授一职退休后，移居到美国，后于一九九八年去世，享寿八十九岁。在台湾，他也是初期传播佛教的有功人士。

赵恒惕

党政人物中，另一位具有影响力者，当属赵恒惕居士了。

赵恒惕居士

赵恒惕居士，字夷午，一八七九年生，湖南衡山人。他曾到日本留学，进入日本陆军士官学校就学。民国成立后，曾担任湖南督军，在湖南湘军中是有名的将领。后来参加国民党二次革命，被袁世凯拘囚了一段时间。之后，担任湖南省省长、湘军总司令、议会议长等职数十年。

赵恒惕居士于省长任期将满时，辞去职务，退居上海，其间虔诚学佛。一九四八年来到台湾以后，他继续大陆上的印经事业，和屈映光居士（一八八一年生，浙江临海人，曾任山东都督、省长）等人合作，组织“修订中华大藏经会”。但是修藏事业，碍于当时经济条件不够，人才不足，难以成就，所以他们只出版过《碛砂藏》。但赵夷午以居士的身份倡印修藏，则是民国史上前所未有的盛事。

赵夷午居士在台湾期间，对佛教热心提倡、护持，尤其写得一手好书法，隶书体刚劲有力。佛光山创建时，承蒙他为我题写“佛光山”三个字，直到今天，镶嵌的字体依然还在山门口的纪念碑上。除此之外，他还为我题写“大悲殿”、“东方佛教学院”、“西方安养院”、“大智殿”等字，实在非常感谢。现在回想起来，当初我没有回馈他一点润笔之资，真是难为他了。

甚至，为了我的弟子张辉水居士（慈惠法师之父）请购了一部“中华佛教文化馆”所出版的大藏经，捐赠给宜兰念佛会，我特地制作了经柜典藏，也邀请赵夷午居士题写诗词偈语，嵌刻在橱子上，上面刻着：“大千经卷一微尘，字字通成法王身；义天星象灿然分，教海锁研在博闻。”“明群慎思勤践履，满天华雨散清芳；止作坚持经性相，苦轮长揖渡迷津。”“藏海澄识浪，经论究心源。”他也都照我的指示去做。可以说，我对赵夷午居士所有的央请，他都是照办的，但是我没有能为他服务过一件事情，觉得十分遗憾。

现今一些党政军人，多少也与佛教有因缘，但多只是“信佛”而已，不同于过去清末民初的一些长者都是“学佛”，如戴季陶、张继、于右任、居正、梁启超、章太炎、康有为等，他们当中或念佛、或参禅、或做佛教的护法，不只是对佛教有好感，还真正地在实践自己的信仰。像赵夷午居士，在一九三四年，和段祺瑞、屈映光、王一廷、陈元白、史亮才等成立“菩提学会”，就是想要实践信仰，落实“知行合一”。所以，这也就是民国以来，前五十年和后五十年的不同所在了。

一九五二年，赵夷午与章嘉大师、李子宽、李添春等人，出席在日本召开的“世界佛教友谊会”会议，并向日本政府索还在中日战争时期，从台湾取走的玄奘大师顶骨舍利。一九五五年，玄奘大师顶骨舍利终于如愿从日本迎请回台湾。此时，担任“总统府资政”的他，又和蒋介石先生共同发起启建玄奘寺。在台湾的寺院当中，唯一不是以民间的财力完成。而全由政府提供经费完成的，也就是位于日月潭的玄奘寺了。

南怀瑾

一九六七年，开创佛光山以后，和我来往的各界人士，不计其数，潜心禅学的南怀瑾居士便是其一。

南怀瑾居士

南怀瑾先生，一九一八年生于浙江乐清县。依袁焕仙先生学习儒、释、道，游走三教之间。可以说，他是一位杂家学人，三教九流都能通达。

一九四九年春，南怀瑾先生来到台湾，相继受聘于“中国文化大学”、辅仁大学和台湾政治大学讲学。曾因生活艰困，得到杨管北先生的资助。之后，又在一个因缘际会之下，获得香港洗尘法师的支持，于台北信义路成立“老古文化事业公司”，曾出版《观音菩萨与观音法门》、《楞伽大义今释》、《圆觉经略说》、《静坐修道与长生不老》、《易经杂说》、《老子他说》、《论语别裁》等书。听说他的老古出版社出版的很多书籍，早期就能进入大陆销售，这对弘法也有很大的贡献。

一九七四年，他向我商借位在台北松江路上的台北别院举行禅七。那时候，台湾很少有人打禅七，对于他的这股热心，我当然是欢喜给予支持了。只是没想到，当他还在禅七期间，就有人向我表示，借道场给南老打禅七，不是很妥当。为什么？因为他在禅七的开示中，讲了一句：“未曾落发是真僧。”但我一向对这种想法不太计较,也就没有把它放在心上。

后来,他又跟我说,要借用佛光山大悲殿打禅七,我一样答应他。只是这时候又有人来检举了,说他在禅位上抽烟。但我觉得在家人抽烟并非戒律所不许,也就没有介意。甚至禅七圆满,他人要走了,还把佛光山上的三个学生带到台北去,尽管有人说这三个人给他洗脑了,我也觉得不能怪他,总觉得人各有因缘。不过,后来佛光山的弟子逐渐增多,意见也变得复杂,我和南老也就渐渐地疏远了。

南怀瑾居士是一个很懂得世事、交友广阔的人,如“总统府秘书长”马纪壮、“陆军司令”彭孟缉、“上将”刘安祺、“中将”萧政之、“中央大学”校长余传韬、“华视”总经理郑淑敏等党、政、军界,乃至财经、传播、教育各方面的高层人士都与他有交往。可以说,佛教里能有达官贵人来学佛,南怀瑾居士是很有贡献的。

后来,他听说浙江半壁江山贫困落后,唯有兴建铁路,才能改善当地的发展时,还在一九九二年,偕同尹衍梁等人出资捐建金温铁路。近年来,听闻南老在无锡太湖边,闭门修身养性,我走笔至此,也深深地为这一位老人祝福。

然生命无常,二〇一二年,南老以九五高龄往生,令人唏嘘!

徐槐生

另外,佛光山在开创初期时,除了兴办养老院以外,同时也筹设育幼院。那时候的台湾,社会非常穷困,养女充斥各地,她们的境遇真可以说就像是一本血泪史,加上当年孤儿的安顿问题,也是严重的社会问题,所以我就兴起了设立育幼院的想法。

当初,“交通银行”业务部经理徐槐生居士(一九一六年生,浙江余姚人)知道我有这个想法时,表示想和我合作,后来在谢义雄

徐槐生于佛光山怀恩堂与大慈育幼院院童合影

先生捐出二甲土地(大慈育幼院现址)的响应之下,由慈容法师担任院长,也就促成了此事。

然而,就在我和徐槐生居士合办育幼院的时候,台湾国际儿童村负责人陈德曾先生,前来邀约大慈育幼院加入国际儿童村组织。我们想,这也很好,时代走到今天,不要再称"孤儿院"、"育幼院",改叫"国际儿童村",也是很有成长的光景,于是就答应了。后来定名为"佛光山国际儿童村",成为台湾第二所国际儿童村。

但是不久后,得知陈德曾先生只是想用大慈育幼院之名,扩大他们的组织,实际上,对我们并没有太多发展的助缘。所以,最后还是由徐槐生居士和我共同维持大慈育幼院的运作了。

当年，我邀请徐槐生居士担任大慈育幼院的董事长，他担任了二任之后，因“交通银行”业务部经理的事业非常忙碌，加上从事银行业，行事都要非常谨慎，也就不敢再胜任。所以在他任期满后，我就邀请谢义雄先生担任董事长。谢义雄先生是捐赠土地的功德主，那时候他年轻有为，正在发展事业，在距离佛光山不远处的岭口，建立了一座“天坛”，也希望和佛光山的建设旗鼓相当，共同来发展宗教事业。

话说回来，几年后，徐槐生退职，谢义雄也辞职，那么大慈育幼院就由佛光山独立承办了。

说起大慈育幼院创办至今，已经有五十多年的历史，最早期的院童现在也有五十多岁了。目前从大慈育幼院出去的儿童有七百多人，已成立了几百个家庭。过去他们所受的教育大都在大学、专科以上，所以现在他们在社会上，有的做医师，有的做律师，也有的做演艺人员、老师、警察等，可以说在各行各业都有发展。这许多儿童从小在佛光山长大，尽管现在事业有成，也都有知恩报德的心，几十年来，佛光山不断地在发展，只要常住一有需要，他们都会如同义工一般，主动地回来帮忙佛光山的寺务，甚至协助教导育幼院里小弟弟、小妹妹们的功课。

再说徐槐生居士非常热心于慈善事业，除了办理大慈育幼院外，也欢喜放生，他组织了许多放生会，但由于平时没有助手帮忙，所以大部分都是由佛光山的人众给予协助。后来，徐槐生居士的菩提佛堂放生会、性梵法师的无量寿放生会等，还与佛光山的观音放生会合并，组成了“联合放生会”。

除了放生，徐槐生居士也欢喜印经。每次他上山来，都会兴致勃勃地说要印这本经、要印那本经。可以说，平时佛光山的事业，仰赖这许多居士帮忙推动的地方很多。当然，他们本着从善如流、与人为善的性格,也很乐于从事这项文化事业了。

像徐槐生居士这样全心奉献佛教慈善事业的人不是很多。现今出钱的佛教居士很多,但是出力承担这许多佛教事业,甚至自己负责主导的人,也就不多见了。毕竟,一所育幼院、一所放生会、一所印经会,都是需要不少人力来支援才能成就的。

陈履安

在许多信仰佛教的达官贵人、居士长者中,陈履安先生在佛教界有一定的影响力。最初,我听说他在台北的灵泉寺参禅修行时,对于这种出身显贵的人物学佛,也觉得难能可贵。

陈履安先生,一九三七年生,浙江青田人。在他担任"经济部长"、还是蒋经国先生的"内阁"时,就曾邀约我在台北普门寺谈论佛法。我记得那一天,我们一谈就是几个小时,谈论到未来台湾的前途、佛教的发展,以及佛教徒和社会如何建立关系等问题。

谈过以后,我以为这样就圆满了,哪里知道他又邀约了我第二次、第三次谈话,甚至跟我说,他想要到佛光山来参观。佛光山一向是开放的,没有党派、宗派之分,来者不拒,我们当然表示欢迎了。

他到佛光山参观之后,对我说:"这里这么好,我可以邀约一些朋友来打禅七吗?"过去佛光山曾经礼请戒德法师在这里主持禅七,南怀瑾居士也在本山举办过禅七,当然没有问题。所以,我就很高兴地对他说:"欢迎大家来这里打禅七。"

陈履安居士是一位很热心帮助佛光山度众的护法居士。记得有一次,他在电话中催促远东集团董事长徐旭东先生到佛光山皈依三宝,但是我一向认为信仰佛教、皈依三宝,都是随缘的,也就没有特别在这件事情上着意。

前“监察院长”陈履安在佛光山皈依三宝（永杰法师摄，一九九二年十一月十四日）

甚至后来他还推荐中台山的惟觉和尚到佛光山参观，或许他认为，惟觉和尚在台湾出家，没有在大陆丛林参学过，也就希望他能到佛光山见习一些丛林规矩。虽然我觉得没有这个必要，不过由于陈履安居士讲话、工作都很积极，因此，惟觉和尚在他的推介下还是上了佛光山，可惜那一天我人不在本山，等到第二天，我才赶回来和他见面。匆匆地见过面之后，他也就回去了。

二〇〇二年，我和惟觉和尚同到西安迎请佛指舍利，在回程的飞机上，我们谈到了一些合作的事情，只是我知道他个性比较强硬，谈合作是不容易的，所以也觉得随缘就好。不过，惟觉和尚虽没有住过丛林，但是他在台湾弘扬佛法的勇气，发心度众的宏愿，还是令人钦佩的。

话再说回来，一九九五年，陈履安先生辞去“监察院长”之职，到大陆发展慈善事业。我倒觉得，那个时候，假如大陆能够请陈履安先生担任全国政协的副主席，对于两岸的和平，必然是会加快速度的。

除了陈履安先生本人，他的家人和我也都有来往。如其太太陈曹倩女士，一九九四年于台湾历史博物馆举办“中华花艺展——佛教插花展”，我也曾以佛光山文教基金会的名义协助办理。

陈履庆先生，为辞修高中董事长，曾邀请慈惠法师担任该校董事。慈惠法师也因此担任了好几届董事，以表示拥护。尤其辞修高中位于佛光山金光明寺对面，长期以来，彼此相互来往合作，至今都保持很好的友谊。

陈履碚先生，英文造诣很好，在佛光山一住数年，曾协助编辑佛光电子大藏经。陈履洁先生，曾担任国际佛光会檀讲师，在各地弘法布教。

另外，二公子陈宇铭为哈佛大学法学博士，在佛光山住过好多年；四公子陈宇全高中毕业就来佛光山男众学部就读。二人皆曾表示要跟随我出家，但我一再拖延，为什么呢？佛光山的出家众都是平民子弟，二位官宦子弟若在这里出家，成为我的徒弟，我该怎么对待他们呢？若有特权，那我对男众的管理也就有困难了，所以只好拖延。

一九九三年，陈履安院长等六兄弟姊妹，为圆父亲陈诚先生的遗愿“死后火葬，以不占地为原则”而进行迁葬，连同他们的母亲谭祥女士遗体一起火化后，将墓园归还政府，骨灰奉安佛光山，成为首位安厝于佛寺内的首长。

陈履安先生打从学佛至今，护持佛教不遗余力，现在的他，则更是全心投师学道去了。

上述这许多居士，都是佛教的长者，对佛教都有很大的贡献。从李炳南居士主持莲社，周宣德居士广度青年，朱镜宙居士印行佛经,蔡念生居士以藏经为命,周邦道居士淡泊名利,张剑芬居士联楹高手,赵茂林居士为法传教,他们为佛教的功绩,处处都跃现在我们眼前。假如说,佛教有健全的教会,这许多大德们都应该给他们金牌奖章。

心美如華

星雲

新女性中的优婆夷

过去在佛教里，
女性往往没有地位，
完全是男性独大。
但是我认为，
若要让佛教发展开来，
最重要的是
实践佛陀"四姓出家，同为释氏"的理念。
因此，
我在佛光山也就主张提倡男女平等，
尤其重视女众对佛教的贡献，
希望能做到真理的平等。
总说一句，
对于女众护持佛教的热忱，
让我不禁要再说：
女众是佛教真正的功德主！

自古以来，佛教的事业，可以说无一不是由女众发心成就，许多妇女全心全意护持佛教。但一般说来，女众在佛教里并没有地位，尤其是在家的女信徒，也就是四众弟子中的“优婆夷”，她们固然出钱出力，可是一说到要排班，就轮不到她们的位子了。

我一生宣扬人间佛教，遵照佛陀“四姓平等”的主张，也认为四众弟子都应该平等。所以，除了比丘、比丘尼、优婆塞之外，对于百年以来，优婆夷写下的许多伟大事迹，我也可以毫不思索地就举出千百个人物。例如，早期周游欧美讲演佛学的吕碧城，于奉化主办法昌学院的张圣慧，上海的罗迦陵，香港的林楞真等等。以下我就举几位熟悉的女居士，略为一说。

胡秀卿

首先要介绍的是胡秀卿女士，她是台

东人，一九四七年生。我认识她的时候，是在一九五三年，他们全家在台东皈依三宝，礼煮云法师为师，当时她还只是一个六岁的小妹妹。

与胡秀卿中医师合影于台北“国父纪念馆”（二〇〇二年十一月三日）

长大之后，她在广播电台担任播音员，后来嫁给名中医师黄民德先生。两人可谓夫唱妇随，婚后，胡秀卿认真学习，也考取中医师资格，并且还做了“台湾女中医师协会”的理事长。甚至两人还曾经在台北为蒋中正先生和宋美龄夫人治病，可见医术之高明了。

胡秀卿是一位率直又天真的优婆夷，六岁就礼煮云法师为师，到了二十六岁，有心走人间佛教路线的她，坦诚地对煮云法师说：“我不跟您学习净土法门了，我现在要去拜星云大师作师父，跟随他弘扬人间佛教。”性格洒脱自在的煮云法师，当然也是乐于成就她的心愿。

我从一九七〇年代后，就经常应邀在台北艺术馆、中山堂、社教馆等公众场所讲说佛法。后来，听讲的人数愈来愈多，租用的场地不敷使用，许多人因此劝我改到台北“国父纪念馆”讲演，以便容纳更多的信徒参加。

当时“国父纪念馆”只是表演场所，加上一般人讲演，没有那么多观众，也就很少有人租用它作为讲演场地。不过，它的空间很大，拥有三千个左右的席位，大家也就纷纷要我到那里做讲演。因此，从一九七七年开始，我便移师到“国父纪念馆”，展开了在台北“国父纪念馆”弘讲三十年的纪录。

由于在“国父纪念馆”举办佛学讲座，对佛法的弘传与大众的接引有非常重大的影响力，那时，为了让讲座进行得更庄严如仪，除了有台语翻译的专家慈惠法师为我翻译，以及慈容法师担任舞台表演的指导人以外，我还急于寻找一位熟于佛教仪礼的主持人，最后大家都一致推荐由胡秀卿女士担任。

当时胡秀卿年方三十岁，风姿绰约，美丽大方，出身广播员的她，声音甜美，相当受大众的肯定。为了做好这个职务，她每年都战战兢兢地面对。像讲座开始的时候，大磬声一响，必须念的“星云大师佛学讲座”八个字，据她告诉我，她在家里光是练习念这八个字，就花了好几天，如同念佛一样，不只有上千次的重复练习，真不晓得念了几万遍。甚至，我还看到她在我讲座开始之前，面对着墙壁，一遍又一遍用心念着“星云大师佛学讲座”，声音之好听，的确动人。

我在“国父纪念馆”举行佛学讲座的三十年中，她从未间断担任讲座主持人。其实，在这三十年里，竞争这一个职务的人也很多，但是在她的主持之下，始终没有人敢提出异议。只有一次，因为有人一再说“换一次男声吧！”加上勾峰本人也有意愿，才由他担纲一次主持人。

由于每一年主持讲座的任务，胡秀卿也就有多次和我共同参与弘法的因缘。例如，一九七七年，佛光山组织“泰北弘法义诊团”，上百名团员跟随我到泰北金三角、热水塘、美斯乐等地弘法，她就是团员之一。

说到泰北这个地方，除了过去鸦片烟的交易竞争之外，还有早年国民党第三军、第五军等许多军人及眷属遗留在当地。我们到泰北弘法的过程，可谓惊险万分，有时候乘坐直升机，有时候骑马，有时候还需要游击队持枪保护。当时，我随缘随处讲经说法，而周志敏小姐领导的庆生医院医师们和胡秀卿女士，则到处施诊医疗。

我记得，那时候许多当地民众跪到我的面前说："大师，我们不挂念没有饭吃，但是没有佛法听闻，叫人很痛苦啊！"所谓佛法难闻、中土难生、人身难得，在这个地方真是有特别深刻的感受。后来，我不忍心这许多苦难的同胞一再受苦，回到台湾以后，就特地成立了"泰北难民建设功德会"，认养孤儿及贫童等，希望为他们的教育尽一点心力。

话说回来，因为胡秀卿具有中医背景，对于佛学研究也有一定的深度，所以经常能在各个报刊上见到她发表的佛学与医学理论。除此，她还在住家里成立佛教讲堂，每周讲经弘法，由此可见她对于佛法弘扬的热忱了。

后来，中华佛光协会于一九九一年成立，她不但积极参与会务，并且还当选理事。有一回，在选举会长的时候，九个常务理事一致都要推选我担任会长，我就想：那我这一票要投给谁呢？后来我就投给了胡秀卿。从此她就一再认为能得到我这一票，是她一生的光荣。

有一段时间，她几乎每周从台北上佛光山，为全山大众针灸义诊，且从未收过车马费。甚至有一次，不知道什么原因，我的左手忽然动弹不得，近半年不能举高，胡秀卿知道了以后，就说要为我针灸一下，结果一针病除。

由于她的医疗工作，加上高明的医疗能力，在弘法利生方面，也就更加地事半功倍了。过去，她曾到我们的丛林学院授课，也在佛光会担任檀讲师，经常到世界各地弘讲，可以说是一位人间菩萨行者。可惜，她以六十多岁之龄就溘然长逝。不过，在佛教净土宗来说，她安然而去，也算是预知时至了。

杨秀鹤

除了胡秀卿居士，杨秀鹤女士和我也结缘得很早。

杨秀鹤，马来西亚人，生于一九一一年，台湾光复后担任空军子弟学校的校长，曾任文化大学辅导中心主任，晚年长住在美国中部。

早期，她以一个在家优婆夷的身份，除了为公家机关服务以外，还在佛门里布施结缘、协助翻译。她曾担任煮云、南亭、道安等法师的翻译，难得的是，当时担任翻译，既没有人供养，乘车往来也要自掏腰包，完全是义工性质，一般信众都鲜少参与，但我看她总是乐在其中，神情愉悦、精神奕奕地为佛教服务。

除此以外，她对于佛教的文化工作，也非常热心。早年她曾经编辑《佛教圣经》（后更名为《三藏精要》）等佛典。我记得，她编印的《佛教圣经》出版时，虽然内容摘录自佛教经文，但是取名叫作“圣经”，也就掀起了佛教界保守人士一阵批评的风浪，在他们认为，佛教大可不必学习基督教搞圣经运动。

其实，这许多佛教徒批评的时候，也要凭心想想，基督教的圣经每年都印行几千万本，尤其在全世界每一家旅馆、饭店的每一个房间里，都摆放有一本圣经，每年还会有善心人士不断地去补充圣经数量；但是佛教却从没有人这么做，现在终于有人发心印行《佛教圣经》，难道还要排斥，还不去支持吗？

诸山长老访宜兰慈爱幼稚园。左起：李决和、跋多罗，左四起：煮云、白圣、贤顿、苏悉地、本人、杨秀鹤；后排左二起：吴宝琴、张慈莲、园长张优理、杨慈满、吴素真、郑月琴（一九六五年四月二十日）

再说，基督教有基督教的圣经，佛教也可以有佛教的圣经啊！或许你说"圣经"这个名词不好，改取其他名字，比方"佛教精要"或"佛教圣典"，也不是不可以。好比日本有个"佛教传道协会"，是企业家沼田惠范于一九六九年创办的，他们就专门印制《佛教圣典》。不过，虽然他们也将《佛教圣典》摆放在饭店的房间里供旅客阅读，但也只限于日本地区，并没有人把它推广到国际社会去。

现在，杨秀鹤女士有这样的理念，想要结集佛经的精要，让它能在世界上普遍流传，成为国际性的佛教圣经，这应该是值得鼓励与推动的。遗憾的是，许多佛教徒的性格，就好像公鸡，只要看到其他鸡子抬头啼叫“咕、咕、咕”，就要围过去啄它一下，不让别人出头。但是，真要叫他来为佛教发心，他又不肯。像这种“同归于尽”，不能随喜、乐观其成的心态，可以说是佛教界里一个很大的缺点，我实在很为杨女士感到不平。

佛教所谓“不舍一法”，大家应当共存共荣，不要因为一点见解上的不同，就要彼此排斥、压制。早期佛教在印度的时候，之所以分成很多部派，就是因为意见不同，以至于各自发展；佛教传到中国后，也有所谓的“禅净之争”、“大小乘之争”、“僧信之争”，甚至为了戒律上的一点问题，引发争论。其实，无论沙弥戒、比丘戒还是菩萨戒，只要不违反佛教的根本大戒，又有什么好争辩的呢？

杨秀鹤女士是台湾佛教界第一位杰出的优婆夷，既能写，也能讲，尤其经常在电台弘法，纵横南北传教，在佛教里，可以说是非常难得的人物。后来因为我忙于宜兰弘法，加上宜兰地处偏远的台湾东北部一隅，渐渐地，我也就很少参与杨秀鹤和南亭、道安法师那个弘法圈子，而疏于来往了。

不过，也承蒙她对我的关心，曾经带人到宜兰来探望过我；偶尔在其他佛教的活动场合，也见过面，她总是一本热情，欢喜踊跃地与我们谈笑风生。

后来，据闻杨秀鹤女士在六十二岁时随女儿移居美国，长住美国四十年间，努力推动针灸合法化，现在已经是一百零一岁高龄的人瑞了。说到这里，我也不禁要遥祝她身心健康。

叶曼

接下来要讲述的优婆夷是叶曼女士。笔名“叶曼”的田刘世纶女士，是台湾驻菲律宾负责人田宝岱的夫人。在那个时代，身为

至田宝岱与叶曼伉俪府上家庭普照(二〇〇二年七月十六日)

一位驻外官员的夫人,经常要和一些贵夫人往来,但她却只热心于弘法,和一般的知识分子谈佛论道,实在是一位奇特的女强人。

田刘世纶,湖南人,一九一六年生,北京大学经济系高才生,她不喜经营赚钱事务,而欢喜到处讲学。她用"叶曼"的笔名为各个报刊撰文,也用"叶曼"的名称在海内外弘扬佛法、讲经说道,有非常广大的群众拥护。在大陆弘法的居士中,南怀瑾可以说是一位通达儒释道的优婆塞,而在女性方面,通达儒释道者,应该就属田夫人叶曼女士了。所以,用"男有南怀瑾,女有田刘世纶"来赞誉她,也是不为过的。

一九八四年,第十四届世界佛教徒友谊会(简称"世佛会")在斯里兰卡举行,代表台湾出席的田刘世纶被推选为副总会长。在担任要职期间,她代表世佛会和我联系,表达想在美国西来寺召开一次大会的想法。因为世界佛教徒友谊会成立四十年来，都是在亚洲地区开会，由当地的国家政府支援，到了一九八八年，她希望能有所突破，到西方的美国召开大会，让佛光能普照到五大洲。

我当然很乐意帮忙，不过，那时候正在建筑中的西来寺，工程才即将完成，还没取得使用执照，为了世佛会的会议举行，我势必要加紧赶工，并且不断和政府联系，以便如期拿到使用执照，才能让这一次世界佛教徒友谊会的会议顺利开幕。因此，整个过程，佛光山僧信二众可以说是倾尽了全力。

话再说来，叶曼女士风度翩翩，待人诚恳，能言善道，真不愧是一位“外交家”的夫人。这一次大会的举行，由她为我运筹帷幄，从中我也看出了她的才华和做事的干练。

其实，世界佛教徒友谊会多次在世界各地召开时，原本我都有机会可以参加的，但是“中国佛教会”却总是把我排除在名单外，因而让我没有一次能够成功参与。甚至于第十二届大会要在东京举行时，台湾被主办国日本除名在外，好不容易才让我争取到恢复会籍，有了参加资格，“中国佛教会”却在我争取成功的回程中，已派遣了五位代表准备出席，表明的就是不让我与会。

虽然我怀着佛教国际化的愿心，也对会务行政相当重视，但还是无奈于因缘不具。原以为我就此与世界佛教徒友谊会没有缘分了，没想到这一次大会，竟由佛光山美国西来寺承办，还促成了世界佛教徒友谊会走向西方。那时我想，这一次纵然有人想要再排除我，也是不可能了。而这一切，都应该感谢叶曼女士的热心安排。

自从一九八八年，第十六届世界佛教徒友谊会在美国西来寺召开之后，第十八届大会是在台湾佛光山举行的。几年后，一九九八年，第二十届会议又到澳大利亚的南天寺举办，这回，真是让世佛会普照五大洲了。

在美国，叶曼女士多次应当地要求，在各处大转法轮，西来寺也都曾给予协助。尤其，在她担任世佛会副会长时，和中国佛教协会会长赵朴初居士建立了友好关系，彼此常相来往，在听闻赵朴老述及北京云居寺遭受毁坏后，便一心一意要恢复它昔日的风采。多年后，云居寺重建完工，终于了却了她一桩心事。

由于她对佛教的诸多贡献，以及在佛学上的深入研究。因此，在论起百年来为数众多的佛学人才时，田刘世纶（叶曼）也是榜上有名的人物了。

孙穗芳

另外，在佛教的优婆夷中，孙穗芳女士是孙中山先生的孙女，也是佛光山的信徒。她于一九三六年在上海出生，之后长居夏威

孙中山先生的孙女孙穗芳女士（右二）至澳大利亚南天讲堂赠送著作（二〇〇〇年十二月二日）

夷。不过，她也经常走访大陆、台湾，乃至于游走世界，是孙中山先生一个非常活跃的后裔。

孙穗芳居士虔诚信佛，护持三宝，每年我几乎都会收到她飘洋过海寄来的红包，每次到夏威夷弘法，也都承蒙她热心接待。甚至于，我曾一度因为接待前新华社香港分社社长许家屯先生，而让大陆对我有误解，孙穗芳女士也一再想从中斡旋，替我化解困难。

旅居夏威夷的孙穗芳女士和她的祖父一样，对政治相当关注，尤其对“三民主义”的推动不遗余力。她还一度前往洛杉矶，参加由加州中华文化复兴协会与西来寺合办的“国父孙中山先生逝世纪念暨植树节大会”。

虽然她对佛理的研修还不很深入，但是对于佛法的护持却很热心，能有这样的信仰层次，也属不易了。

王郑法莲

在台湾弘法度众的生涯中，早期对我帮助最大、关系最重要的一些男、女居士，所谓优婆塞、优婆夷，更是应该一提。

有一位虔诚朴素的佛门弟子王郑法莲女士，算是最欣赏我的人，也是我最应该感激的恩人了。

王郑法莲女士，苏州人，她是前“内政部次长”、“中国佛教会秘书长”王平先生的夫人。我初到台湾，可以算是还在落难期中，她就对我相当护持。

记得最初我和心悟、心然两位福州的法师，局促在圆山临济寺的时候，她前来探望，看到我们居住处的简陋，就花了六百元为我们装修房间，让原本从外面就能一览无遗屋内情况、几乎是破瓦颓垣的房子，焕然一新。

其时，我非常感念王郑法莲居士，因为那房间并不是我所有，我只是客居在那里而已，她却如此宽待我。不过，好在心悟、心然法师对我也不嫌恶，后来，我经常在台北弘法，就是借助两位法师的光彩，才终于有了一榻之地。

说起王郑法莲女士对佛教的护持，当我的著作《无声息的歌唱》、《玉琳国师》、《观世音菩萨普门品讲话》出版时，她总是挨家挨户地到各“国大代表”家中拜访、推广；每次出版，都能推销一千余本以上。由于她是“国大代表”夫人的身份，大家都很热烈捧场，不过，每本五块钱、八块钱的书，金额不是很大，能卖到一千本也算很不容易了。因此，我很感念她在我苦难的岁月中，能这样大力地帮助我，可以说，她是有恩于我的优婆夷。

除了推销我的著作，犹记得我在台湾佛教讲习会担任教务主任时，主张学生应该要有体育活动，尽管我没有对她提起这件事，但是当她辗转得知我有这样的想法时，立刻就买了乒乓球桌等相关运动器具，要给我们的学生练习；甚至于她还买了很多排球要送给我们的学生。我虽不懂得打排球的规矩，不过我想只要有球，总应该有学生会打。

没想到，事实并非想象的那样，多数的学生都不敢碰这些球类，看到球就很害怕。这让我非常感慨，过去在大陆，我争取打球，老师不肯，现在到了台湾，我做了教师，倡导打球，学生却不敢打球。只能说，时代在改变，学生学习的情况实在大有不同了。

不过，说到王郑法莲女士对佛教的护持，实在不遗余力，我在宜兰，她就赶到宜兰念佛会去护持；我到高雄，她就南下高雄佛教堂护持。就这样，她以五六十岁的高龄，经常从台北来到高雄，然后又赶往宜兰。

说起来，早期的信徒几乎都和她一样，如母亲一般的慈爱。尤其她为人很正派，一句闲话都没有，只是默默地关心我的日常生活所需，真是感谢她的用心。

晚年的时候，我把她接到佛光精舍奉养，她尊敬我是师父，我则把她当成母亲一般敬重；在她百年后，后事也是由我替她处理。所谓“滴水之恩，涌泉以报”，奉养为佛教发心、对佛教有贡献的人，只不过是聊表自己一点微薄的心意而已，与她们对佛教的付出相比，这一点心意，实在微不足道。

其实，早期台湾佛教界，像王郑法莲居士这样的优婆夷为数不少，可以说，她们是佛教的真正护法。许多佛教寺庙，因为她们的发心，而能从破旧到重新装修，最后变成庄严的道场；很多的空地，因为她们的奉献，而树立起道场来；很多的法师，因为她们的护持，而得到供养、资源，在弘法利生的工作里活跃起来。

例如，台北新店碧潭大佛寺的骆鹊小姐（出家后法名“能定”），几乎所有外省籍的大德法师，无一人未接受过她的帮助；新竹的张四妹，对于桃竹苗地区一些初来台湾的外省青年法师，也经常给予协助、照顾。

乃至于早年我在台北弘法，后来高龄一百多岁往生的吴金枝、福记的王林月等女士们，也都帮助我推动佛教文化服务处的发展。这当中，有一位黄王圆通老菩萨，则是这一群女士们的带头人，她们都像王郑法莲女士一样，自愿发心成为我佛教文化服务处的推销员。

甚至我在宜兰的时候，有一位郭爱老太太，她是一位助产士，人面很广，在她几十年的助产士生涯中，当地女性生产，大部分都是由她接生的。我最感动的就是，她不但帮我筹措建寺经费，每餐还煮饭菜给我吃。我这一生虽不好吃，但是却很有口福，遇到很多擅于烹调的菩萨，她们都鼓励我要品尝她们烹煮的饭菜，只是我对吃，实在没有什么爱好，也就不那么热络了。

总的说来，这些优婆夷，可以说都是早期佛教发展重要的大功德主。

陈慈如

陈慈如居士（萧碧霞师姑提供）

另外要说的，就是早期帮助我在南部弘法的优婆夷。首先就说高雄的陈罔市，她的皈依法名叫作慈如，是我能居住在高雄重要的关键人之一。我初到高雄时，在高雄佛教堂讲经，假如说，当中有一千多个听众，那么至少有三四百人是由陈慈如女士邀请而来的。那时候，她大概是五六十岁的中年妇女，全心全力护持我这么一个年轻的法师，实在叫人感谢。

陈慈如女士，台南人，高雄著名的“澳大利亚食品行”就是她家中所开设的；高雄市长陈武璋、市议员洪地利、洪蕊、庄万和等地方士绅，都是她台南的乡亲，也都居住在高雄市最重要的七贤二路和五福四路一带。

当年，我偶尔从其他地方来到高雄弘法，坐在车子上，经过这些路段时，总是鞭炮声连天，空气中到处弥漫着鞭炮的烟雾。尤其是乐队敲锣打鼓迎送、车站里几百人大排长龙列队接送，都与陈慈如等许多居士的发动有关。

在一九五〇年的时候，假如我有意要兴办大学，以这一群信徒的力量，是足以办成一所大学的。只是那时候我太年轻，还不敢跨大步伐，积极地在社会上表现；另一方面，也因为她们对佛教的付出太过热切，反而让我顾忌得不敢经常到高雄来弘法。

例如，那个时候，我要办普门幼稚园，她们毫不考虑地就说要承担，愿意协助筹备；我要建寿山寺，她们也毫无忌惮地说要承担建寺工作。在高雄，她们虽然不是什么大官、富有的企业家，但是和她们一起从事弘法工作，需要钱，钱就来了；需要人，人就来了，尤其都是心甘情愿地全家动员，甚至于亲朋好友一起来参加。

陈慈如女士可说是一位女中丈夫，她和几位同伴组织了一个布施团队，只要她一号召，你交一万，她交二万、五万……大家都会遵照指示去做。

在这个组织中，还有一位人称"六姊"的苏陈秀琴，一九二五年生，她在高雄地区是一个活动力强、很有名气的女士，与人互动大方，笑起来甜美，也是只要有空就往寿山寺跑，对佛教的护持不遗余力。

再说后来我要建设佛光山，那时陈慈如女士是不赞成的。她说："师父，你只要驻锡在高雄市就好，你想要在什么地方建寺，我们都愿意帮助你筹措经费，犯不着跑到大树乡麻竹园（二〇一〇年县市合并，改为大树区）这么偏远的荒山嘛！"

甚至于当初一行人浩浩荡荡地来到麻竹园勘察土地，车子停在现今的山门口前时，她还不愿意下车，口里直说："这个地方，连鬼都不会来啊！"虽然她话这么说，但是当我真正要开山建寺的时候，她还是很热心地帮助我，热心到几乎把寺院当作是她的家，如同这里就是她的"澳大利亚食品行"，可以行使命令一般。

例如，有一次，她顺手就把佛学院的含笑花采摘了一些带回家去。只是事后据她说，那一天晚上睡梦中，韦驮菩萨拿着金刚降魔杵要来打她。从此，她也就知道常住的十方僧物不可以随便动用。

另外，那个时候，高雄、台南、嘉义一带，经常都有神庙的神明托梦给信徒,要他们把神明带来佛光山拜佛。所以佛光山开山初期,经常到了半夜,都会给那些迎神的锣鼓声吵醒。但是每凡有神明来山拜佛,陈慈如居士等人则都是不分日夜,非常热心地给予服务。

犹记得当时我要筹办寿山佛学院,她也是不赞成,可是却不敢告诉我,还辗转派了她的大儿子陈国义来劝说。身形高大、威猛的陈先生,一来就说:“我妈妈说她不赞成办佛学院!”

见他气势夺人,我就回应说:“你妈妈可以不赞成,但不要反对就好了。”

接着他又说:“我妈妈说你如果办佛学院的话,会没有饭吃。”

我只有说:“没关系,如果没有饭吃,我们弄一些杂粮来充饥就好了。”我丝毫不被他的威势所动摇,也一点都没有生气。

不过,她虽然不赞成我办佛学院,但是在佛学院开办以后,还是一样全力护持。我想,当初他们只是体谅我年轻,做不了那么多的事情,才这么规劝我的。可是我一向认为,人是一个、命是一条、心是一点,为了佛教,没有什么好犹豫的,也不觉得这是什么志愿,只是一点使命感而已。

总之,早期那一班高雄的信徒,真是热情地要把人熔化了,也就让我不敢常来。往往只要我早上走出寺门,就不要想能很快地回到寺里,她们总是说:“哎呀!师父,某个人家要你去。”“师父,某个人家念你好久了,你就慈悲去一下吧!”她们就这样带着我一家又一家地去拜访,从这一家带到那一家。

洪吕淑贞

除了陈慈如,再说洪吕淑贞女士。她的丈夫是医师,两人育有二个女儿,只是在风雨飘摇的年代,丈夫到大陆去之后,就再也回不来了。她是高雄最大制冰厂裕荣制冰厂的大媳妇,但是因为身

洪吕淑贞居士与佛光山东方佛教学院第二届毕业同学慧光法师合影(佛光山宗史馆提供,一九六九年二月九日)

为长子的丈夫身陷大陆,家里也就由老二当家了。

失去了丈夫的妇人,独自抚养两个女儿,不过,家族还算明理,仍然给她很好的待遇。

就在两个女儿逐渐长大,高中毕业,将要考大学之际,有一天,还只是一位三十多岁年轻母亲的洪吕淑贞,带着两个十七八岁的女儿到高雄佛教堂来找我,要我替她们补习。现在高雄好多位初中、高中校长在普贤寺做义工,当年都曾让我替他们补习。由于那时他们的表现杰出,所以,洪吕淑贞也就说我补习很有名气,定能让她的女儿考取大学。

其实,我只是累积多年的阅读经验罢了。我阅读的时候,往往都能知道重点在哪里,而当那许多重点真的考出来后,学生们也就会为我到处宣传:“这都是某某人教我们的!”名声也就这样不胫而走了。

与陈慈如一起为寺庙奉献的洪吕淑贞女士,几乎是舍家忘命地在为佛教服务,无论什么苦劳她都做,可谓文武双全,真是现在许多义工所不能比的。尤其她做起事来认真负责，没日没夜，说明天要完成的事，就算是今天不睡觉也没关系，明天早上一定如期完工。

后来，她在寿山寺里负责财务。经常信徒来了，说要添油香，明明我是住持，人也在场，我说："你钱就交给我吧！"对方却不愿意交，非要交给洪吕淑贞不可。为什么？因为我这个阎王的关好过，她那个小鬼的关难过，洪吕淑贞会质问她："钱到哪里去了？怎么不交给我？"

实在说，洪吕淑贞女士真是一位热忱、活跃的女居士，天天骑个脚踏车南征北讨，宣传寿山寺。尤其在佛门里任劳任怨，数十年如一日，从来没有说她星期六、日要放假回家一趟。晚年，为了感念她为教奉献的发心，在我的安排之下，也住进了我们的佛光精舍养老。

说到优婆夷，可以说台湾的女居士为数最多，如果要我一一介绍，岂止数千人。由于大家都是佛光山的功德主，都是佛光山的义工菩萨，而我却没有办法一一地笔述，只有向她们表达我的歉意了。

林玉丽

除了台湾的优婆夷，现在世界各地也都有很多护持佛教的女信徒，虽然我没有常和她们来往，但是对于她们热心佛教事业的情形，则是时有所闻。

现在我就叙述一下与她们之间的因缘。首先要说的是马来西亚的林玉丽，一九五四年生，她在当地是一位名律师。过去，她讲说都是用英语，汉语很不流利，说起话来总是结结巴巴，但是为了参加佛光会的会议、活动，她很用心地学习华语，现在已经是汉语、

与林玉丽合影(陈碧云摄,二〇〇二年十一月十二日)

英语双声带了。

她曾担任过马来西亚佛光协会的会长,并且在佛光会里担任多年法制长,对于佛光会一些章程上的问题,都能适时地给予帮助解决。尤其她热心于社会事业,像印度等一些贫穷落后的地区需要救济,她都是义不容辞地代表佛光会前去做这许多功德善事。

林玉丽律师的同修黎良华先生对于佛教事业也是非常热忱,可以说,夫妇两人为了佛教,真是夫唱妇随。特别是,她一心希望在故乡东海岸关丹设立佛光山道场,终于在多年前如愿。现在佛光山位于关丹的佛堂,就是因为他们的发心而设立的,我们还特地派了依清法师坐镇在那里,为大家服务。

陈瑞莱

在林玉丽女士之前,担任马来西亚佛光协会会长的,是拿督梁伟强的夫人拿汀陈瑞莱女士。

陈瑞莱，马来西亚人，以她端庄的外表来说，应该是一位大美人。不过，因为信仰佛教的关系，为人很低调、谦虚，在道场里，一般人看来不起眼的琐事，如倒茶、添饭等，她都愿意为人服务。但是办起外交来，上至总理、部长、所有的官员，都受到她那种庄严的身相、美丽的音声而起信，愿意与佛光山接触。

马来西亚功德主陈瑞莱居士（慧延法师摄，二〇〇〇年八月十六日）

尤其，她不但热心于推广佛光山出版的书籍，更乐于制作佛教舞台剧；曾领导佛光会演出《释迦牟尼佛传》音乐剧，也制作由大马和大陆演员合作演出的《宝镜》音乐剧，将观世音菩萨的慈悲精神，呈现在大马的观众面前。可以说，她是一位弘扬佛法的现代女健将。

在马来西亚的社会里，信众对于佛教信仰，似乎都有舍我其谁的使命感，梁伟强和陈瑞莱夫妇不但长期地护持佛光会，也很护持佛光山。我不仅多次应邀前去参加由她筹办的各种活动，她也多次邀约马华公会林良实会长、交通部翁诗杰部长等人到佛光山访问，尤其是两次将云顶集团领导人林国泰先生全家带到佛光山参访，主要的就是希望云顶事业也能加强佛化。

佛光人就是这么可爱，无论在哪一个地方，大家一心一意就是为佛教打拼。

余刘素卿

在佛光会的优婆夷会长当中，被选为国际佛光会曼谷协会会长的余刘素卿女士，既出钱又出力，从没有一句怨言，堪为信众模范。她的先生余声清是国际佛光会世界总会副总会长，曾担任世界台商会联合总会总会长。在泰国，她是华人的领袖，有一言九鼎的地位。

余刘素卿女士虽然身处在南传佛教的国家，但是积极串联南北传佛教的交流，有一年，她还带了泰国一品夫人、玛希隆大学院长素茱莉女士来到佛光山参访。尤其她有慈善的性格，不但在我到中南半岛做慈善弘法之旅时，她欢喜随团参与，二〇一一年泰国南部发生严重水患，她更发动佛光会各分会会长投入赈灾。

可以说，林玉丽、陈瑞莱、余刘素卿、倪世健（见《佛光会的法水因缘》）等人，就像男众四大金刚一样，是佛光会女性会长当中的四位女金刚。

其他在世界各地的优婆夷，如香港慈善家严宽祜先生的夫人崔常敏，以及蔡蝴蝶、邝美云等，佛光山都经常受到她们的资助。又例如瑞典的海蒂、伦敦的陈慧珊、新加坡的洪孟珠、菲律宾的吕林珠，还有日本的西原千雅、邱美艳等等，也都是发心的大菩萨，在当地也都是知名人士。

黄志慈

其实，说到中国佛教在东南亚的发展，最初并不是经由高僧大德到那里传教而展开，而是一些斋姑、斋婆们，抱着观音像、关公像和她们的祖先牌位，从福建、广东一带飘洋过海，到了现在的印尼、

代表国际佛光会及曹氏基金会，将一千五百辆轮椅致赠老挝、柬埔寨、缅甸、越南、新加坡等国。左起：台北驻越南经济文化办事处处长吴建国、世界台商会总会长吕春霖、越南中央佛教会副主席显法长老、本人、胡志明市佛教协会会长智广法师、巴黎协会会长许尊训、国际佛光会法制长林玉丽、泰国协会会长苏林妙芬、马来西亚关丹分会会长黎良华、泰国协会督导余刘秦卿（二〇〇二年十一月十八日）

马来西亚、菲律宾、泰国等地，布置起佛堂，供人礼拜，才维系了当地华人的信仰。

至今，在东南亚国家，这一类的佛堂几乎有成千上百个，那许多斋姑们没有剃发，也没有结婚，平日以替人解签、安太岁，甚至于算命，来维系佛堂的传承。尤其，每位姑姑都收养了好多的女孩，少者也有三五个。当然，这许多的女孩，能继承香火的，也要有相当的善根，否则红尘万丈，早就给社会风潮卷走了。

佛光山开山之后，菲律宾、印尼、马来西亚、泰国这许多地方的姑姑，都纷纷将她们抚养长大的女孩送来丛林学院念书。这许多

与印尼普门道场开山者黄志慈师姑及现任住持宗如法师合影(二〇〇二年十一月九日)

女孩,从小就在佛堂里长大,很有善根,也都很聪明,有的也在台湾各个地方就读大学,例如现在佛光山的南华、佛光大学,都是她们选择就读的学校之一。

当然,这许多年轻人能否在台湾读书,也要看她们的姑姑是否同意,有的姑姑很开明,希望子弟增广见闻;有的姑姑很保守,当然也没能想到子弟的未来了。

不过,纵然这许多佛堂的教育,多半只保有自己的文化,我还是非常感念这些姑姑们将佛教带进东南亚地区,毕竟在过去的几百年里,佛教少有人说,为了传教而到这许多地方是近年来才有一些僧侣跟进。由于有她们对信仰的维护,才能让佛教在当地生根。

中国四大名山中，普陀山的观世音、峨嵋山的普贤王、五台山的文殊菩萨，都是现在家女相，这些姑姑们又何尝不是菩萨的化身呢？实是不容轻视的。

与佛光山有缘，互有来往的姑姑也不少，这当中，印尼的黄志慈姑姑，实在是一位了不起的伟大人物，我们也把她同列在杰出的优婆夷中。

黄志慈女士，广东惠州人，一九五〇年生，三十年前，她送佛堂里的几位小姑娘到佛光山来念书，不但勉励她们在台湾多参学几年，还鼓励她们出家学道，并且希望她们都能发心学会讲经说法。目前，在印尼苏门答腊弘传佛法的宗如法师，深具大将之风，就是黄志慈姑姑培养出来的人才。

黄志慈姑姑从小在佛堂长大，只受过初中教育，假如要形容佛门的观音圣像有多庄严，她的身相大概就像一尊活观音吧。慈悲温和的她，虽不是能言善道，个性也很保守，从未对外交友，只在佛堂里为信众服务，但是却胸怀佛教。她不仅把宗如送到台湾学习近十年，在宗如回到印尼后，还放手让她承担法务，创办青年会、妇女会、儿童班，并且建设佛光山别分院，度化信徒万千，一点都不恋栈佛堂主持人的名位。后来，她的佛堂还改名叫作“普门道场”。

除了宗如，她也把徒弟觉灯送到英国留学，硕士学位完成后，才回到印尼帮助佛堂发展，助佛宣化。

关于黄志慈姑姑的事迹，以上都还只是小事。最重要的是她和宗如合力与印尼政府周旋，散播佛教的种子。几十年来，印尼由于“排华运动”，不准汉文进入当地，不准佛教界请印尼之外的人士到当地讲说佛法，也不准佛教徒在公众场所露面。问题是，印尼三亿多的人口中，就有一亿以上是华人，受到这样的待遇，华人又怎么不痛苦呢？

我眼看着在黄志慈和宗如等人的努力之下，今日印尼宗教界终于有了改变，尤其是近几年来，她们光是找我到苏门答腊作公开、对外的讲演，就有好多次，还创下了国外出家人首次在印尼弘法的纪录。对于这样的结果，我也很为她们感到荣耀，她们为教努力的辛苦，终于有成果了。

记得我第一次在印尼讲演，是在棉兰昂卡沙大饭店（Grand Angkasa Hotel）的大会堂里。那时候，涌进了数千人听讲，连信仰伊斯兰教的印尼宗教部长都莅临现场，与我见面谈话。苏北省省长李查努丁先生甚至还邀约了六个宗教团体联合宴请，宗教融和的景象，至今仍令我难忘。

近几年，她们还举办了“菩提眷属祝福礼”，推动家庭和谐，有将近两百对夫妻联袂参加；也举办“人间音缘歌唱比赛”，让许许多多爱好唱歌的年轻人齐聚一堂，并且来到台湾参加总决赛，每个青年声音之清亮，似乎都是与生俱来的好歌喉。

她们为佛教所作出的成就，真足以作为各地佛堂师姑效法的典范了。甚至于住持各寺院的华人出家众，也都应该更加发心，我们不是工商界民众，飘扬过海到了异地，既不是为了讨碗饭吃，也不是为了经营生意，我们要学习的是鉴真大师“为大法也，何惜生命”的凌云壮志。

或许佛光山在各地弘扬佛法的徒众，都有此等为教奉献的热忱，让黄志慈姑姑深受感动，所以每次她上佛光山的时候，都会带来一些东西和青年学子结缘，或者供养全山大众。这也就让我觉得，佛教要能时时给人感动，佛法才容易传播出去。

郑佩佩

时空再从东南亚回到香港。当我要下笔写郑佩佩的时候，我把她归类在《新女性中的优婆夷》这一篇章，可是身旁的徒众都说："郑佩佩是演艺人员。"其实，在我眼中的郑佩佩，她不只是一位演艺人员，也是护法甚力的虔诚信徒，所以还是请她做我们的优婆夷吧。

武侠影后郑佩佩，现为国际佛光会檀讲师（一九九八年十一月三十日）

郑佩佩从事演艺工作多年，三十年前，由她担纲演出的武侠电影，轰动海内外，从此，她也就有了"女侠"的称号，但那也只是郑佩佩人生的一个起点，她真正的正道则是佛教的优婆夷。

郑佩佩女士，上海人，一九四六年生。我和她结缘得很早，一九八八年，美国西来寺落成那一天，红极一时的她，率领"美国亚洲电视公司"工作人员前来采访。相隔不久，我又应她的要求，将当时在台视播出的"星云禅话"节目录影带，交由她在南加州十八频道主持的节目播出。

犹记得她在为李安先生导演的电影《卧虎藏龙》演出时，于竹林中飞行的镜头，就是在佛光山祖庭大觉寺所在地的宜兴竹海拍摄的。银幕上的她，尽管深受观众喜爱，但实际上，她住在我们香港佛香讲堂时，早晚都虔诚地在佛堂里念佛、拜佛，丝毫不被名利动摇。

我偶尔到香港弘法，她也会向我报告修行心得。实在说，“女侠”郑佩佩真是一个尊重生命、一心向道的女子，在万丈红尘里，她跪于一只蒲团上，在观音大士座前虔诚礼拜；她穿着佛衣海青，将礼忏衣披搭在身上。见闻此情此景，我又怎能说她不是优婆夷呢？

话再说回来，郑佩佩是个很有才华的女性，在美国，我也曾经见她推辞掉所有演艺事业，在电视里做素菜教学。不过，女人从事演艺工作，其辛酸苦楚也不是外人所能知道的了。

从郑佩佩的身上，让我看出许多杰出优婆夷的特点，即使她们行走在红尘里，为各种事业辛苦打拼，但是她们始终没有忘记佛子的慈心悲愿，一样为了对世间作出贡献而付出。例如，佛光会自从一九九一年成立以后，二十年来，郑佩佩除了热心参与佛光会举办的活动，担任檀讲师的她，也在世界各地弘扬佛法。她凭着过去在电影里训练的口才、演技，以稳健的台风，透过幽默的语言、活泼的动作，生动地将佛法传播出去，很受听众欢迎。

她曾在马来西亚主持“擦亮心灯”讲演会；也曾受菲律宾佛光协会之邀，至当地讲演弘法；并于美国西来寺以“放下，自在，活在当下”为题，举行讲座；以及应文莱佛光协会之邀，举办“走过二〇、四〇、六〇”生活讲座等。只是，遗憾的是，她演一部电影可以有几万个观众欣赏，而她以檀讲师身份作一场讲说，却顶多只有几百人聆听而已。或许佛法难弘，就在于它的曲高和寡吧！

不过，郑佩佩虽然身处在跌宕起落的演艺圈里，却有“贫贱不能移”、“富贵不能淫”的安然性格。一度成为天王巨星、女侠皇后的她，经历世俗浮沉，难免会有人生的空荡期，但是她坚持自己是一位佛教信徒的立场，守道、守贞、守贫、守住她的家族，全心全意只想把人做好，把优婆夷的角色扮演好；这就是我所认识的郑佩佩。

说到人与人之间的相处，有的人，总给你一种距离遥远的感觉，但是郑佩佩不然，即使初次见面，也会觉得她像是大家庭里的一分子。会有这样的感受，也不是偶然的。有几次，大家一起吃自助餐，她总是随众地，自己拿碗拿筷，不特意做作，摆出大明星的样子，要人为她服务；看到餐台上有空盘子，她也顺手就把它挪开，维持桌面的洁净；与人讲话，更是没有上下之分，一视同仁，极为自然。甚至于许多电影明星经常传出绯闻，但她从来都没有。

她就是这么随缘、淡然的一个人，没有很明显的喜怒哀乐情绪，当然也就更谈不上为人捧场这回事了。

她一生演出的电影有数十部之多，代表作品有《大醉侠》、《金燕子》、《卧虎藏龙》等。在佛光出版社的协助下，她在马来西亚《中国报》的专栏，也曾结集成《擦亮心灯》一书出版。总而言之，历经五光十色演艺生涯的郑佩佩，在佛法大海里找到了自己，现在的她，已经是一位人间佛教的行者了。

过去在佛教里，女性往往没有地位，完全是男性独大。但是我认为，若要让佛教发展开来，最重要的是实践佛陀“四姓出家，同为释氏”的理念。因此，我在佛光山也就主张提倡男女平等，尤其重视女众对佛教的贡献，希望能做到真理的平等。

总说一句，在讲述《新女性中的优婆夷》一文后，对于女众护持佛教的热忱，让我不禁要再说：女众是佛教真正的功德主！

佛光山比丘阿罗汉

在台湾弘法五十多年来，
跟随我出家的比丘、比丘尼不止千人以上。
就比丘而言，应该也有数百人；
但至今，仅存的只有百余人。
我不知道是他们的福德因缘不够？
还是我教育得不好？
或者是现在的社会风气跟往昔不一样，
无法像过去的出家人，
如玄奘大师、太虚大师一般，
出家以后，
就以弘法为家务，
利生为事业，作为终身的职志了呢？

在佛陀时代，跟随佛陀出家的男众弟子，都称作比丘；经过一段时间修行有成果了，佛陀就会为他们印证为阿罗汉。

在台湾弘法五十多年来，跟随我出家的比丘、比丘尼不止千人以上。就比丘而言，应该也有数百人；但至今，仅存的只有百余人。我不知道是他们的福德因缘不够？还是我教育得不好？或者是现在的社会风气跟往昔不一样，无法像过去的出家人，如玄奘大师、太虚大师一般，出家以后，就以“弘法为家务，利生为事业”作为终身的职志了呢？但不管如何，我想任何事情，成与不成都有其因缘。现在就比丘弟子中，仅取数人说明他们跟随我出家弘法的因缘。

心平

先说在佛光山成为第二代大师兄的心

心平和尚与宜兰念佛会附设慈爱幼稚园兰花班第二十四届毕业生合影（一九八一年七月）

平法师，他是台湾宜兰人，一九三八年出生。曾在一九八五至一九九五年间，担任佛光山第四任及第五任住持，大家都称他“平和尚”。

佛教有一个传统的规矩，丛林里只能有一个人称为“大和尚”，或“和尚”，或“老和尚”，其他的人都不能称作和尚，只能称为某某法师或某某当家师，或者以各种职务来称呼他为某某师父，例如香灯师父、知客师父、堂主师父等。和尚，是“亲教师”的意思，应该等同学校的校长。

我在宜兰弘法的时候，许多年轻人到雷音寺参与佛教活动，谁有善根出家我也没有想过。一九五九年，慈庄、慈惠等人，在台北三重埔开设“佛教文化服务处”，时常要寄发流通的佛教书籍、刊物、文物等，因为印刷品沉重，我看女众做起来实在吃力，就说：“假如能有一位男众来帮忙，就非常圆满了。”正在我这样说的时候，慈庄、慈惠、慈容等不约而同地告诉我：“我们宜兰有一位青年叫吴天赐，家里开印刷厂，每天都会到雷音寺，师父如果肯得叫他来协助，他一定会愿意。”

接着，旁边又有人说：“吴天赐早就想要跟师父出家，只是他不敢说，如果师父叫他来帮忙，他一定会跟你出家的。”就这样，我从台北打了一通电话到宜兰给他，吴天赐接了我的电话后，没有几个小时，就从宜兰到了台北。我跟他说：“现在佛教文化服务处的包书、印书、搬装、寄发工作，需要一位有力气的男众来帮忙。”他毫不考虑马上答应，就这样留了下来，投身到我的门下。

按理，慈庄等人在佛门的资历、年龄都超过他，但是，因为他是第一位来入道的男众，她们也不好意思称呼他师弟，就叫他师兄。这样子一来，在佛光山，他就名副其实成为标准的大师兄了。

吴天赐生性忠厚寡语，在佛教文化服务处的二三年期间，从不随便说话攀缘，工作上从不推辞，不投机取巧，也不借口玩乐，为人正派，是一位非常本分的青年。

大家都认为他有条件出家，但是他不敢提出，怕被我拒绝。确实如此，在一九五〇年代初期，有多人表示要跟随我剃度出家，但我都婉拒了。传统丛林寺院里，收了一位徒众，就必须负起养育他、教育他的责任；当时，我既没有寺庙，也没有净财，连一个落脚的地方也没有，岂能谈什么养育、教育呢？

后来，在大家的催促下，他们要我叫他出家，甚至在宜兰电信局服务的萧碧霞小姐也对吴天赐说：“师兄，你如果跟师父说你要出家，所有衣单，都由我供养。”他被大家鼓励得非得要跟我请求出家不可，而我也被大家说得非要收他做徒弟不可。因为这一位青年吴天赐，他对人间没有欲望要求，也没有男女的分别心，只注重为众生服务，性格忠厚老成。基于这许多条件，我就答应给他机缘出家，于一九六三年剃度，题取法名心平。隔年，在基隆大觉寺受具足戒，成为一位比丘。

心平出家以后，确实遇到了困难，第一我没有寺庙，第二我在高雄筹办的寿山佛学院，都是招收女众，他是男众，但我已没有地方再办男众班了。好在为时不久，我就把他一起带到高雄大树开创佛光山。

到了高雄开山建寺，想到将来在法务上必定需要法会佛事，所以先派他和心定两人到台北学习法务，想不到半个月他们就回来了。本来预计学习三个月，怎么只去半个月就回来了呢？心平说，台北的经忏佛事待遇太好，给人的诱惑力太强，钱收多了，就不会想再回来，还是安贫乐道比较安全。

我很欣赏心平的看法，他到底是个有善根的人，知道自己初出家，在台北繁华的社会里，环境容易让人迷失，所以，就让他们继续随我在高雄开山。

一九六五年左右，由于高雄寿山佛学院学生人数增多，原来的校舍已不敷使用，我想要扩大佛学院，并且招收男众，便非常积极地找寻地方。虽然我知道这需要一笔很大的款项，在那个社会经济尚不称富裕的年代，并不是那么容易能筹措到经费。幸好，我们在高雄有佛教文化服务处和普门幼稚园，我心想，把房屋卖了，买下一片土地，将来在这片土地上，还是一样可以从事文化、教育的工作。

我记得那时候，变卖房屋所得，在左营澄清湖一带，顶多只能买一千坪至二千坪的土地，倘若想要用来办教育，这样的面积也还不够使用。高雄市区的土地太贵了，我们实在买不起。

后来，越南的华侨褚柏思夫妇来找我，他们本来投资想要开办海事专科学校，但事与愿违，资金周转不灵，导致负债累累。庞大的债务压得他们喘不过气来，而想要自杀。我听了于心不忍，心想："反正我的钱，买市区的土地也买不成，先救人要紧。"

褚柏思居士，皈依法名又叫"佛林"，在开山之前十年，我编辑《觉世》旬刊时，就曾和他有过往来，我知道他的人格道德，因而想帮他渡过难关，就拿钱帮助他。后来，他就说："那我就把那块地送给你吧！"这就是现在佛光山从万寿园、不二门，到东方佛教学院的这一块地。

正好我想办佛学院，也就接受下来了。但是，当时的这块土地，实在一无可取，连个数十坪的平地都没有，整座山都是山沟，没有一块平地。为了开发，接着我又再跟兴田村的村民多购买了一些土地。实在说，这些土地也不是他们的，都是政府放领，他们只是领养，我中途跟村民购买下来，由我付租金给政府。后来，心平就奉命在朝山会馆现址上搭起一间草寮，作为开山基地，并且找了宜兰的水泥匠"阿德师"父子，共同来开山。

当时，这座山位置偏僻，人迹罕至，几乎与世隔绝。偶尔，我也会上山来陪伴他们，就住在草寮里，共同研究如何开山。这当中，最为严重的问题是，整座山没有水，不知道从哪里取水。好不容易找到水源，吃的水、盥洗用水，得从茅棚草寮走到现在丛林学院前山沟下，把泉水打上来，可以说是非常辛苦。这一股泉水，我给它取名为"西来泉"。

其实那个时候，也没有开出个什么东西来，倒是挖出的骷髅白骨很多。我把他们先请到寿山寺的纳骨堂暂奉，等到佛光山万寿园完成后，再从寿山寺请回来安奉，总计也有一百多具。记得当时还有两块不太整齐的石碑，据说是清道光年间一名进士的墓碑，但辗转迁移了安置的地点，现在也不知迁到哪里去了。这就是佛光山最早的历史了。

心平每天跟着推土机在山上整地、填土，从建设东方佛教学院开始，一直到一九六九年院舍完成，一九七一年大悲殿开光落成，佛光山慢慢才具有一点规模。此时，在宜兰雷音寺的信徒看我几乎都在外面发展，不回宜兰弘法，大家也有了意见。我想，佛光山正在开山，如果要回宜兰发展，最适合的就是心平法师了。他和原本住在雷音寺的妙专师有亲戚关系，信徒应该更容易接受他，而且我是应邀到宜兰弘法，实在也不好要做住持。因此，我就请李决和居士商之于妙专师，让心平回到宜兰住持雷音寺。

让心平法师回到宜兰雷音寺，一来，是感谢宜兰对我二十年以上的照顾，我也应该回馈，让他把道场重光，光大宜兰的佛教；二来，心平也可以累积弘法的经验。他回去宜兰，就把雷音寺改为“佛光山雷音寺”，因为雷音寺原属于地方佛道不分的民间寺庙，本来不是佛光山的，但他不畏人言，心中只有正信的佛教。在他想：“既然要我来当住持，我就是佛光山。”后来，接任的过程也风平浪静，没有人说话，这也是受他的威德正义所感化。

心平回宜兰雷音寺主持弘法事务后，佛光山就由我来接办开山。我在高雄，心平在宜兰，每年雷音寺有重大法会时，我就回去助他一臂之力，而我这边有什么事情需要帮忙，他也从宜兰赶回来协助，我们南北双方合作，进展很快。心平把雷音寺重建装修完成以后，又调回佛光山担任当家，推动各项弘法活动。

心平实在适合做一个领导人，为什么？因为他“有量”，所有的工作都肯得跟大家一起做，自己也不居功。凡各单位有不足的地方，他就义不容辞鼎力相助。例如，客人太多，厨房忙不过来，我就经常看到他在厨房里煮菜；台风来了，淹了大水，土石流失，工程组忙着抢救，我也看到他跟着去工作。

另外，心平为人脚踏实地、勤劳守分，在人事和工作上毫无一点闲话和怨言，虽然他读的书不多，不算是一个有学问的人，也没有奇异之能，但是他平和的性格，可以用八个字形容："充分授权，服务大众"。他没有执着，没有坚持己见，他也不喜欢总揽大权，集中管理。在管理上，心平接受我的意见，采分工合作，分法务组、总务组、财务组、工程组、知客组等，各自发挥。

当时佛光山正在发展，在心平的领导下，可以说百花齐放、百家皆鸣，所有的弘法工作都一起开展，多彩多姿。而他最大的优点是不妒人有，不怕人高，他尤其不嫉人好，任何一个人，只要你对佛教、对常住有表现，你做什么事，他都支持你。他真正做到"分工合作，以才为用"。观察心平的行住坐卧，我曾送他四句法语："以慈悲获得尊重，以智慧处理是非，以恭敬接待大众，以道德修养身心。"我想这四句话，真的是他一生最佳的写照。

一九八五年八月二十二日，我依自己所制定的"佛光山组织章程规约"从住持退位下来。有人问我为什么？我说："我的任期满了，应该把住持之职交给心平法师担任。"那个时候，我们也不懂什么政治上的术语，就以佛门用语"退位"发出讯息，亦即"星云退位，心平接管"。哪里知道，这样的话一发出，立刻惊动了台北的政治圈子，甚至连"总统府"都来替我修正，叫我不可以用这句话，要我改为"传法"。我想，佛教里本来也就有"传法"，感谢"总统府"给我的指导，既名"传法"，那一天的仪礼也就非常慎重，一切程序按照古礼如法进行，有法卷、法名、法物、法座等。出乎意外地，此事引起当时社会舆论的关注，如报纸、电台的大幅报道，各界纷纷发表看法。

时光很快，心平法师第四任住持六年任满后，又获选担任第五任，可惜，天不假年，在第五任期中，因为肝病圆寂。当时，我正在菲律宾参加国际佛光会世界总会理监事会议，据闻心平已在台北荣总逝世，良深痛惜，赶回台湾上香时，内心深深感到不舍。他的遗嘱在慧龙法师等人协助下完成，其中有很多精神理念，我非常欣赏、赞叹，也将之收录如下。

佛光山故住持心平和尚遗嘱

心平自去夏旅美归来，医师即告患有肝癌之症，自知世缘已了，将要先走一步。

心平自一九六三年二十六岁出家，承师父上人栽培，大众兄弟护持，一九八五年被选为佛光山第四任住持之职，尽心尽力，随顺师教，为佛教发心，为常住奉献，又续当选连任，但不幸尚有二年才到任期，今未能圆满，此为我最对不起师父上人者，尚祈宗务委员会选派宗务委员一人代理未完任期，以免耽误常住法务之进行，并有数事奉告如下：

一、我之任何所有，乃至衣物，来自常住，今乃交还常住，一切由宗务委员会议决处理。

二、我无储蓄金银宝物，但我名下有常住登记之不动产，自应交常住管理。

三、敬请遵守佛教制度，给予火葬，骨灰存放万寿堂中任何一地，不必造墓，以免浪费，凡事节约为尚。

四、不发讣闻，不做焰口佛事，希望大家厚爱心平的心，继续护持佛光山就好。

五、我俗家弟妹人等，皆虔诚佛教信徒，千万不可过问我的事，僧事僧决，一切皆依佛光山决定，并望弟妹后人永远护持佛教，如我在世。

六、佛光山道场如今已是国际化、制度化，希望同门师兄弟体谅师父开山立规之辛苦，务望全体大众必信必忠，同心同德，为人间净土而继续发心。

七、本山男众比丘、沙弥，更要争气，传灯楼早晚课诵望能不懈，外出必须请假，北海道场要继续发展；师兄弟间要互相爱护，互相尊重，为佛光大学、国际佛光会以及推展文化教育等，务期日有所成。

八、师父上人常言“集体创作，有教无我”的开示，希望凡我佛光人要一体遵守！师父著作应用心细读！师父所推动之“人间佛教”，要继续努力！心平不胜馨香企盼！

一九九四年十二月十五日

心平口授　慧龙记录

慈庄　慈嘉见证

心平和尚去世以后，引起了一个很严重的问题，就是佛光山不动产都登记在他的名下，按照目前遗产法规，这些财产全部由他俗家的家人继承。所幸，他们的家人都是正信的佛教徒，全都不敢接受，把财产全再还给了常住。但是，为了这样一笔遗产税，还是缴交了一亿多元。

可见“宗教法”里有些规定是不适用的。一般世俗的人还是不了解佛教的财务，佛教的财务应该为佛教所有，不能流落社会。这个法律上的盲点，希望将来在寺院条例中，可以修改为将寺院财产归属寺庙所有，而不是管理者所有；寺院管理者可以拥有管理权，而不是所有权，这就可以避免寺院财产落到个人手里了。

心定

心平和尚圆寂了，有人说他没有福气，但我说心平和尚很有福气，人在世间有一个阶段因缘，他只是世缘已了，来去自由，生死自如。

心平和尚圆寂了，按照佛光山的规矩，序级、年资仅次于心平和尚的，就是心定法师，按理也就是由他来接任。但是在佛光山担任住持，要经过选举才能定夺，不是圣旨一下，就能定天下。不过，因平和尚留下来的任期时间并不长，后经大众推举，请心定法师先代理住持，直到一九九七年五月十六日那一天选举，才正式选出心定法师就任第六任住持。佛光山很民主，也很公平，心定法师德学兼备，受到大众肯定，担任第五任住持圆满后，又当选第六任住持。

佛光山第五、六任住持心定和尚

心定法师，台湾云林县人，一九四四年出生，就读台中第一中学。服兵役时，隶属海军陆战队的蛙人班，后来随部队在屏东时，因距离佛光山不远，他放了假就到山上帮忙。因为孔武有力，所以在开山时期，举凡打水泥、搬石块、砌砖墙等一些粗重的工作，他都直下承担，跟着我一起做，吃苦耐劳，毫无怨言。

他退伍后没多久，在一九六八年正式跟随我出家，并且进入东方佛教学院第三期（后更名佛光山丛林学院）就读，然后再到“中国文化大学”印度研究所念书，获得印度学的硕士。由于他好学，音感极佳，因此佛教的法务、唱诵、仪轨等，样样都很擅长。

佛光山硬体、软体日趋完备的时候，我就让文笔晓畅、思虑缜密的心定法师，参与“佛光山组织章程”的起草，甚至于早期几座别分院的兴建缘起，如福山寺、圆福寺、福国寺、海天佛刹等，也都是由他初拟。

心定和尚担任住持期间，我也忙着兴办大学、创办《人间福报》，因为没有经费，我就鼓励他：“如果各道场能有人订《人间福报》，或是赞助百万人兴学，你可以去为大众放焰口祈福结缘。”

后来，心定和尚担任《人间福报》发行人，也应该为《人间福报》的发展努力，他果然没有辜负我的希望，只要一个道场有四百份《人间福报》的订单，他就去放焰口祈福。十余年来，因为这样的因缘，不知增加了多少万份的《人间福报》，参与的人应该已有数十万人以上了。

放焰口结缘也是行佛事，信徒行善布施，阅读报纸，参与学校的建设，为教育文化发展努力，也都是“行佛”布施，大家都是为了佛法弘扬，因此自然就法喜充满。所以，在台湾竞争激烈的报业里，《人间福报》能够在这许多大报中林立，走出属于自己的干净道路，每日发行二十万份，诚属不易。除了感谢众多读者的肯定，及信众共同推动佛光大学、百万人兴学外，这当中心定和尚也卓有功绩。

谈到焰口佛事，心定和尚除了应邀到海内外各道场主法外，也曾于二〇〇四年到哈佛大学、史密斯学院放焰口；值得一提的是，二〇〇八年到伦敦欧大教堂放焰口，这是英国佛教史上首次举办瑜伽焰口法会，而且又在基督教堂内，象征着东西方宗教互放光明。

心定和尚生性慈悲，就好比民意代表要竞选的时候，有一句话说“好佯叫”(台语),随传随到,我觉得心定法师倒真有这个服务性格,哪里有信徒需要他做什么事情,毫不为难,从不说“不”,在为人服务方面,他应该获得奖牌。

尤其是他在台湾从北到南,从台北土城的看守所、一路来到高雄的看守所,多少监狱,甚至巴拉圭打孔布(Tacumbu)监狱,经常出入其间弘法,为受刑人皈依三宝、传授五戒、八关斋戒、短期出家。我看他在监狱里举行的皈依典礼,经常都是数百人以上参加,至今也好几百场了。甚至有跟在他之后到监狱弘法的,如慧法以宗教辅导师的身份到台南戒毒村监狱布教,慧定则是担任明德戒治所驻监传导师,二十四小时与受刑人生活在一起,这可说是全台湾独一无二的特例了。

一般人见到受刑人觉得可怕,认为他们都是一群因为违法乱纪而失去自由的人,其实并不尽然。我想心定法师也一定体会到,在社会上行走的人,未必没有犯法,在监狱里面失去自由而服刑的人,也未必有犯罪。所以行为不好,或者命运乖舛,被判刑是罪有应得也罢,作为消灾免难的检讨也很好,总之,世间难有公道。

过去,我在台湾也曾做过正式的监狱布教师,现在心定和尚等人继我之后更加勤快地在各监狱走动,乐说无碍,毫无分别心。心定和尚不像别的法师在各地弘法,受人恭敬,还能收到不少的红包供养;反之,他在监狱弘法,除了没有供养外,还要自己带书籍、零食跟人结缘。从中不难发现心定法师为人质朴、纯笃、乐天的品德。台湾各个监狱的典狱长,也都很欢喜心定和尚前往布教,他每到监狱布教一次,对监所的管理都能带来很大的帮助。

由于心定法师能说一些英语,也曾被派遣到美国西来寺服务,并且担任过住持。后来回到台湾住持普门寺时,贡献最大的,就是鼓励介绍我购买台北道场。因为普门寺位于十二层高楼上，不好停车，信徒出入有诸多不便。记得有一次，蒋纬国先生到普门寺与我叙谈，之后要送他离开时，他站在门口，口哨一吹，非常响亮，司机应声即刻前来，让我见识到蒋纬国先生在台北行走，有这么一套应付交通之道。但不是每一个人都会吹口哨，所以后来购买的台北道场，位于松山车站旁，不但腹地扩大，而且可以停二三百辆车，从此停车就不再是一个严重的问题了。

心定和尚从佛光山住持退下之后，还很年轻，按照佛光山的章程，住持只能做两任，所以他在退位后，就外出到世界各地去弘法。现在在世界上，绕地球飞行次数最多的出家人，恐怕就算心定和尚了。我也很少看到他，有时候问："定和尚到哪里去了呢?"

有人告诉我："在欧洲。"

再过几天问："定和尚到哪里去了呢?""在南美洲。"

一下欧洲、一下美洲，亚洲来来去去，更不用说了。好在心定和尚的身材不高，坐飞机时，在座位上他的两条腿可以伸直，如果是我，这种长途旅行，一定会受不了。讲到心定和尚弘法行化，不论是到南传佛教还是到北传佛教国家，或是大陆、台湾，他都没有分别，总是随遇而安。这并非我是师父，才如此赞叹，不管是什么人，像这样子的弘法行程，都令人感到可佩。

由于心定和尚在世界各地弘法有成，二〇〇五年，荣获泰国摩诃朱拉隆功佛教大学颁赠荣誉博士学位，可谓实至名归了。

虽然心定和尚时常在外弘法，但他对于文化的用心却不减，除了早期《觉世》旬刊、《普门》杂志中经常可以见到他的作品外，他在弘法之余，还出版了《禅定与智慧》、《无量光的祝福》，以及有声书《心定和尚说故事》和《幸福 DNA——心定和尚说故事 2》等，充分显示了他的才华横溢。

心培和尚

继心定和尚之后，第七任佛光山住持心培和尚，于二〇〇五年一月晋升，期满之后又再担任第八任住持。

心培和尚，一九六七年生，台湾澎湖人。他是在一九八六年进山门的，由于他的法务、威仪、唱诵梵腔都超人一等，所以毕业后不久，就担任佛光山纠察一职。每年传戒，不论出家戒、在家戒，经常由他担任开堂，甚至于佛光山梵呗赞颂团到美洲、欧洲、大洋洲等数十个国家巡回弘法演出时，他都是担任领队，因而获得大众的支持，高票当选，这也是实至名归。

不过，在佛光山若只是凭着法务担任住持，我想还是不够的，由于他曾经担任丛林学院教师、教务主任、副院长、院长，一路走来，除了教学之外，性格稳重、慈悲正派，也是被大众所认同肯定，所谓“行解并重”，才能获得他人的尊重吧！

自从心培担任住持之后，经常代表常住到世界各地弘法传戒，如到马来西亚担任教授和尚，甚至他在澳大利亚佛教史上首度传授国际三坛大戒的时候，就有十六国的人士参加，可见他也是福德因缘具备。

在台湾，他不但经常到处演讲，服务结缘，对于社会公益活动更是不遗余力，二〇一一年获得“教育部”肯定，颁予“社教公益奖”。而在他的带领下，目前担任宗委会主席办公室主任的慧思，也是乐说无碍，到处说法结缘。他曾任丛林学院副院长，在印度弘法数年，经常受聘担任戒会开堂和尚，以及三坛大戒的纠察、引礼等职务，同时也协助培和尚接待信徒、各界宾客等，分担了许多常住的法务。

心培和尚除了到世界各地弘法外，若在山上，必定领众梵修，

佛光山第七、八任住持心培和尚

到修持中心随缘开示、指导，会客结缘，在法务闲暇之余，勤于写作，这几年出版的著作也不少。例如，《禅是什么》、《道在哪里》、《心的秘密》、《佛是什么》、《如何念佛》、《欢喜抄经》；另外有声书系列有《人间菩提》、《人间般若》，唱颂 CD 有《无尽愿》、《光无边》等等，也是非常精进不懈。

近几年来，佛光山在大陆宜兴重建祖庭，所以他也经常到大陆关心祖庭大觉寺的工程、法务，并且还要和佛教界多所应酬。我看他到广东、四川、云南、河北、湖南、湖北、陕西、辽宁各省，总是匆匆来、匆匆去，结缘服务。看起来，做一个名山的住持，也实在不容易。

慧开

在佛光山男众当中，学历最高、学术上成就最大的，恐怕要算慧开法师了。慧开法师，江西雩县人，生于一九五四年。台湾大学数学系毕业，后来又到美国进修，获得坦普尔大学宗教系哲学博士学位。

一九七七年，我正为创办的普门中学找寻教师时，他因为曾经担任台湾大学晨曦社社长，以及参加过佛光山大专佛学夏令营的

与慧开法师于扬州瘦西湖(二〇〇三年十一月一日)

因缘,就前来应征,并展开普门中学的教学生涯。他的专业是数学,化繁就简的教学方法,赢得了全校师生的佩服,也让原本对数学排斥的学生喜爱上课,且进步快速,这对学校的招生也有所影响。

慧开法师除了教学以外,兼任训导主任之职。训导主任容易找到人,低一级的训育组长却没有人肯做。记得有一年,慧开法师自告奋勇地跟我说:"主任可以让给其他人做,我可以来做训育组长。"可见慧开法师不为名利,只想为教育,所以我非常欣赏他这种美德。

因为慧开法师在佛学上也有专研,所以后来也到佛教学院教课。他善于用引喻的教学法,将艰涩难懂的佛法义理,以深入浅出的方式讲解,同样备受师生肯定。我很欣赏他自学研究的精神,因此就和美国坦普尔大学的教授傅伟勋博士说:"我介绍一个徒弟到您的门下受教。”傅教授欣然同意。慧开法师一去美国十年,可谓“十年寒窗苦,题名天下知”,用现在的话说“学成归国”,应该是不为过的。

他回来后,时值我接办的南华大学开学不久,他便以副教授的身份,担任生死学研究所的所长,而自己也用功研究、著书立作,在学术上有所成就,让“生死学”成为教育界的热门学科,提升了社会大众对生命教育的重视。接着,他又升为教授,又担任人文学院的院长,再升任副校长。

二〇〇六年,佛光大学经“教育部”核可,正式成立“佛教学院”,佛学系硕士班全程以英文教学,并准予颁授硕士及博士学位。慧开具有丰富的行政经验,又有专业的背景;因此,佛光大学便邀请慧开法师前往担任佛教学院院长一职。

此外,佛光山迈向资讯电脑化时代,成立了资讯中心,在运用网络弘法方面,慧开法师也打下基础,作出了成绩。现在,由佛光大学“学习与数位科技学系”硕士班毕业的比丘尼妙曜法师,继任资讯中心主任。我想,佛教电脑化最大的目的,是将科技与佛法结合,方便弘法,以达到事半功倍的效用,因此我也乐观其成。

除了教学以外,慧开法师也经常到世界各地参加学术会议并发表论文。他数次前往罗马教廷,参加世界宗教领袖和平会议和宗教圆桌论坛,甚至还两度应邀发表演说,与教皇保罗二世进行对话。另外,也有多本著作问世,如《未知死,焉知生》等,在学术上算是小有成就了。

慧传

佛光山现任的都监院院长慧传法师,虽然于二〇一一年已经五十四岁了,但是讲起来,一路受的都是佛光教育。他是我创办宜

于佛光山福慧家园举办信徒香会，介绍佛光山男众比丘。前排左起：心培、慧传、慧昭、慧义、慧思、慧僧、慧得、慧专、慧宜、慧让、慧知等法师（二〇一〇年三月十六日）

兰慈爱幼稚园第二届的幼儿生。在屏东农业大学毕业后，进入佛光山丛林学院就读，并且担任过普门中学的校长。

慧传法师是湖北人士，父亲方铁铮是职业军人，历经中日战争，抗战胜利台湾光复后，方铁铮就以校级军官身份调来台湾。当时，宜兰的信徒李决和居士热爱祖国，坚持要把自己的女儿嫁给国军，于是就把其中一位在国民学校教书的女儿李新肃嫁给方铁铮，表示爱国。

李新肃小姐虽是教师，但因台湾才光复，连国语都还不会说就

现任佛光山都监院院长慧传法师

做了外省人的妻子，其间的辛苦，不是外人所能了解。婚后育有四男一女，慧传法师是最小的男孩。夫妻俩在市场里开了一间小香店维持生活，但生意清淡，以现在来说，一天顶多卖个二百块钱，实在说生活不好过。

慧传法师的家世与佛光山、佛教有很深厚的因缘，外祖父李决和是宜兰念佛会的创办者之一，后来在我挂单的雷音寺，他也为我做了二十余年总务主任，协助处理寺院大大小小的事情，甚至，晚年还跟随我出家，法号慧和，在一九七七年佛光山首次举办“万佛三坛大戒”的时候求受比丘戒。另外，慧传的哥哥方又毅，是慧龙法师；阿姨是佛光山女众大师兄慈庄法师；加上他自己的成长过程与佛光山结下的缘分，以及后来发心出家，就知道他来路不凡了。

由于慧传年轻出家，为了让他多所磨炼，常住就把他调派到美国全英文的环境里去学习，先是担任国际佛光会世界总会副秘书长，后来又接任西来寺的住持，以及佛光青年团的执行长，在他用心的带领下，目前全世界已经有二百多个青年分团。记得二〇〇二年，有近八千位青年聚集在吉隆坡绿野仙踪国际会议厅召开国际佛光青年会议；二〇〇七年，“国际佛光青年干部会议”于佛光山日内瓦会议中心圆满召开,在日内瓦可谓海会云集,创下佛教弘传史的盛况。

慧传法师生性乐观,都监院院长一职算是佛光山的总当家,全世界二三百个寺院都是由他总管。这许多寺院,从里到外,林林总总的细琐事务繁多,他都要关心,可以说法务非常繁忙。但我看他的处事方式,重点一、二、三,交代辖下的书记处理,条理分明,逻辑清楚,一点也不慌忙。

另外,自从两岸开放直航后,来山礼佛的客人相当频繁,只要他时间允许,每天也都会接待几个团,与他们说法结缘。甚至有时候临时要他高歌一曲,他也毫不吝惜,其歌声铿锵有力,其中以“包青天”的主题曲搭配佛教偈语唱出,歌声浑厚,圆润中略带磁性,让见闻者留下深刻的印象。

现在,佛光山都监院里的法务,都是由男众比丘、居士负责,有担任特别助理的师范大学硕士慧知,台湾大学会计硕士慧让管理财务,知客是由来自韩国的慧豪承担;毕业于澳大利亚南昆士兰大学的马来西亚籍慧裴,和做过佛光青年总团办公室主任的慧屏两人是书记;而马来西亚籍的慧施、慧是、慧炬,则分别负责了水电、接待、联系等工作。男众法师们在慧传的领导之下,每个人都可说是孜孜不懈,尤其佛陀纪念馆落成,都监院的男众法师们直下承担,贡献良多,真是可堪告慰!

此外,分别任职在各单位的有:法务专长的慧任、慧融;佛光净土文教基金会工务部慧应、寺务监院室机动组慧同;承担全山大众饮食的慧专;摄影专家慧延;国际促进会欧洲组专员的奥地利籍慧守;普贤殿殿主慧义;哥斯达黎加的慧福;在非洲弘法的慧昉、慧尚、慧祥等人;甚至刚果籍的慧然,也带了三位当地青年回到佛光山披剃出家,让佛教法脉得以在非洲传承,非洲佛教本土化又迈向了新的一步。

因为慧传曾担任过丛林学院男众学部的院长，又是男众传灯会执行长，现在男众比丘由心培和尚及慧传来领导，真是非常适当。

慧宽

接着，来说说也曾担任男众学部院长的慧宽法师。慧宽，彰化员林人，一九七〇年生。父亲赖义明居士是虔诚的佛教徒，本来有心要把两个儿子在大专毕业后都送来佛光山出家，但我说不可以，一个就好，就选择了二公子来山出家剃度，法名叫“慧宽”。一九九一年六月，在佛光山传授三个月的“万佛三坛罗汉戒期”中，受具足戒。

慧宽完成丛林学院、“中国佛教研究院”学业以后，常住又派他到日本佛教大学佛学系进修。回山之后，便承担起许多重要的职务。如丛林学院男众学部主任、丛林学院院长，先后担任台南禅净中心、台南讲堂、台北松山寺、高雄佛教堂住持。

慧宽法师之所以到松山寺任职，是因为位于台北市松山区人口密集的松山寺，寺里的纳骨堂供奉着七八千个灵骨龛位，不幸于一九九七年遭遇祝融之灾，使得灵骨龛位几乎全毁，难以辨别清理。家属愤慨不平，住持灵根法师因已年近九十，不堪过问这许多的繁杂事务，就改组董事会，决定交由佛光山来处理。经改选后，慈惠法师当选董事长，佛光山就派慧宽前往担任住持一职。

当时，受灾后的松山寺，各项事务处理起来确实非常棘手，相关人士从“中国佛教会”到议员、民意代表，甚至于黑道等，都有心要来过问。幸亏年轻的慧宽法师对于法律常识，以及对斋主信众的关照，在人情、事理上都非常通达，周旋得法，使得松山寺的善后工作，进行得非常顺畅圆满。

经过这一事件，让我有了一个想法，佛教界如果有心要建立道场，必须对继承人多用心培养。长老道安法师创建的松山寺，才传承两代就难以继续，不禁令人唏嘘。佛光山出面代为处理，只是为了保护佛教的道场，不忍心寺院被社会人士利用，让佛教弘法的功用产生了变化。然而，佛光山分别院也很多，实在分不出人才来担任。

鉴真图书馆执行长慧宽法师

记得慧宽法师担任松山寺住持后不久，台北市政府原本计划组织一个青年“国乐团”，终因开支浩巨未果。这当中，团长兼指挥王正平先生，和其中大多数团员都是佛光山皈依信徒，曾经随“佛光山梵呗赞颂团”远征欧洲、美洲、大洋洲各地弘法，慈惠法师念此因缘，于是便成立了“人间音缘梵乐团”，邀请他们前来参与，同时招收了一群年轻爱好民族音乐的青年，每周借用松山寺作为练习的场所，之后在台湾各地巡回表演，对于社会文艺风气的增进、佛教音乐的弘扬，帮助甚大。

由于慧宽法师善于调解各种纠纷，所以当高雄佛教堂进行改组时，我也请他前往协助处理。

高雄佛教堂在一九五〇年代初建时，我也参与了一些因缘，后来因为人事等诸多问题，我就不再过问了（见《高雄佛教堂历史真相》一文）。数十年来，信徒纷争不断，董、监事意见很多，二〇〇四年再次改组，力邀佛光山派人前往管理，并选出慧宽法师担任董事长。

慧宽知道高雄佛教堂的前因后果，感到佛教堂应该能为佛教再作出一些弘法利生的事业，让佛法放光，因此忍辱负重，协调人事，重建寺院的纲常规矩。现在，道场每日早、晚课诵，每周各种弘法活动，信徒都热心参与，彼此和谐相处，其乐也融融。

此外，慧宽法师对于青年教育相当重视，尤其他在心理咨商、情绪管理上有一些研究，所以发心应邀前往企业社团及各大学、高中、国中等学校为青少年讲演，每年至少也有二百场左右。

后来，佛光山在大陆有了一些法务因缘，需要跟各处往来，最先派遣慧伦、慧是前往服务。过后因缘更多，便派慧宽接续，带领慧中、慧一、慧有等人在大陆服务。起初，慧宽担任连云港海清寺导师，目前继江芳妮小姐之后，在鉴真图书馆担任执行长，主持每月二次的文化活动“扬州讲坛”。慧宽能说能写，有《自在——人生必修七堂课》一书问世，非常受到大陆领导的肯定与护持。

慧龙

慧龙法师，一九五〇年出生，祖籍湖北，生长在台湾，学校毕业以后，就随心平法师到佛光山。因为年纪尚小，全由心平关照，几乎成为心平法师的侍者。

他和慧传法师是亲兄弟，父亲方铁铮是中阶军官，母亲李新肃女士是小学教师，因仰慕中华文化，经由父母做主嫁给外省籍人士，成为台湾光复后，本省妇女最早嫁给外省人的范例。

跌断腿骨，慧龙法师悉心照顾

慧龙的父亲退役后开设香烛店，外祖父李决和居士是宜兰念佛会的创始人之一，由于这许多关系，从小就具有得度的因缘。

由于慧龙的父亲早逝，我念及他的母亲必须独自扶养五个孩子，可谓食指浩繁。于是，便要他跟随心平到台北三重佛教文化服务处帮忙。后来到高雄佛光山协助开山，并且进入东方佛教学院就读，成为第三届的学生，与心定法师是同学。可以说，慧龙法师这一生，应该是受心平、心定二位师兄身教的影响很大。

慧龙为人憨厚，性格慈悲，与人为善，对常住的一切大小事务，都非常热心地服务大众。不论是总务采购，还是万寿园工程监工等初期开山工作，都有他参与的经历。不幸的是，一九八三年九月，他外出办事，回山时发生严重车祸，几乎粉身碎骨；幸蒙佛菩萨加被，动了数次大手术，总算捡回一条性命，后来他再也不敢开车，一直做一些内勤工作。

由于他生性慈悲，服务热忱，做什么事都欢欢喜喜，所以常住派遣他在慈善院为大众服务，协助办理育幼院、佛光精舍，从小孩到老人，都卓有成绩。一九九三年他还当选了“全台好人好事代表”，可说实至名归。

后来，继心平法师之后，他也回到故乡宜兰担任雷音寺住持。因为人厚道，师兄弟都非常拥护他。在他上任不久，当时宜兰县警察局谢银党局长，发起“爱心妈妈”运动，保护学生上下学安全，他也协助发动信徒热烈响应。每天清晨、中午、黄昏，都可以看到他骑着脚踏车前往各小学，关怀“爱心妈妈”的辛劳，感谢他们支持援助。后来作出了成绩，蒙教育厅发函，令台湾各校校长派员观摩，并且纷纷成立“爱心妈妈”，共同保护孩子的安全。接着，他又担任桃园宝塔寺住持，至二〇〇二年，见弘法师托付南投清德寺予佛光山管理，常住再派慧龙法师前往主持寺务，继续弘传，于今也十年了。

由于他的亲和力强，随时随处散播欢喜，因此在佛教界里的朋友很多，五十岁左右的佛教界人士，几乎跟他都有来往。他那五湖四海的性格，跟人没有分别，人我关系融洽，也非常令人欣赏，因此有很多的活动、法务，都由他出面邀约、调和、协助。

我多次住院，如有一次是腿骨断了，一次是心脏开刀，都是由他护持，我们师徒之间，一来因他从小入道，二来因生活关系，很多生活琐事，彼此都不太计较。他视我如父，我也视他如子，如今，我们师徒二人年龄都老迈了，追忆往事，彼此也可称为人生稽首的道友了。

慧济（心保和尚）

慧济法师，一九六四年出生，是台湾中部人。我记得他是在一

与佛光山第九任住持慧济法师(陈碧云摄)

九八〇年初到佛光山来就读丛林学院专修学部的,进而出家入道。一九八八年,佛光山庆祝洛杉矶西来寺落成开光,传授三坛大戒,他也前往受具足戒;二〇〇八年底,西来寺庆祝建寺二十周年,再次举办国际三坛大戒,经过二十年的涵养修持,慧济法师已经担任尊证阿阇黎了。

慧济法师在美国受戒后,就奉常住之命留在美国弘法。美国是一个自由的国度,人民性格开放,但他坚守佛门的规矩,并没有跟着出去游山玩水,都在寺中随众清修。其间,常住为增强他的历练,也曾派遣他到加拿大温哥华弘法、到纽约的鹿野苑负责管理。他为人善良,谨守分际,从不议论别人是非,更不曾任性批评人事好坏。所谓"丛林以无事为兴隆",一位青年男众,能在美国这样自由的世界里洁身自爱，守戒修道，诚属不易。而在他的领导下，西来寺男众还有慧圣、慧宣，以及宗教学博士慧东等，共同在西方社会遍植净莲。

受前几任西来寺住持如慈庄法师等人的影响，慧济法师也乐于与当地教界交往，彼此保持良好的关系。例如，每一年“南加州佛教界联合庆祝佛诞节大会”，西来寺都率队参与其间，并且协助许多幕后工作。他也擅于讲经说法，经常应各界之邀作佛学讲座，并为许多信徒主持佛化婚礼，举办家庭普照，因此而受大众推荐担任西来寺住持。这些年来，他参与西来大学董事会，为西来大学校务基金助一臂之力，也为西来寺购买邻近土地，以扩大弘法的功能，可见其为常住相当尽心尽力。

最难得的是，他在台中有一个家庙，家里的人事一直希望他回去担任家庙的主管，但他认为既已在佛光山出家了，就不能再回到家庙主管事务，应该为了佛教，为了常住“将此身心奉尘刹，是则名为报佛恩”，这样的精神令人赞叹，我也非常欣慰。

二〇一二年九月，依时间制度，现任住持心培法师已连任一次，无法再任，因此本山在举办一年一度世界僧众大会时，全世界一千余位徒众齐聚如来殿，先选出新任宗委慧传、觉培、慧济、如常、慧让、觉居、妙士、妙凡、慧知法师等九名委员；妙乐、觉元、妙莲、觉禹、慧屏法师等五名候补委员，共十四人。随后，九位新科宗委于本山“戒坛”，选出慧济法师（心保和尚）为宗委会主席暨第九任住持。

我自佛光山一九六七年开山后，担任了十八年住持，等到基本建设初步完成后，为维护制度，让法水长流，法轮常转，不做万年住持，因而退位。在佛教界，佛光山可说是第一个以投票方式选举继任住持的民主化教团，甚至影响企业界学习，交棒给第二、第三代传人，带动台湾一大进步。这次宗委选举，有承前启后的意义及重大的革新——年

轻化，我希望由中生代青壮年比丘、比丘尼出线担当责任，长老们于幕后辅助；只有让有为者都能起来，佛教的发展才会有传承。

慧昭

佛光山修持中心主任慧昭法师，一九六五年出生，台湾云林县人，一九九一年跟随我出家。出家前，曾担任摄影师，也在普门寺学佛并且担任义工多年。为了深入经藏，就前往位于佛光山北海道场的丛林学院男众学部，以及佛光山“中国佛教研究院”就读。

慧昭法师肯于学习，做事脚踏实地，性格耐烦，对于常住大小事物都热心参与，尤其他乐于说法，各地邀约他去讲经，只要时间允许，他从不拒绝，总是欢喜前往结缘。

他曾担任丛林学院男众学部专任教师，又升任男众学部辅导主任。后来跟常住申请进禅堂参修，十五年来除了自己用心地下功夫，也经常到各地参加学术会议，发表论文。几十年来的参修，从禅学僧、职事一路走来，他老实修行，静中养成，二〇〇三年，经常住大众的肯定，升任禅堂堂主；三年后，再升任佛光山修持中心（禅堂、念佛堂、抄经堂）主任。

禅堂在慧昭及维那慧诚、慧印的努力带领下，每年还有大大小小、对内对外的禅修不下数百场。慧昭除了欢喜前往结缘外，也带动了禅修风潮，不少企业界的主管，参加过后，每年都会带领中层主管或员工来山净心修持。

在堂主任内，他也重编《佛光禅入门》一书，对初学禅修的人来说，是一本方便的入门书；另外，为了培养更多的禅讲师，我就要他成立“禅讲师研究院”，开办“禅学堂”，他也很认真带领，甚至禅学僧发心在《人间福报》开辟一个专栏，撰写他们禅修体验。刊出后，引起读者热烈回响，吸引许多社会人士进禅堂打禅七，后来也

禅净法堂堂主慧昭法师于大雄宝殿拈香

结集成书，取名《禅堂风光》。

一九九九年，云居楼大斋堂盖好后，全山大众一起过堂吃饭，需要一位总纠察及几位助理纠察。记得当时负责筹划的慈嘉法师打电话给慧昭法师，要他推荐几位人才。慈嘉法师说："全山大众要一起在云居楼过堂，需要一位总纠察，你能不能推荐几位男众，身高高一点，最好在一百七十公分以上，像你就太矮了。"想不到，他很谦虚地回答："是的，我太矮不适合。"他不但没有生气，反而马上推荐几位师兄弟担任，既不嫉妒人有，也为常住举荐人才，我就告诉慈嘉法师说："常住需要这样的总纠察，就由他来担任吧！"

二〇一〇年，我将已乔迁出去的普门中学空下来的活动中心，成立"福慧家园"共修会的道场，教室则设成福慧儿童班的上课教室，让亲子利用假日回到福慧家园参加共修会。一年共分四季，每季十二期，每期一个主题，由主持人带领与谈人共同分享当季主题。以外，还选派慧昭法师担任住持，带领妙宥法师及多位义工，一起为参与福慧共修的大众服务。希望大家在福慧家园里"行佛修福慧"，透过"行佛"，人人福慧具足，圆满人生。慧昭法师也不负众望，自开办以来，来自各地的佛光人每周近千人共修。

慧得

慧得法师，台南人，一九六八年出生。可以说一出生就与佛教结缘，他的父亲唐顺华居士，为他取名为“佛道”，期许他未来朝向佛道而行佛事。唐顺华居士服务于警界，一九六〇年代，就跟着我学佛，他和太太唐曾乌格，对佛光山一直都非常护持，并且经常带着孩子参与佛光山的各项活动，平常在家特别喜欢看《普门》杂志、《觉世》旬刊，每年过年也都带着全家到佛光山来围炉。他一生最大的遗憾就是没能出家，好在后来慧得法师及姐姐满穆法师二人相继出家后，才完成他的志愿。

佛光山净土文教基金会执行长慧得法师

受到父亲的影响，慧得法师的两个姐姐先后就读丛林学院，后来一位随我出家，就是现在的满穆法师；另一位姐姐唐佛庭虽然没有出家，结婚后也带着家人孩子一起护持佛教；而另一位弟弟唐福良则在慧慈寺任职，并利用假日至南台别院佛光缘美术馆担任义工，全家可以说是标准的佛光家庭。

慧得法师高中毕业后，投入军戎。还在念军校的他，每次放假，不是回家，就是往佛光山跑，不论拜佛、朝山，还是出坡打扫、包便当，他样样都跟着做，没有半点军人的架子，可以说把佛光山当作自己的家一样。他吃苦耐劳、合群忠果的个性，我想担任军职再适合不过了。他在军中是担任营长的职务，但耿直不阿的性格，却也让他急于想要退役，后来进入佛光山丛林学院就读，并跟随我出家。

自丛林学院毕业后，他就到都监院任职，耐烦、肯为大众服务，很快就担任头单书记。为让他多方面历练，常住也曾派遣他任职丛林学院男众学部主任、男众传灯会副执行长、南华学舍住持，以及佛光山大溪宝塔寺住持等。

尤其在筹建宝塔寺时，因为工程、土地的关系，不得不和黑白两道周旋，由于他当过军官，也懂得一些人情世故，许多千难万难的事情在他的调和之下，都能够圆满化解。

二〇一一年宝塔寺工程兴建完成，寺里有好几万个灵骨塔位，各项设施建筑得非常庄严，令人赞叹。这些良善的建设当初是由依严法师发起，慧得法师完成，印度籍的慧省等人协助，他们同样有贡献，都功不可没。

寺院落成后，再度调派慧得回到丛林学院男众学部担任院长一职，他也欢喜接受调派，回到佛光山与慧静等人，共同带领男众学部，希望佛光山的男众在他的带领下，能为佛教开创一些历史。

慧僧

继慧宽法师之后在高雄佛教堂担任住持的，就是慧僧法师。在佛教堂人事稳定、道场法务正常之后，常住安排拥有“企管硕士”资格的慧僧前去接任，我想这是最适合不过的了。果真，高雄佛教堂在他的带领下，寺院道场洒扫清洁、整齐有序，参与道场共修的人数增加不少。

慧僧法师，一九六〇年出生，花莲人。毕业于日本横滨市立大学，并获得企业管理学硕士。一九九四年完成硕士学位后，隔年回到佛光山就读丛林学院，并跟随我出家。

个性沉稳，心思细腻的慧僧，也算是佛光山中生代的弟子，虽学管理，我不曾看过他以教条式的管理法来管理人，他很是奉行我说的“最好的管理，就是把自己管理好”。他随和的个性，获得师兄弟、信徒的赞赏。

高雄佛教堂住持慧僧法师

我觉得他很有云水僧的性格，自丛林学院毕业后，常住为了让他多方学习，不论派遣他担任非洲佛学院副院长、泰国曼谷文教中心主任，还是台南讲堂、北海道场及松山寺的监寺，乃至高雄佛教堂住持，他都能随缘自在，随常住需要而调派。

由于他具有亲和力，因此很受信徒的护持，一九九八年我在台南禅净中心连续两周主持两次的三皈五戒，共有六千多人前来求受，创下可谓前所未有的纪录。

后来，调派他到台北松山寺担任监寺，他在道场举办社区元宵灯会，时任台北市长的马英九先生、国际佛光会中华总会会长吴伯雄先生，及松山寺灵根长老等共同为社会人民点灯祈福，参与的社区民众逾二千人。此敦亲睦邻的活动，打破了当地民众的认知，成为里民做社教活动时相互来往的地方。尔后，凡有社区任何活动，也都会邀请松山寺参加。

二〇〇四年，南亚海啸重创泰国，时任曼谷文教中心主任的慧僧，几度带领佛光人前往重灾区的普吉岛勘查灾情、协助救灾，至泰国王宫晋见二公主诗琳通公主，并代表常住捐助台币五千万元予皇家慈善基金会，作为普吉岛灾区学校重建经费。

此外，他也推动我的泰文传记《传灯》等多本著作，让当地人民认识人间佛教的理念，并且积极促进南北传佛教之间的交流。

慧显

慧显法师担任过马来西亚东禅寺住持，回到佛光山丛林学院担任教师后，再调派到印度主持新德里文教中心，可说是佛光山年轻一代的弟子。

一九七五年出生于马来西亚丁加奴州（Terengganu）的慧显，大专毕业后到佛光山丛林学院男众学部就读。年纪虽轻，但性格沉稳细心、脚踏实地，因此毕业后就派他到都监院学习行政事务。

多年以来，我一直有一个想法，佛法要落实当地，唯有本土化才能生根。因此二〇〇一年我到马来西亚弘法时，就带着慧显同行，希望他将所学贡献给自己的国家，让佛法在多元种族文化的马国弘扬。

担任马来西亚东禅寺住持期中，慧显不负众望，完成了东禅寺重建工程、建立了佛光文化楼。春节期间举办“东禅寺灯会暨花艺展”，吸引了一百五十万人次前来观赏，总理巴达维还亲临主持开幕礼，赞叹东禅寺的活动具有提升社会文化及净化人心的功用。二〇〇五年，他和如常等人，经过多次筹划，将我的字在大马的国家画廊展出。在以伊斯兰教为国教的马国展出佛教文化作品，诚属不易，显示大马的开放、包容。

另外，在慧显的带领下，佛光山于当地创下许多第一，如首次举办短期出家修道会，成立马来西亚首支佛教童军团，举办四千人的佛教青年讲习会，首度在大马国家歌剧院发布“人间音缘”歌曲。

印度沙弥学园园长慧显法师

难得的是,在举办了这许多热烈的活动后,他申请调回本山禅堂进修。一年后,又再次向常住请调前往印度弘法,至今也有六年。

印度虽是佛教发源地,但四姓阶级制度,二千六百年来没有多大改变。印度教徒大多排斥外来的宗教,甚至有杀害其他宗教人士、政府打压宗教的事件发生。但我不曾见到慧显在弘法道上退心,他依旧坚守岗位,每年还与大马华人医疗队、台湾奇美医院等医疗团队的医护人员及青年合作,至偏远地区义诊。

二〇一一年,"印度佛光文化公司"成立,慧显为我的著作出版了英文、印度文佛教书籍,目前已有三十五种,还参加了德里国际书展。同时,在新德里文教中心成立沙弥学园,让佛法能在本土扎根。可以说,人间佛教在佛陀的故乡——印度的弘扬,又向前迈进了一步。

慧峰

慧峰法师,是第一位新西兰籍佛光山的出家弟子。他出生于

与香港大学博士新西兰籍的慧峰法师合影

一九七四年，二〇〇一年就读非洲南华寺英文佛学院，二〇〇四年在澳大利亚南天寺授国际三坛大戒。后来在常住的安排下，到香港大学佛教研究中心进修，并且获得博士学位。

据我所知，他父亲的家庭是信基督教，母亲的家族则信仰天主教，从小他也跟着父亲信仰基督教，直到二十几岁，跟着叔叔到新西兰北岛佛光山听经闻法，而对佛教有了初步的认识。慢慢地，在参与道场活动中，觉得佛教的义理对他有所帮助，为了读懂佛教义理，他发心学习中文，如今，他不但能够说得一口流利的中文，也能撰写文章。我几次到海外弘法讲演，也曾经由他做即席英语口译。

二〇〇三年，我应邀参加扬州大明寺举行的“鉴真东渡日本一二五〇周年纪念活动”，得知扬州大明寺要建设一所佛学院，因而向当地政府提出，想要捐建一座鉴真图书馆，以延续、推展鉴真大师弘扬佛教。承蒙当地政府首肯并大力支持，二〇〇五年，我就以佛光山文教基金会的名义捐款，并且要慈惠法师带领慧峰、慧宜、慧炬法师等人，前往负责筹建工程。而他们也不负众望，用心筹建工程，以及与当地政府交流，获得良好的风评。经过两年的奋斗，扬州最大的仿唐四合院建筑——鉴真图书馆于二〇〇八年元旦终

与男众学部师生。前排左一为慧豪法师，右二为慧宽法师，右一为慧喜法师（陈碧云摄）

于在蜀冈中峰（即扬州地理最高点平山堂）大明寺之北落成。

由于慧峰法师英文佛学造诣很好，举凡常住举办的英文培训班，或是国际生命禅学营等国际性的会议、活动，他都直接以英文为学员教授佛学。另外，他也常参与世界各地的英文学术论文发表。例如，二〇〇八年中国大陆首次举办“佛教外语交流会”，常住也派遣他与北京大学的觉舫，中国社科院的觉多，佛光大学硕士班的妙光、妙净、妙哲等海内外近二十位硕博士生，以中、英、日、韩、泰等多国语言发表论文，并进行佛学上的交流，受到各界人士的肯定，我这个做师父的人，也感到颇为欣慰。

其他在佛光山出家的男众还有很多，有的因病英年早逝，有的或有其他外缘离去，如心道法师、慧礼法师、美国圣地亚哥慧光法师等，甚至有的流落于经忏应付僧，或是在小寺院里安身等，就不一一叙述了。只是对于他们未能在大丛林里发展，而感良深可惜！

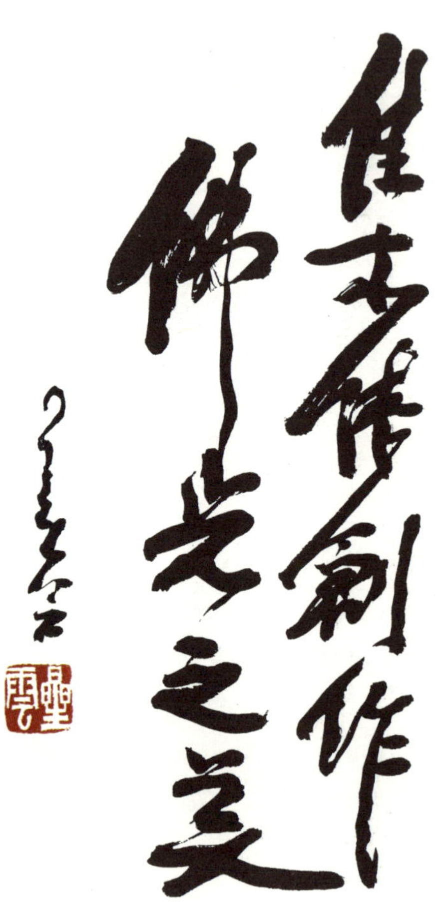
佳文傳創作
佛光之美

佛光山菩萨比丘尼

社会上有句俗话说:“女人能顶半边天。”
自古以来,比丘尼对佛教的贡献,
同样也是撑持了佛教的半边天。
在印度,
佛教自从大爱道出家成为比丘尼后,
女众的教团就逐渐发展起来。
说到女性加入佛教教团,
在台湾,
比丘尼众可谓人才济济,
光是佛光山的比丘尼弟子,
也就不可数了。
为了感念这许多比丘尼对佛教作出的贡献,
但又碍于无法一一记述她们的功德妙事,
只有选择几个有代表性的比丘尼略为一叙了。

佛光山的佛教事业，并不是一佛、一人所成，就如佛教的发展，也不是只靠教主释迦牟尼佛，还要仰仗阿弥陀佛、药师如来，甚至于诸大菩萨、十方大众所成就，这也就是佛教所谓的“众缘和合”。在佛光山这个丛林道场里，一样接纳了来自世界各国的人士，可以说，它是一个超越时空、超越族群、僧信共成的教团。

在这个教团中，除了跟随我皈依佛教的信徒百千万人以外，由我为她们剃度的出家弟子就有一千六百人以上。其中，除了约莫两百人由于因缘不具或者福德信心不足，离开佛光山自谋发展以外，目前本山千余名比丘、比丘尼和万千的信徒们，都是共同成就这一个时代人间佛教教团的有心人。

在这些出家的弟子中，比丘约有二三百人，此外就是比丘尼，她们分灯在世界五

与佛光山海外徒众合影于佛陀纪念馆(二〇一一年八月二十八日)

大洲大约三百个寺院里,担当法务管理,以佛法与人结缘。

现今诸多有志青年加入僧团、台湾佛教呈现一片兴盛蓬勃的景象,并非一夕可成。以往在大陆,比丘多驻锡于名山丛林,比丘尼则潜居于庵堂精舍,她们多数是贵族化的闭门自修,很少在社会上活动。就是我一九四九年来到台湾,要想在寺院里看到年轻的信徒,也并不容易,当然出家的男女青年就更少见了。那么,在由所谓"老人的佛教"维护佛教传承的情况之下,可想而知,佛教要想有所发展,自是年轻的活力不够。

眼见佛教的颓势,我主动承担起接引青年的任务,从宜兰雷音寺开始,我办理文艺班、歌咏队、学生会、弘法队等,乃至佛光山开山初期,我更是倾尽全力举办大专佛学夏令营。果真,在成立了这

与佛光山第七任住持心培和尚暨佛光山宗委会委员、各院会长于大雄宝殿前合影。前排左起：萧碧霞、黄美华师姑、永勤、妙圆、永光、永进、永明、慈容、慈庄、本人、住持心培和尚、慧传、慧宽、慧昭、满谦、觉培、永富、满舟、依空法师等（二〇〇六年一月二十七日）

些组织、筹办了这些活动之后，并没有让我失望，日后很多社会青年由于学习上的方便，都纷纷投入佛教教团服务。

关于佛光山的比丘，在另一章已有叙述，此处要说的是比丘尼的发心。

社会上有句俗话说："女人能顶半边天。"自古以来，比丘尼对佛教的贡献，同样也是撑持了佛教的半边天。在印度，佛教自从大爱道出家成为比丘尼后，女众的教团就逐渐发展起来。许多著名的比丘尼，如说法第一的法与、智慧第一的计摩、持戒第一的波吒遮罗、禅定第一的难陀等，在当时都很受人尊重。

甚至佛教传到中国来之后，同样也有许多比丘尼对佛教做出贡献，至今仍为人所敬仰。如晋代出身书香世家的高贵女性也是中国第一位比丘尼的净检；与雪峰禅师论道的玄机比丘尼，以及元代断臂印行《碛砂藏》的法珍比丘尼等。

时间再从古代回到现代。说到女性加入佛教教团，在台湾，比丘尼众可谓人才济济，光是佛光山的比丘尼弟子，也就不可数了。

为了感念这许多比丘尼对佛教作出的贡献,但又碍于无法一一记述她们的功德妙事,只有选择几个有代表性的比丘尼,以见一斑,其余则只能略为一叙了。

"慈"字辈比丘尼

宜兰念佛会时期

首先,就从佛光山的长老比丘尼说起。在佛光山,最为资深的比丘尼,也就是"慈"字辈的弟子,她们都是现今佛教界的佼佼者。第一位是慈庄,第二位是慈惠,第三位是慈容,第四位是慈怡。当年,她们都是年轻的入道者。

慈庄法师,一九三一年生,宜兰人。回想起六十年前,也就是一九五三年,俗名叫做李新桃的慈庄,还只是一位在母校兰阳女中服务的年轻小姐。生长在一贯道家庭的她,尽管家中是一贯道宜兰总部,却没有因此而加入信仰。甚至于我还发觉到,她似乎对一贯道保持着距离。

因为在一次她和母亲上新竹狮头山礼佛的途中,我有缘遇到她们,谈话之中,才发现她一点宗教概念都没有。但是当我说到要在宜兰讲说《金刚经》时,她一听,倒是很感兴趣地问:"我们可以参加吗?"我说:"当然欢迎!"不过我又附带一提:"听完讲经之后,还得要参加考试哦!"

大概是因为要考试,所以那天的听众并不多,不过也有百余人到场,而李新桃就是其中一位。更没想到的是,考试结果一公布,李新桃竟然荣获第一名,我也就更加觉得她很有佛性,是个有心想在佛学上求进步的女性。

只是事后,她向我提出一个问题:"什么样的人才会信仰佛教?"我听后却是非常失望,心里想:你既然都能在《金刚经》考试

与佛光长老比丘尼博士慈庄法师合影

中脱颖而出了，难道还不能信仰佛教吗？不过，我也没有对她多说什么，只是轻描淡写地表示："需要时间培养！"

从此以后，我就看她经常领导着一群女青年，勤劳地在雷音寺里扫地、抹桌椅、整理环境，很用心地想要了解佛教。这就让我有了一个觉悟：有的人，要她从义理上深信佛教并不容易，反而是让她参加念佛打坐、参与活动、劳动服务，从"行门"上着手，容易切入。

就这样，经过多年在寺院的服务之后，她终于发觉到自己有皈依的必要，主动向我提出要求，我也就为她提取法名，叫做"慈庄"。在她皈依后，也真能做到"色身交予常住，性命付给龙天"的无私奉献，对于信仰的认真，可以说，足为当时学佛青年的模范。

第二位要说的是慈惠。慈惠法师，一九三四年生，宜兰人。早年，她是宜兰税捐处的职员，在我还没有到宜兰讲经说法的时候，据闻她就已经奉父亲的指示，参加宜兰念佛会共修。当时，她的穿着时髦，总是一身利落的旗袍，外加一双发亮的高跟鞋，打扮入时，气质高贵。不过，虽然经常到寺院参加共修，却和念佛的莲友、同道甚少来往。

一九五四年，宜兰念佛会预备在佛诞节举办一场话剧表演。犹记得那时需要两位女主角，其中已选定的一位是李新桃，那么另外一位呢？有人向我建议：名叫张优理的小姐非常合适。就这样，我们邀请她加入演出名为《莲华女的觉悟》的剧作。

与佛光山长老比丘尼博士慈惠法师合影

当时，李新桃小姐扮演莲华女，张优理小姐则饰演莲华女的化人，精彩的演出还轰动了全宜兰。由于这个因缘，间接地也就让一些年轻人，纷纷来到雷音寺参加共修，同时也参与各项佛教的传教活动。我在雷音寺办理的歌咏队、文艺班、弘法队、青年团、学生会、文理补习班，更是没几天就涌进了众多青年。自此，宜兰也就展开青年学佛运动的风潮了。

再来要说的是吴素真小姐，她就是后来出家的慈容法师，一九三六年生，宜兰人。起初她在一家药厂服务，一九五三年，我才到宜兰不久，她就领导了八十几位高中学生，以及少数的社会青年，一起宣誓信仰佛教，皈依三宝；可以说，她们是宜兰第一批青年入道的示范。

就这样，在各种因缘的促成之下，宜兰念佛会青年一下子就增加到了数百人之多。这许多年轻人都很优秀，也各有专长或兴趣。其中，喜爱工作、共修、司打法器的一二十人，自动地就以李新桃小

与佛光山长老比丘尼博士慈容法师合影

姐为首；喜欢歌唱、音乐、艺文的有数十位，就以张优理小姐为头。另外，喜爱读书、研读经典的，也有几十位，她们每天早晨四五点钟起床之后，就集合到雷音寺读书，一直读到八点钟才去上班，这数十人中，则以吴素真小姐为首。

当然，在男青年里，裘德鉴、杨锡铭、周广猷、林清志（慈恩），乃至于女性当中的张友良（慈莲）、潘淑女（慈珍）、谢碧玉（慈范）、林秀美（慈音），也都各有有志之士以她们为首，形成组织。这么一来，宜兰念佛会里，真是百花齐放、百家争鸣了。

不过，这一群年轻人的过分热情，一时间，也引起了一群年老信徒的怪罪："师父只喜欢年轻人，我们老人没有用了！"由于老年人比较内敛，青年人比较好动，相形之下，老人也就自觉不那么突出。其实不然，我就安慰那许多年老的信徒说："青年的力，老年的财，佛教有财、有力才有发展啊！"

所以，后来宜兰念佛会老、中、青的信徒，都非常团结友爱，相互尊重。几十年后，宜兰雷音寺能从一座地方小庙，重建成四层楼的道场，之后再兴建十七层的大楼，就是由于大家有为教争光的共

与比丘尼博士慈怡法师（左）、慈容法师（右）

识所成就的。

话说回来，在宜兰念佛会的最初十年，这许多年轻人经常跟随我到乡村去布教，近者到宜兰、礁溪、头城、罗东、苏澳，远者几乎全台湾重要乡镇，都有她们弘法的足迹。甚至于大家还把佛法带入监狱，感化了那许多一时迷失的受刑人；把歌声带入军营，给予那许多辛苦的军人以慰劳。

尤其那时候，劳军的青年当中，像慈庄、慈惠、慈容、张慈莲、谢慈范等人，都有一副美好的歌喉，相较于大明星，真是丝毫不逊色，还有人比她们为“金嗓子”周璇，或“低音歌后”白光呢。这么一来，初期台湾的佛教，借由这许多青年活动的举办，接连不断地，也就到处都有年轻人要想加入佛教信仰。

例如，台中乌日的杨铁菊，皈依法名叫作慈怡，在公路局担任“金马号”小姐，她就写信问我：“假如一个女青年想要出家，能为佛教做些什么事?”一时间,这个问题还真叫我难以回答。因为那时候的佛教,寺院里往往只有一些老年人,她们日复一日地,过着青磬红鱼、早晚课诵的日子,年轻人身在其中,又能为佛教做些什么呢?

对于这个提问,我经过许久的思考后,就把它写成了文章,在《觉世》旬刊上发表,名为《当前的佛教应做些什么?》。这个重要的问题,在一九五〇年至一九六〇年间,确实引起了大家的一番热烈讨论,尤其是学佛的青年们,各个都在思索:自己能为佛教做什么?

那个时候,眼看着天主教、基督教一批又一批的年轻人,在蒋夫人的号召之下,纷纷前往美国、欧洲游历参访,而佛教的青年却始终没有人给予重视,也曾让我深感无能为力。不过,这许多青年倒是不介意,尽管没有出去增广见识的机会,她们依然满心欢喜地信仰佛教,这也就叫我感动万分了。

记得有一次,我带了十六个年轻人从宜兰到台北,在“中国广播公司”录制唱片,再回到宜兰的时候,已经是晚上八点多钟,大家都还没有吃晚饭。可怜的我,当时连供应一顿晚餐的能力都没有,只有把临上火车前用仅剩的几块钱所买的十六个面包,分给她们一人一个。

但是,这许多年轻男女们的反应也真是可爱,一个个都急着问我:“师父,你呢?”没有人为了不能好好吃上一顿晚饭而唉声叹气。印象中,那时我说:“我已经吃过了。”事实上我也是滴水未进,可是在当时,心中满满的法喜禅悦,似乎早已忘了饥饿、忙碌、辛劳是怎么一回事了。

渐渐地,这许多年轻人因为参与佛教活动的时间久了,信仰也随之升华,大家都情不自禁地想要献身佛教。例如慈庄,她在台北借用了一所佛堂，开办佛教文化服务处。这所佛堂就是位在三重埔大同南路的一信堂，当时堂主愿意把下面一层约二十坪的小店面，借给我们办理佛教文化服务处，唯一条件是要帮助她的佛堂做早晚功课、烧煮三餐，并且为信徒举行上供，消灾祈福。

由于佛堂空间不大，慈庄和几位女青年，只能将就地在原本是小厨房的打水马达上，铺设木板，作为每日的卧铺。可想而知，天天睡在隆隆的马达声中，自是很辛苦。然而，尽管生活不便，慈庄在佛教文化服务处服务的初期，还是陆续出版了《佛教故事大全》、《佛教童话集》、《佛教小说集》、《中英佛学对照丛书》，甚至每月印经、佛教唱片的发行、陀罗尼经被的提倡等，在在都为佛教增添了文化的气息。

后来，慈惠、心平等受到感动，都觉得有必要支援她。所以，慈惠辞去了慈爱幼稚园园长一职之后，也就和心平一起来到佛教文化服务处，协助写信、编辑和发行事宜。可以说，这许多年轻人都非常有才华，样样工作都能承担。

不过，说来惭愧，虽然我在台湾生活了六十多年，却还是乡音未改，为信徒讲经说法，也就免不了要劳驾慈惠的翻译。因此，慈惠除了负责佛教文化服务处的工作，还要兼为我翻译台语。

慈惠与生俱来有语言和记忆的特长，记得当年很多法师都因为她的翻译最好，而纷纷向我借人。如东初、演培、道安、南亭等法师，慈惠都做过他们的翻译。

其实，慈惠不但长于口译台语，后来她在日本大谷大学留学期间，也很快地就能讲说一口流畅的日语，令人非常羡慕。每次我到日本，尤其是在东京，偶遇一些讲演的机会，住在京都的许多教授们都会大老远地拨冗前来听讲。几次下来，也让我深感不好意思，只有语带歉意地对他们说："你们不必为了听我讲话，老远从京都赶到东京啊！"

没想到，那些教授们都很幽默地回答我说："我们不是来听你讲演的，而是来听你的高足慈惠法师翻译日语的。因为大家都觉得奇怪，一个台湾人怎么能把我们的母语说得那么传神？"所以，慈惠真是从学佛开始，"翻译"就注定是她一生最重大的工作；至今，她已为我翻译六十多年了。

至于慈容，则是一路从事幼教工作，从苏澳台泥幼稚园的园长，到宜兰慈爱幼稚园的园长，再到高雄佛教堂负责慈育幼稚园。她在幼儿教育上，确实下了很大的功夫，表现可圈可点；尤其在她和慈惠的努力下，一度还使得慈爱幼稚园的幼童从两百多人激增到五百多人，为宜兰幼教界写下了辉煌的一页。

说到慈怡，在她皈依佛教后不久，便进入寿山佛学院就读，但是人还没有毕业，热衷写作的她，就已经担任了《觉世》旬刊的编辑。当时，她在该杂志专栏连载两年多的作品，还结集成《万寿日记》一书出版。

总之，这许多的年轻人，真是不分昼夜、不分人我、不分南北，不计较金钱，也不计较待遇地在为佛教发心，可谓真正做到如《弘法者之歌》所说的："粉身碎骨心无怨，只望佛法可兴隆。"

寿山寺时期

后来，我在高雄寿山寺设立寿山佛学院，由于她们三人都有教育方面的专长，我就分别请慈庄担任教务、慈惠担任训育、慈容担任总务，共同负担起培养人才的责任。

佛光山时期

佛光山开山后，她们更是竭尽全力，将人间佛教推向社会，推上国际。例如，慈庄拎着一个小布袋，走遍全世界，继创立美国西

佛光山早期出家的比丘尼，与来访的日本佛教大学校长水谷幸正教授合影。左起：慈怡、慈嘉、慈庄、水谷幸正、慈惠、慈容、依戒等法师（慈容法师提供）

来寺之后，又得慈容法师的合作，共同在欧洲、大洋洲、非洲等地设立据点，为我在世界开辟了佛教的一片天地。

说起慈庄在建寺工程上的贡献，其中的艰辛实在不足为外人道。光是在美国西来寺建寺初期，就经过了六次公听会、一百多次协调会，加以多少万人的联名签署，终于促成了有“美国的紫禁城”之誉的西来寺在洛杉矶兴建。

而慈容，擅于策划活动的她，在担任台北普门寺住持十多年间，每个月固定举办的课程或活动就不下七十场，源源不断的创意，总能引发信徒的兴致，各取所需来参加活动。

后来，她更以多年带领信徒的经验，协助我在世界各地成立佛光会，希望借由信徒资源的整合，对社会的安定起更大的力量。目前国际佛光会在近百个国家地区，已有一百七十多个协会、数千个分会，并有多达数百万名佛光人分布在全世界。除此之外，在台湾，她还筹办了十三所人间大学，开办各类社教课程，以顺应这个时代“终身学习”的潮流。

诸如此类的弘法事业，谁又能想到这许多艰巨的任务，只是一群女性，不惜劳苦地奔波，所获得的成果呢？

再说慈惠，也有另外一番成就。她除了为我翻译以外，正业是主办教育。目前在世界各地，如印度、香港、马来西亚等地的佛教学院，都是由她一手策划而成的。

除此之外，她还帮助我筹办多所大学，如美国的西来大学、台湾嘉义的南华大学、宜兰的佛光大学、澳大利亚的南天大学，以及多所中小学，如南投的均头、台东的均一中小学，并且还曾担任普门中学的校长。若说她是佛教教育的专家，或是对佛教教育深有贡献的第一人，也真的是一点都不为过。

只是岁月不待人，在时间的推移之下，六十年后，早期的这许多佛教青年，如今都垂垂老矣了。其中，慈庄已经是八十岁的长老尼，目前长住美国。每次我请她要经常回佛光山，她总是以一本客气的口吻说：“美国政府给予的老人津贴，已足够让我生活，就不必再增加常住的负担了。”不过，尽管她长居遥远的美国，每当佛光山举行大型活动时，她还是不辞长途飞行的辛苦，回到本山来关心。

另外，慈惠也已从佛光山的职务上退休。不过，二〇一一年十一月，佛光山举行“国际万缘三坛大戒”，她仍发心承担总策划。戒期间，除了有出家的比丘、比丘尼、沙弥等五百余人以外，来山求受五戒、菩萨戒的在家信众就有三千多人，可谓盛况一时。

另外，她还拨出时间，为佛陀纪念馆的园艺景观做规划。假如今天有人在佛陀纪念馆的祇园等处，因目睹美丽的树木花草而心生欢喜，那应该就是慈惠领导着觉省等人所完成的杰作。甚至于馆内的樟树林滴水坊、双阁楼（榕树林）滴水坊建筑，也全都是由她一手设计完成的。

至于慈容，她也有七十以上的高龄了。但是她有一股雄心壮志不服老的意志力，目前仍然担任佛光山宗务委员、教育院院长、国际佛光会世界总会秘书长等要职。尤其在佛陀纪念馆落成后，大众又公推她担任馆长。

提到佛陀纪念馆，可谓是当代佛教伟大的建筑之一了，光是馆内动用的员工就有数百人之多，工作项目从交通、安全、水电、饮食，乃至各种展览等等，真是千头万绪。我想，现在是更进一步展现她领导才华的时候了。

而慈怡，现在则仍然孜孜不倦地深入藏海，从事佛学研究的工作。当年，《佛教史年表》、《佛光大辞典》等佛学巨著的编务，就是由她领导一些有志人士发心完成的。

可以说，早期佛光山的行政工作，真是多亏有慈庄、慈惠、慈容，以及圆寂多年的慈嘉等人协助，才得以顺利完成。当年，她们几个人不是担任过朝山会馆的馆长，负责来山信众的食宿，就是做过都监院院长，统理全山大小事务，又或者住持一方，领导大众，可谓都是发大心的菩萨。

博士比丘尼

在佛光山，除了出家学道五十年以上的长老之外，接下来要说的就是跟随我学道三四十年以上的资深徒众了。说起这许多长老们，具有博士身份的比丘尼，如依空、依昱、依法，目前分别在美国西来大学、义守大学和加拿大大学等校教书。

此中，尤以依空从中兴大学毕业以后不久，就在佛光山出家，

于佛光山如来殿与佛光山具有博士学位的弟子合影。左起:觉多、永有、依空、慈怡、慈容、慈惠、本人、心定、满纪、觉旻、满耕法师(二〇〇五年八月二十五日)

这于当年保守的社会里,实属难得之举。特别是,她在出家之前向我表示,省立彰化高商有意邀请她到该校教授国文。基于希望弟子能有完整的学习经历,将来好为佛光山担任各种职务,我自是欢喜应允。

只是她一心系念佛光山,总想回到常住奉献。因此,在彰化高商的教职告一段落之后,转而就在佛光山丛林学院做短期教学。接着,又在我的安排下,负笈日本东京大学深造,经由水野弘元教授特别推荐,就读该校硕士班。学成归来后,上进的她,再于高雄师范大学取得了文学博士学位。

之后,她一度担任员林双林寺住持,后来,因为突出的文学才华以及丰富的世间常识,在常住的支持下,相继承担起《普门》杂

徒众讲习会后，于传灯楼与在海外弘法的徒众合影（慧延法师摄，二〇一二年九月）

志社社长、文化院院长等职。二〇〇〇年，《人间福报》创刊，在我的央请之下，她又前往担任社长。

目前她在嘉义南华大学以及美国西来大学担任执行董事，一面协助教学工作，一面还肩负起《佛光大藏经·艺文藏》的编辑工作。可以说，依空真是一位"博学多才"的比丘尼。

第二位是依昱，于一九七七年，佛光山首次传授三坛大戒时出家、受戒。自丛林学院毕业后，依昱便负笈日本东京驹泽大学修学，在取得人文科学研究所硕士学位后，又在爱知大学获得文学博士学位，之后也就一直从事教学工作，曾在佛光山丛林学院、成功大学、义守大学等校教授日文。

至于依法，则是台湾大学法律系的高才生，因为参加佛光山大专佛学夏令营，而发心出家学道。之后，在常住的栽培下，负笈美国夏威夷大学修读硕士学位。不久，又到耶鲁大学跟随温斯坦教授修学宗教学。取得博士学位后，因为欢喜西方的文化和生活，就一直留在美加，从事教育工作。不过，当中也曾回到台湾，在高雄中山大学教书一段时期。

除了以上具有博士学位的“依”字辈比丘尼以外，还有如永有是英国伦敦大学心理学博士，在英国居住长达十年，回国后，由于南华大学非常需要这类人才，也就一直留任该校担任教学工作；获得西来大学宗教哲学博士学位的永东，目前在佛光大学任教。

十七岁便来山就读丛林学院的满耕，因其聪明和才华，在常住的推荐下，到北京大学攻读博士学位，之后就一直留在北京；满庭在担任台中东海道场住持后，因为学术研究上的潜力，在我的鼓励下，前往日本留学，顺利取得佛教大学硕士学位后，又转往厦门大学攻读哲学博士学位，目前在佛光大学任教。

再者，满纪和妙皇是双胞胎姊妹，同在佛光山出家，前者毕业于政治大学，后者毕业于台湾科技大学。多年后，长于唯识学的满纪，在四川大学获得宗教所博士学位，目前担任《佛光大藏经·唯识藏》主编；妙皇也继之在武汉大学获得宗教所博士学位，现在于西来大学服务。

还有，觉冠是复旦大学哲学所博士，觉旻是兰州大学历史文献所敦煌学博士，觉多是中国社会科学院世界宗教研究所博士，觉明是德里大学佛学系博士，觉继是香港大学佛学研究中心博士，有真是斯坦福大学数学系博士，觉舫是北京大学教育与人类发展学系博士，等等，现在她们也都相继地在各大学或者教团里服务奉献。

“依”字辈比丘尼

除了博士弟子以外，从各大学毕业、在弘法利生事业上卓有贡献的比丘尼，更是为数众多。光是“依”字辈徒众就有依恒、依来、依淳、依照、依如、依日、依超、依宏、依华等。尤其她们都在海外建立了佛光山别分院，为佛教于国际上播下了菩提种子。

像依恒，在历经艰苦卓绝的基隆极乐寺重建工程后，又于美国设立纽约道场，并担任北美佛光山各别分院总住持多年。其间，她成立佛光会、组织童军团、创办中华学校，无一不办得有声有色，倍受肯定。现在，她则是泰国曼谷文教中心导师，也是《佛光大藏经·声闻藏》主编。

依来，在南非开普敦、约翰内斯堡等地设立道场，可以说是第一位在非洲弘法利生的比丘尼。后来前往澳大利亚，继慈庄、永全之后兴建中天寺、西澳道场，并且在满谦之后担任南天寺住持、创建南天大学。尤其当年她对于本山大慈育幼院的领导，卓有贡献，老师、学生对她都是如家长般地尊重。之后，她虽然人在海外弘法，仍然心系育幼院的发展。近月，本山因其在慈善事业方面的专业，特地请她回台担任慈善院院长。

依淳，自海洋大学毕业后，协助我在文化大学主持印度文化研究所，同时修读硕士学位，之后又到美国西来大学攻读博士学位。在她数十年的出家生涯中，曾任普门中学校长、《人间福报》发行部总经理、都监院院长、丛林学院教师等职。后来转职到非洲，担任南华寺住持；退位以后，为协助新任住持慧昉法师，又担任南华寺导师，并协助非洲佛学院教务等工作至今。

另外，像依照，曾协助慈庄法师在美国洛杉矶开创西来寺，在法国巴黎设立道场，回到台湾后，现任香海旅行社执行长，积极结合佛教参访与休闲旅游的概念，为信众做各地旅行的服务；依如，最早在香港开创佛香讲堂，为佛光山在香港的弘法播下了种子，之后又前往加拿大创建温哥华讲堂；依恩，现为韩国首尔佛光山住持，长期以来，担任中韩佛教之间交流的桥梁等。可以说，她们在道场建设方面，都为佛光山立下了汗马功劳。

除了上述在海外设立道场的徒众，再如依日曾于美国主持英文翻译，也从事当地的监狱布教；依超则继她之后，在美国扩大成立了佛光山国际翻译中心。据说直到现在，已经翻译的英文版书籍就有一百多本，另有二十多种语言。

而在这些“依”字辈徒众当中，最令我感动的就是依华和依宏了。

首先就说依华。有一年，她跟随我组成的印度朝圣团到印度朝圣，犹记得行程结束，即将上火车前，她向我表示，希望能在印度国际大学留学。我立刻应允：“你就不必上火车了，留下来吧！”就这样，她在酷热、贫困的国度里，生活了十数个寒暑，从来不曾喊苦。

至于依宏，有一回，在我加拿大多伦多的弘法行程圆满后，大家坐在前往机场的游览车上，纷纷说道：“多伦多这个地方文化多元，实在值得建立道场，传播佛法。”我一听，就问：“谁人愿意？”只见依宏率先表示愿意，我即刻就要司机把车子停靠在路边，好让她下车。就这样，我们去了飞机场，而她则留了下来。多年后，依宏不负众望，果真创立了多伦多佛光山。

其实，佛光山许多“依”字辈的比丘尼，也不单只有在海外拓展而已，在台湾的，例如寿山佛学院第一届毕业生依严、心如等，也都曾协助我做初期佛光山的开山工作，并且担任各种职务，有的负责教学，有的负责行政，都是卓有功绩的比丘尼。

又如东方佛教学院第三届的依融和绍觉。一九七一年，当她们即将从学院毕业的时候，我问所有毕业生说：“谁愿意到兰阳救济院工作？”两人毫不犹豫地就举手响应。没想到，她们这一去就是三十余年，从来不曾向我要求调职，真可谓“鞠躬尽瘁”，把一生都奉献给老人了。

此外，像依谛，在佛光山负责财务工作三十多年，尽心尽力，忠心耿耿；依辉，在员林讲堂任职后，回到本山主持万寿园，为信徒服务了十多年，现在调任桃园宝塔寺住持，继续为大众服务。

总体而言，“依”字辈的徒众，如筹建澎湖海天佛刹的心舫，美国旧金山市三宝寺的依勤，马来西亚关丹禅净中心的依清，圣地亚哥西方寺的依宣，南华寺的依岸、依宽，法务师依培，大慈庵庵主依航，佛陀纪念馆殿堂组的依润，奥克兰佛光寺监寺依是，西来寺会计依住，弘讲师依导，乃至于北投安国寺监寺道祥，印尼普门道场的宗如等，她们有的在海内外道场主持寺务，有的负责殿堂、行政等职务，可以说，当年这许多青年就像军队一般，南征北讨，对佛教甚有贡献。

硕士比丘尼

自一九九一年后，佛光山的青年才俊更是越来越多，当中一百多位的硕士弟子，也都各有成绩表现。例如在各级学校任职或讲学的有国际佛光会中华总会秘书长觉培，人间佛教研究院研究员妙凡，在南台科技大学担任讲师的台北道场住持觉元，在佛光大学教授英文的妙觉，担任佛光大学董事会秘书的妙日，在佛光山人间大学从事教务长多年后转调巴西如来寺的觉轩，以及一直以来从事英文口译讲说的妙光等。

另外，在事业单位担任主管的，如妙蕴是香海文化执行长，妙开是人间通讯社社长；如常是佛光缘美术馆总部总馆长，也是佛陀纪念馆的副馆长；妙圆是佛陀纪念馆工作人员培训班教务主任，觉具是开山寮当家，妙曜是资讯中心主任，如邦则是出身澳大利亚格里菲斯大学的硕士。

还有在世界各地道场分任重要住持的，如台北普门寺的永富，曾领导“佛光山梵呗赞颂团”于欧洲、大洋洲、美洲、亚洲等国家艺术殿堂巡回演出；台中惠中寺的觉居，于南投“九二一”大地震期间，对灾区救援工作出力甚大；觉禹主持的嘉义圆福寺，曾荣获嘉义市“办理公益慈善社会教化事业绩优寺庙奖”；妙勤领导的台南南台别院，率先成立“佛光青年护持委员会”；妙乐主持的高雄南屏别院，连续两年荣获“内政部”颁发的“绩优宗教团体”表扬；屏东讲堂的妙璋，于莫拉克风灾期间，带领佛光会员投入救灾；妙士在大陆主持佛光祖庭大觉寺工程，担任都监，并且是上海普门经舍社长和苏州嘉应会馆美术馆馆长；妙净是菲律宾万年寺住持，领导菲国青年于世界各地演出《佛陀传音乐剧》，深受好评等。

其他

除了这一群年轻的博士、硕士徒众，佛光山还有更多的比丘尼于大学毕业以后，没有继续升学，但是她们为教奉献不遗余力，对工作充满热忱，在佛光山也是深有成就。

此中在海内别分院担任住持的，如曾任佛光净土文教基金会执行长的满舟，于建筑方面颇有专长，现在是澎湖海天佛刹住持；三峡金光明寺的妙莲，为发挥“寺院学校化”功能，经常举办佛学研究课程。

在海外别分院担任住持者，如多伦多佛光山住持永固，曾担任佛光山丛林学院院长，擅长文教弘法，经常鼓励信众成立读书会，带动阅读风气，并且大力护持本山各项文化出版计划；日本本栖寺住持满润、东京佛光山寺住持觉用，在日本发生“三一一”东北大地震期间，发动救援，并将世界各地佛光人所捐赠的物资，转予日本政府统筹分配；香港佛光道场住持满莲，深受港人崇敬，每次道场举办社教活动或法会，参加者总在数千人以上；新马佛光山总住持觉诚，积极投入青年的接引，过去在巴西弘法时，还荣获政府颁给科蒂瓦市“荣誉市民奖”；泰国曼谷文教中心住持觉机，代表佛光山投入泰国大水灾救援工作，深获各界肯定；加尔各答禅净中心妙如，致力于印度佛学院校舍的兴建。

满可在调任南天寺前，于新加坡服务，历经十余年的艰辛历程，终于完成兴建道场的使命；新西兰南岛暨北岛佛光山住持满信，为新西兰皇家警察学校第一位佛教比丘尼辅导师；欧洲地区总住持满谦，二〇一一年代表我出席梵蒂冈阿西西“世界和平正义反思、对话与祈祷日”活动，是各宗教中唯一一名女性代表；欧洲地区副总住持觉如、妙祥，则是参与佛光山在欧洲弘法铺路的先锋等。

另外，在事业单位任职主管的，如师范学校出身的永光，在菲律宾弘法十几年间，面临菲国政局动荡，于枪林弹雨的威胁中，丝毫不感畏惧；回台后，现在担任佛光山教育院院长。曾任人间卫视总监的永文，筹备拍摄《佛光山开山三十周年纪念影片》；一直于北海道场服务的永平，与同是功德主会会长的满益一起努力，为佛陀纪念馆的兴建贡献甚多；永均是滴水坊总部执行长；永融是佛陀纪念馆知客组头单知客；台湾大学英文系毕业的满和，是国际佛教促进会执行长；满勇长于土地行政，是佛光净土文教基金会行政管理部主任；满馨是佛光山总纠察，默默关心本山规矩制度的落实；未出家前曾是长庚医院金牌护士的觉念，现在是人间卫视总经理；妙志是传灯会执行长，代表常住关照徒众的学业、道业及事业。

在佛光山另有一批徒众从事文教工作，出版佛教书籍，宣扬佛法义理，如永本，一直以来，从事学术、教学和编藏的工作，继服务

于编藏处二十几年的永明、永进之后，现在正着手新增《佛光大辞典》的条目内容，并进行《佛光大藏经》的电子化工作；永芸，因为喜好文字，丛林学院毕业后担任《普门杂志》主编，并继依空法师之后担任社长，也曾主持《人间福报》社务，目前是佛光出版社代理社长。

永庄帮我写了十年的日记；永应、满济编辑《中国佛教白话经典宝藏》；满果编印了六十期的《普门学报》；满观是上海大觉文化执行长；满义著作《星云模式的人间佛教》；满光曾任《觉世》旬刊、《世界佛教美术图说大辞典》编辑；妙有编辑《佛光山徒众手册》等，都为现代佛教的发展留下历史的一页。

其他，如从事语言翻译或讲说的妙西（英文），满容、妙希（法文），妙慎、有方（泰文），觉灯（印尼文），如海（西班牙文），以及一直以来，担任本山与非汉语系国家如越南、柬埔寨、斯里兰卡等佛

二〇〇六年佛光山海内外徒众讲习会于佛光山不二门合影(慧延法师摄)

教界人士往来桥梁的觉门等。甚至佛光山联合诊所执行长妙僧，以及投入佛光祖庭宜兴大觉寺建寺弘法行列的妙悯、妙海、如清、有岸、有勤等，各个都是直下承担如来家业的比丘尼。

除了上述的比丘尼，在佛光山千余名出家众中，仍有许多默默为常住、为佛教发心奉献，不计名位，且坚守本分者。由于当中大多是出家二十年内的新兵（入道未久），大家年龄都还轻，正在为未来的佛教和自己的前途努力打拼，在此也就不再一一叙述。

总说一句，佛光山并不是由某一个个人所造就的，而是在大家的集体创作之下，才成就今日“法水长流五大洲”的局面。

人我善缘

星云

佛光山师姑善女人

目前佛光山约有百位师姑，
她们和出家众一样，
分布在世界各地的道场服务，
对佛光教团有很大的贡献。
她们不仅和一般信徒一样，
用财物来支持教团的法务，
还用她们的青春岁月和力量，
献身教务，
可以说，
与出家众奉献常住的发心，
其意义是同等重要的。

在佛教里，一个完整的僧团组织，是由七众弟子所组成。所谓“七众”，指的就是比丘、比丘尼、沙弥、沙弥尼、式叉摩那、优婆塞、优婆夷。说到比丘、比丘尼，大家都知道是出家的男众和出家的女众。但是优婆塞、优婆夷、沙弥、沙弥尼、式叉摩那，一般人对这几个佛教的专有名词就不太了解了。沙弥、沙弥尼是指未满二十岁的出家少年，当中，受过沙弥戒的男子，叫作沙弥；受过沙弥尼戒的女子，就叫作沙弥尼。另外，优婆塞、优婆夷，它的意译是近事男、近事女，再白话一点说，就是男居士、女居士；不过，七众当中，社会人士最不了解的，应该就是式叉摩那了。

在佛教里，“式叉摩那”是指有意出家入道的青年女性，因为身份特殊，所以在要成为比丘尼之前，为了防范一些意外的事情发生，也就有两年的观察期。这段时间，

与宜兰慈爱幼稚园教师及念佛会青年于宜兰圆明寺前合影。前排左起:黄惠加、朱静花、吴素芬、林美如、萧碧霞居士;后排左起:张慈莲、吴素真、杨慈满、本人、黄小姐、范秀香、张优理、黄幸子居士(一九五七年)

青年女子在寺院里安住修行,但还不能剃度,且要守持“六法戒”。佛光山的“师姑”就类似于“式叉摩那”,只是她们发愿以在家人的身份,终身奉献佛门。

目前佛光山七众弟子皆具,已经成为一个教团。甚至于说它是一个国际性的教团也不夸大,因为在时间上,它有半个世纪以上的历史;在空间上,它遍布世界五大洲;在人事上,则有二十六个国家和地区的人士聚集修学。

在佛光山的教团里,理所当然地是以比丘、比丘尼为中心,但也需要众多的男居士、女居士护持。而在这许多居士当中,除了居家学佛以外,没有结婚的男士还可以入道当“教士”;没有结婚的女士,所谓“带发修行”的女子,则可以做“师姑”。当然,也有一些结过婚的女性,在离开家庭后,来到佛光山长住修道,而那也只能叫作"师姊",不能称为"师姑"。成为"师姑"的条件,必须如同出家的比丘尼一样,没有结婚,才有资格入道。

目前佛光山约有百位师姑,她们和出家众一样,分布在世界各地的道场服务,对佛光教团有很大的贡献。她们不仅和一般信徒一样,用财物来支持教团的法务,还用她们的青春岁月和力量,献身教务,可以说,与出家众奉献常住的发心,其意义是同等重要的。

说起师姑,现在就以几位有代表性的人物来叙说。第一位应该就是人称"萧师姑"的萧碧霞了。

萧碧霞

萧碧霞师姑,一九四一年生,宜兰人。一九五〇年代,我初到宜兰的时候,她还只是一个十二岁的小姑娘,家住头城,父亲是邮政局的局长。不过,那个时候,童男童女信仰佛教已经蔚为风气,很多小孩经常在寺院里走动,我也就没有特别注意到她一个人了。

当年,萧碧霞在母亲的鼓励下,初中毕业,才十五六岁的年纪,就以优异的成绩考进了宜兰电信局。之后,还因为表现绩优,获颁"全台模范劳工"的殊荣。

有一天,她和一群年轻的电信局话务小姐,结伴来到宜兰雷音寺参加共修活动。那个时候,雷音寺里没有客厅,大家讲话都是站在丹墀上讲,偶尔我也随众站在那里。有一次,忽然有人指着这一位小小姐,对我说:"这个美丽的女生应该去竞选'中国小姐'。"那时正值连方瑀、林静宜等人在台北竞选"中国小姐"的期中,确实不错,当时的萧小姐,端庄大方,还真具有参加选拔的条件。

不过,萧碧霞并没有去竞选"中国小姐",反而一心向道,欢喜地投入佛门。那时候佛教要想吸引社会优秀青年到寺庙,还是不具条件的。因为寺庙里既无事业,又无清净的殿堂,连进入寺庙,要想找一张椅凳坐一下都非常困难，她们能不嫌弃雷音寺的简陋，肯得在大众里随喜拜佛，算是很难得的。

当年在宜兰雷音寺参加共修活动的电信局职员，黄惠加（左二）、朱静花（左一）、林班长（右二）、萧碧霞师姑（右一）（萧碧霞师姑提供）

后来，我在各地弘法，听说萧碧霞到政治大学进修，甚至于晋升为宜兰电信局稽查员，也很为她的上进和成就感到荣耀。尤其那时候，我已经到佛光山来开山，并且将宜兰雷音寺交由心平法师主持，但是宜兰电信局这一班虔诚的信徒，仍然持续地护持雷音寺，护持心平法师，实在非常难得。据闻，心平法师在宜兰雷音寺数年之中，有六次因民众举报违章建筑，而让拆除大队来到现场要把房舍拆除，最后都是在萧碧霞和这群小姐们的维护下，反把拆除大队给撤回去的。

当时，我也不知道这一群娘子军有这么大的威力，后来才知道，她们在电信局服务，经常都要和当地的政府、警察局等公家机关往来。心平法师也算有福气，借助她们的力量，才保住了雷音寺

与心平和尚(右一)、萧碧霞师姑(左一)在埃及合影

许多建筑免于被拆除的命运。

想起当年,这许多电信局的小姐之中,尤其是萧碧霞,凡是雷音寺有外来信徒、客人要吃饭,她都自告奋勇地表示要参与典座(烹煮)工作。尤其那个时候,台湾各地的寺庙很少有会计人才,可是在面临政府逐渐对寺庙要求财务公开之际,又不能没有专职负责财务的人,向来热心的萧师姑,也就义务来到雷音寺担任会计。按照现在所谓"义工"的称呼,萧师姑应该算是我来台之初最早的义工了。

一九六七年,我在佛光山开山,也需要会计人员,尤其想到办理中的普门中学更需要总务人才,也就商之于心平法师,请萧碧霞辞去宜兰电信局的工作,到佛光山来担任普门中学的总务主任。出乎意料,萧碧霞的父母,包括她自己,都非常爽快地就同意了。

一九八〇年,佛光山朝山会馆落成后数年,我见萧碧霞全身的活力,就再邀请她继慈庄、慈惠、慈容之后,兼任朝山会馆馆长。她一做十年，每天为信徒服务，尤其以身作则，典座、接待、房务等工作，样样都能承担。

那个时候的佛光山虽然还在开山期中，却已经是十方云来集，有时信徒、游客临时打来一通电话，说等一会儿要到佛光山来吃饭，需预定三十桌、五十桌，甚至于一百桌的饭菜，萧碧霞总能在极短的两三个小时之内，完成供应的任务。所以在当时，她不但解决了游客食宿上的困难，也建立了和信徒之间的良好关系。

萧碧霞做了十年的馆长之后，接着又担任佛光山宗务委员会的财务长。在职期间，凡是本山的建设需要金钱购买建材或土地，她从来都没有要我自己想办法解决，总是和依璞法师共同就把这许多困难承担起来。甚至于后来佛光山办大学、电视台、报纸，在财务上，也都不需要我太多的关心和挂念。因此，也就让我感觉到，佛光山真是时时承蒙诸佛菩萨加被、龙天护法护持，各方面的运作才能顺利开展。

我从不向人化缘，更何况住在山林里也没有化缘的机会，只能等待有缘人了。所以，佛光山在全世界的别分院能一一树立起来，都要归功于萧碧霞等许多师姑和众多出家弟子的同心协力成就。这些青年比丘、比丘尼及师姑们，从不计较名位，也没有领取待遇，更不在乎上下班时间，每天二十四小时自发性地为人服务，可谓“色身交给常住，性命付予龙天”，将整个生命都投注在道场的弘法以及信仰的生活上了。

尤其佛光山开山建寺到现在已经四十五年，数千人的法会，乃至数万人的集会，在数十年中，早就不只办了百千次。但是当中最困难的吃饭、住宿，她们往往都能帮助我解决。特别是近几年来，很多国际学术会议在佛光山召开，甚至于大陆游客往来日增，她们也都能负起接待的任务。尤其是萧师姑烹煮的面食，现在已经闻名全大陆，一些大陆游客大老远到佛光山，点名要吃萧师姑的一碗面，也就可见萧师姑对于吃的艺术之讲究，让人心生欢喜了。

说到炊煮，她还曾经因为典座的专长，应邀在美国大学里担任烹饪教师，也出版过素食食谱，很受大家推崇；而二〇一一年底，历时八天的佛陀纪念馆落成系列活动，光是提供的便当数量总加起来，就约有上百万个，数目不但庞大，而且美味的便当也获得各界一致好评。

谈及萧师姑的发心，佛光山曾经为了让师姑们也有机会参与常住的政策议订，还特地在九个宗务委员当中，设立了一位在家众保障名额，萧师姑在众人的拥护之下，也担任了多年的宗务委员。

实在说，萧师姑之所以能成为萧师姑，是因为她对外不攀缘，没有私人的交往，甚至于自己父亲、兄弟的退休金留存给她，她也都拿来奉献给佛光山，从来没有接受过佛光山给她的任何待遇，甚至连一张车票，常住也都没有替她买过。

现在年届七十的萧师姑也在佛光山退休了。总说一句，她对常住很忠诚，对佛法有信心，对服务很热情，无私无我，精进发心，实在堪为师姑的模范。

吴宝琴

从早期的宜兰雷音寺，到后来高雄的佛光山，为佛教出力甚多的第二位师姑，应该就是吴宝琴师姑了。

吴宝琴师姑，一九三六年生，宜兰四结村人士，是“开发宜兰第一人”吴沙的后代。一九五三年，我初到宜兰的时候，她的母亲罹患重病，为了就医方便而住于雷音寺，她为能侍候母亲，也就经常出入雷音寺。三个月后，她母亲奇迹般地痊愈，而已经习惯寺庙作

吴宝琴（左一）、陈信智（左二）、杨慈满（右一）与黄叶美（右二）跟随我至印度朝圣（一九七九年十二月八日至十二月二十八日）

息的吴宝琴，也就索性留在常住，协助寺里的清扫、香灯等工作，甚至偶尔共集会，也都会见到她虔诚礼拜的身影。

最初我还不是雷音寺的一员，只是客请前往讲经的一位法师，但是她的阿姨郭爱女士，在那个时候，则已俨然是寺庙里的总当家，吃住、财务全都由她和几位女居士负责料理，我乐得清闲，也就经常游走全台湾布教，偶尔才回到宜兰。

在那一二年当中，我每次回到宜兰，都会看到这一位青年，在一群老年的居士中拜佛、诵经。因为那个时候，参与念佛的，大多数都是上了年纪的人，很少有年轻人参加，当中忽然有这么一位年轻的女性，也就格外地醒目了。

当时台湾的社会非常保守，养女制度极为盛行，女性经常受到歧视和虐待。吴师姑虽不是养女，但由于身处在男女地位非常不公平的年代，与人往来也就显得羞涩。因此，平常与我几乎没有什么互动，只有在我讲经的时候，她才远远地看着我，认真地听我讲说佛法。一直到了大概一九六一年左右，她看到我，才不像最初那样畏惧。

这时候，我开始着手在宜兰办理慈爱幼稚园，正需要幼教人才，也就鼓励她去“台中市立保育人员训练班”，学习幼教。一年后结业，她正式成为一位优秀的幼教老师，也顺利地回到了慈爱幼稚园任教。几年后，我在高雄创办普门幼稚园，她再次接受我的建议，来到高雄任教。因此，前前后后，吴宝琴从事幼教工作就有二十年之久。直至佛光山开山以后，需要有人担任朝山会馆管理主任，在我苦口婆心地劝说之下，她虽然觉得难以胜任，还是勉强答应接任了。

之后，台北普门寺开创，在慈容法师的主持之下，她再转往普门寺承担总务工作。此后，尽管在佛光山调派制度下，寺院住持交替数人，她依然本着辅助僧众安心弘法的发心，将寺中大小事务统统都担当下来，毫无怨言地就做了二十余年。

后来，佛光山建立了正式的师姑入道制度，她凭着数十年奉献佛教的信心，欢喜地就入道成为师姑了。所以，佛光山有三大师姑：萧碧霞、吴宝琴、杨慈满，她就是其中之一。

在佛光山，按目前师姑序级阶位的办法，初入道者为“清净士”，共有六级，一年得升一级，六年后就升为“学士”；“学士”也有六级，二至三年升一级，大约也要经过十二年，才升为“修士”。到了“修士”的阶段，升级的速度就更为缓慢了；“修士”，共有三级，三至六年才升一级。不过到了那个时候，也应该都是退休的阶段了。

但是话说回来，也不是人人都能按年升级的，还要经由学业、事业、道业的评鉴，通过后才可以升级。尤其是，过去这许多师姑们在佛光山的序级，按一般的时间标准来计算，都要比出家众的升等速度多加一倍的时间。所以，萧碧霞、吴宝琴、杨慈满等师姑，能晋升到“修士”级，也实在很不容易了。

杨慈满

除了萧碧霞、吴宝琴师姑，一路跟随我从宜兰到佛光山开山的第三位师姑，就是杨慈满师姑了。

杨慈满师姑，一九三二年生，宜兰市人，最初跟随母亲到宜兰雷音寺拜佛，时间一久，与我们熟识之后，刚巧慈爱幼稚园缺少幼教人才，正在物色人选到幼教机构受训，她就这么入选了。在取得幼教资格后，她也担任了多年幼教老师。

因为从事幼教工作，经常会和道场接触，后来我创建宜兰念佛会，也就请她协助会籍组事务。这份工作，她一做十余年，从来没有迟到早退，一到信徒集会的时候，更是谨守本分地老早就坐在服务台为会员登记、收费，做各项服务。

只是，她的性格太过锱铢必较，哪一个会员迟交会费，就给予诸多责怪，所以我看在眼里，也就认为极端不妥。不过宜兰人的性情都很好，虽然每个月要按时缴交两块钱会费并不是容易的事，尤其是杨慈满对她们是否准时缴交会费总是斤斤计较，也就让大家显得战战兢兢，但是在那个时候，她的负责、勇敢、承担，还是获得很多人的赞叹。

尤其在她服务的十多年间，宜兰念佛会会籍组就有一千多个会员，但是她对于每一个人住在哪里、叫什么名字、什么时候捐过多少功德，都能娓娓道来，丝毫不乱。

一九六七年，适逢佛光山开山，很需要采购、经营、出纳的人

一九八〇年返乡探亲。左起：吴宝琴师姑、弟媳秀华、本人、母亲、萧碧霞师姑、杨慈满师姑（萧碧霞师姑提供）

才，在征求她的意见之后，很快地，她就从宜兰南下高雄佛光山服务。所以，早期东方佛教学院、朝山会馆的工程采购，都是由她帮助我完成的。不过，我也不时地给她逼得非常痛苦，因为她三天两头就来告诉我："明天没有钱买钢筋，工程要停顿了。"再不然就说："工钱发不出去，工程要停工了。"

虽然我不擅于管钱，也知道钱不够用，但是为了安抚她的情绪，我也只有说："明天不就是礼拜天了吗？信徒上山来，添了油香，后天不就有钱付了吗？"可是她总要吓唬我，又说："假如明天下雨呢？谁要上山来？"但是佛陀怜悯我们，在佛光山开山的工程期中，逢礼拜天就是不下雨。

有时候她又恐吓我:“明天没有钱了,我可不管了哦!”我说:“不是有一张三万块钱的支票吗?”她却得理不饶人地回说:“那是支票,不是钱啦!”在这种情况之下,我竟也能跟她合作好多年,实在不容易。不过,话再说来,我还是很佩服她的,并不会去计较她的这些反应,毕竟在经济拮据时,谁都会想要节省开支,她只不过是为常住着想,不要让常住到了临时没有办法应付,也就特别小心翼翼了。

在她会计兼采购的职务做了十几年后,因应常住的需要,她又担任了“净土洞窟”主任。这一次,终于一反过去不断支出钱财的窘境,有机会为常住收取一点净财了,也就让她觉得很高兴。

杨慈满师姑为人耿直,有一段时间,她在佛光山养了一只狗,名字叫做“来发”。每天当她为“来发”准备好饭食后,就会高喊:“来发,来吃喔!”因为平常叫习惯了,所以偶尔信徒送来一点面包或水果要给我,由她送来,她也跟我说:“来发,来吃喔!”我听了不禁莞尔,就幽默地回应她说:“你放在那里,我这个‘来发’要等一下才吃!”后来她发现自己说错话了,赶紧央求我说:“拜托你,千万不能告诉别人哦!”

我和出家徒弟,乃至于和这许多师姑们相处,大家真的就如同一家人,如同兄弟姊妹般,彼此不拘小节,也没有长官对待部下般的威严。

再说杨慈满师姑于佛光山服务三十多年后,有一天,我对她说:“你可以率先退休,入住我们的佛光精舍,常住会有一间房间给你静养。”那时候她还年轻,并不大愿意,不过我想总要有人做示范,让信徒知道在佛光山服务是有退休制度的。所以我就再说:“你从一九五四年就在宜兰雷音寺服务,至今都三十多年了,是到了可以退休的时候了,还是给大家做个示范吧!”她给我这么一劝说,也就到了佛光精舍。不过,她这个人就是闲不住,还是一样地在帮助常住做一些杂务。

总说起来，佛光山的师姑真是个个都很优秀、个个都很发心，实在是难得的善女人。

萧碧凉

接下来要再叙说的师姑，就是在佛光山大慈育幼院服务三十多年的萧碧凉师姑。

萧碧凉师姑，一九五五年生，也是宜兰人。因为早期我在宜兰弘法的因缘，所以之后我虽然来到高雄开山建寺，距离宜兰有五百多公里之遥，还是承蒙许多宜兰的乡亲父老，特地前来鼎力相助。例如，在我开山之初，和我同住在一间工寮里、协助我搬砖担土的"阿德师"父子，他们两个人实在很好配合，不分昼夜，随叫随到。乃至于开山之后十多年间，也不断地有宜兰子弟来到佛光山服务，而萧碧凉师姑就是当中的一个。说起来，佛光山开山初期，宜兰人和高雄等地的信徒一样，都曾付出很大的力量。

说起萧碧凉师姑，她于一九八一年来山后，就志愿到大慈育幼院里担任保姆工作。三十多年来，她对院童的爱护，可以说就像妈妈般地周到，甚至还比一般人家照顾亲生儿女周全。

她一生在育幼院奉献，自己虽没有生儿育女，却拥有七百多个孩子，大家都一致地喊她"萧老师"；在她升任育幼院院长后，又改称她为"萧院长"。总之，无论是"萧老师"还是"萧院长"，院童们对她都充满了感恩之情，尽管长大后踏出院门，成家立业，但是之后再回到佛光山来，也都一定要找萧院长。

过去，外界常常打电话到佛光山来说要找院长，那时候我也是东方佛教学院的院长，但往往我去接听电话时，找的都不是我，而是要找萧碧凉。后来慈容法师干脆就建议大家：今后不要再称师父为“院长”，应该尊称为“大师”。这也就是我被称为“大师”的由来。只不过，这句“大师”也为我带来了很多的麻烦。

守护大慈育幼院三十年的萧碧凉师姑

其实，“大师”这个称谓，并不是多么伟大的称呼。在世俗上，“大师”就是专家的意思，如张大千大师、黄君璧大师等。在佛教里，观音大士、维摩大士，名为“大士”，也是“大师”的意思，就等同于“菩萨”的意义。尽管菩萨有层次的不同，不过只要你有心，即使是才开始学佛，也能称菩萨，就叫作“初发心菩萨”。

不过，当大家决定要称我为“大师”后，我就想，这势必又会带来不少麻烦了。果真如我所料，由于社会人士，乃至佛教界许多人的不了解，就认为我僭称尊号，要想与别人不同。实在是大家有所不知，我也是出于不得已！因为一般的信徒称呼出家人，都叫“师父”，但是在佛光山里，师父就有一千多人；若说叫“院长”，都监院院长是院长，育幼院院长是院长，乃至丛林学院院长也是院长，那我身为大家的师父，又该怎么称呼呢？势不得已，大家也就称我为“大师”了，这只不过是佛光山的一个职务名称而已，并没有什么了不起。

总之，称我大师、不称我大师都无关紧要，最要紧的还是萧碧凉师姑这个人。

身为一个女性，离开家人，把自己的爱心全投注在幼童的身上，一年三百六十五天，既不请假，也没有礼拜天，一做就是三十年以上，至今仍未退休。实在说，三十年的岁月，并不是一个短少的日子，但是你说她辛苦吗？也不尽然。育幼院是一个大家庭，她身为家长，拥有那么多的儿女，大家和乐融融，也是非常幸福美满的事。

说到大慈育幼院，顺带一提，那是我和“交通银行”经理徐槐生先生合力创办的。不过，他去世得早，之后也就由我独力承担院务。甚至育幼院成立之初，有很多来自外国如印尼、马来西亚、泰国等地的幼儿，因此，我们还曾一度把它改名叫作“国际儿童村”。

再说萧老师，她平常教导幼儿，一方面健全他们的人格，一方面也关心他们的学业，许多小孩子在她的栽培下，都在各地大学如台湾大学、“清华大学”、中正大学等校就读。乃至于远在美国的西来大学，也都有出自育幼院的留学生。所以，大慈育幼院在萧碧凉师姑的维护之下，院童们真是个个才华洋溢，在各级学校就读的表现，也都深受校方肯定。

尤其到了每年春节，她为了增加佛光山新年的热闹气氛，同时也培养儿童们集体创作的精神，老早就为他们做好化装游行的准备，每次演出的创意，都深获来山游客的赞赏。

除了是育幼院院童心目中“永远的萧院长”，萧碧凉还是佛光山慈悲社会福利基金会的执行长，一路来，她怀抱着对社会的爱心，积极推行急难救助、医院探访、监狱布教、社区关怀等慈善工作。可以说，她和很多的师姑一样，一样的发心、一样的勇敢、一样的承担，都是一样了不起的师姑。

黄美华

第五位要提的师姑，就是与萧碧凉一样，在慈善方面都曾有卓越贡献的黄美华师姑了。

黄美华师姑在凤山老人公寓崧鹤楼为长者服务十年岁月

黄美华师姑，一九五三年生，基隆人，佛光山丛林学院毕业生。在她毕业时，正是萧碧霞师姑担任朝山会馆馆长、寄望佛教学院里的优秀在家众能到朝山会馆担任柜台小姐的时候。

那时，要担任朝山会馆柜台小姐，还真不是一件容易的事，因为馆方挑选的都是能干、大方、明理、热心服务的人，黄美华同学能入选，自是很难得。尤其她在柜台服务的三年期间，对访客的吃住、接待，热忱耐烦，让来者无不欢喜而归，也就更加受人肯定了。

三年后，因为她的性格慈悲、负责、热心社会公益，在本山的调派下，升任慈悲基金会执行长。时值高雄县政府在凤山设立了一栋观光旅馆式的老人公寓，内有能容纳两百五十人的套房，取名为"崧鹤楼"，正愁没有适当人选负责管理，于是余陈月瑛县长就把它交给佛光山办理，我们也义不容辞地就派遣了黄美华师姑前去担任管理。一时间，崧鹤楼成为全台首座"公办民营"的老人公寓。

黄美华师姑在老人公寓一做就是十余年，对老人特别有爱心。她为了对老人表示尊重，做到：

第一，将老人定名为“长辈”，这个称呼我也认为很适切。

第二，鼓励老人参与活动。在她管理的崧鹤楼里，老人唱京戏、旅行、参加游艺会是常事。尤其他们年龄虽老，但参加起活动来，却都童心十足，活力真是不输时下年轻人，大家都乐在其中。

第三，为老人备办的饮食非常周全。为了尊重大家的口味，她都尽量请厨房尊重长辈的生活习惯，依循他们喜欢面食或饭食来准备餐点。

第四，待人非常慈悲的她，有时候老人交不出住宿费，她也会想尽办法为他们解决。因为崧鹤楼虽然是政府所办理，但是并没有经费补贴，完全是一个自给自足的慈善机构。所以，住宿的老人一旦没有缴费，公寓也就要难以维持各方面的开销了。但是黄美华师姑本着佛教的慈悲精神，凡事设身处地地为老人着想。甚至于佛光山介绍的二十几位不予收费的老人家住在崧鹤楼里，她也一样地给予细心照顾、养护和孝养。

第五，按照老人公寓的规定，长辈一旦生病，就不能续住。为此，她也就一再加强公寓的各项照护功能，希望将老人公寓变成是长辈可以在地安老的地方。

第六，她为老人公寓成立了很多的委员会，如伙食委员会、活动委员会、生活委员会等，让长辈之间也能透过会议讨论，相互关怀。

黄美华师姑对于老人公寓的经营，真是非常用心，只是后来，我个人实在不忍心她一个人陪伴老人那么多年，也就鼓励她转任《人间福报》发行部总经理。多年后，她又担任佛光山文化发行部执行长，印行大量佛教书籍，并且积极对外发行。例如《佛光菜根谭》折经本口袋书，一印就是数十万本；二〇一二年“龙天护佑”的春联，更是印了二百万份以上，分送给全球各界人士。

可以说，黄美华师姑真是做什么像什么，从知宾到慈善，乃至到文化，样样都能做到最好。

黄惇靖

另外要再提的是，三十多年前于佛光山台北别院担任义工、转而全心为佛门效力的黄惇靖师姑。

黄惇靖师姑，一九五二年生，基隆人。本于台湾通运公司担任财务工作，由于参加台北别院举办的“朝山团”，而有因缘南下高雄佛光山。在亲眼目睹出家人的威仪、亲切和才华后，打破了她对佛门“青灯古佛伴一生”的刻板印象，回到台北后，每逢周末假日，经常都会前往道场协助行政、参加讲座。

多年后，当我得知她在青年会任职期中表现优异，特地邀请她到本山服务。那时，她爽快地应允来山三个月，但是几十年后，据她表示，其实当年在答应我后，几度犹豫，最后是为了信守承诺才勉强上山的。没想到，这一投入之后，深受教团为众服务的精神感动，三个月就变成了三年，如今则已经三十年过去了，还发心入道当了师姑。至今回忆起来，连她自己都觉得因缘不可思议。

在这段奉献佛教的漫长岁月里，她曾担任文物陈列馆主任二十多年。其中，也协助本山审核各项财务支出，并且创办馆内的文物流通处，兼任台南佛光缘美术馆馆长。之后，又在常住的安排下，承担文物展览馆（即现今佛光缘美术馆总部）主任一职。目前则以财务的专业背景，任职于相关单位。

说起她在各展馆服务的数十年间，往往在联系展出事宜遇到困难时，总是尽力设法解决问题，不让常住担忧。这股担当的勇

与母亲在一起。中为黄惇靖师姑

气，也让她和许多海内外知名艺术家，如朱铭、王秀杞、李正富、陈正雄、陈培泽、黄国书、关椿迈，以及李自健、高尔泰和蒲小雨等人，结上好缘。

除此之外，黄惇靖师姑还参与了一九九五年台南佛光缘美术馆的开幕工作；二〇〇〇年，时值佛教东传二千年之际，本山盛大举办“佛教文物暨地宫珍宝特展”，她也曾参与其中的联络和接待。

总而言之，黄惇靖师姑在数十年为教奉献的光阴里，总是把功劳归于常住，可谓是忠心耿耿的佛光人。

何玮馨

除了上述在佛光山奉献数十年的师姑，近几年来入道的师姑，对于弘法事业也多有建树。首先就从何玮馨师姑说起。

何玮馨师姑，原籍广东，一九四八年出生于香港，在台湾大学完成学士教育后，前往大陆发展事业。一九八一年，因为公务之需访问美国西来寺，而对“人间佛教”理念有了认同，回港后便开始亲近佛光山佛香讲堂。十多年后，于一九九九年，更负笈来到佛光山就读胜鬘书院。期间，有感于佛教需要在家众护法，毅然决然放下事业，申请入道当师姑。

台湾大学毕业的何玮馨师姑与家人合影于传灯楼大师馆

进入佛光教团后的何玮馨师姑，最早服务于员林讲堂，因成功推动“三十斋”（三十元斋饭素食），受到在地乡亲肯定。当我得知此事时，便责成她于新成立的嘉义南华学馆（现名嘉义会馆）成立滴水坊总部，更进一步于全台湾推动“三十斋”。在职期间，她本着佛光人“给人欢喜”的工作信条服务客人，不但讲究餐点品质，并且注重出餐速度，让来客都赞不绝口。

由于何玮馨师姑行事积极、有效率，所以在常住的安排下，于二〇〇四年，兼任师姑室执行长，为本山的师姑及在家职员服务。期中，她为了树立佛光山师姑的形象，以展现师姑共同护持佛教的精神力，而设计了一套师姑制服。经常在大众集会的场合，见到师姑们穿着制服出席，精神抖擞的姿态，都会让我想起当初她的用心良苦。

英文讲说流利的她，二〇〇八年，又受派前往美国国际佛光会世界总会服务。期间，许多海外贵宾，如联合国非政府组织 HDI 总裁史瓦门先生、英国西敏市署理市长马歇尔先生（Dr. Harvey Marshall）等人来到佛光山参访，都是由她负责接待的。

现在，她更积极投入全球一百七十多个佛光协会的活动资料分类汇整，并建置于网络上，让海内外人士都得以透过网络认识佛光会。可以说，何玮馨师姑真是一位勇于接受不同领域挑战的弘法人才。

吴淑华

佛光山的师姑，个个做事全力以赴，只要常住需要，往往没有二话，例如现在要述说的吴淑华师姑也是其一。

吴淑华师姑，一九五一年生，嘉义人，曾于世界知名汽车零件制造集团服务二十五年，最高职务为美国厂副总经理。二十年前，由于和我在桃园机场的一面之缘，及一席简短的对话，促成了她日后皈依佛教，于佛光山达拉斯讲堂学佛的因缘。

最初，她在国际佛光会达拉斯协会担任理事，并协助《佛光世纪》的编务工作。三年下来，让她更加肯定佛光山的弘法理念，进而要求周末能在滴水坊担任义工，与人结缘。两年多里，每到周末，都能见到她在滴水坊里穿梭，亲切地为客人点菜、送菜的身影，虽然忙碌，却很欢喜。之后，她更是如同补处菩萨般，道场中哪里有需要协助，就自动前往补位。

二〇〇三年，回到台湾后，她继而又在佛光山位于台南的道场担任义工，长达五年。期间，她协助台南讲堂成立社区学院；南台

吴淑华师姑

别院落成后，更承担台南人间大学执行长一职，同时筹备佛光缘美术馆的展览。尽管这些工作与她过去所学不同，但是在她刻苦耐劳、不怕困难的精神领导之下，都能顺利圆满地完成任务。甚至在这段时间里，吴淑华受众人拥护，还担任了佛光会台南中区第二分会会长，她也都能设法负起领导会务运作的责任。

在一次又一次地承担佛法事业当中，她更加坚定了自己走上人间佛教弘法之路的信心，因而在二〇〇八年决定入道当师姑。

由于她在文教、管理方面的表现优越，深具专业素养，入道后，在常住的安排下，她接下了《人间福报》社长特别助理一职，协助《人间福报》的业务发展。两年后，又担任我“公益信托教育基金”副执行长，协助“真善美新闻传播奖”、“三好校园奖”、“Power 教师奖”及“全球华文文学奖”等诸多事宜。

总说吴淑华师姑，她真是一位教性很强，极富弘法使命感的师姑，所思所想尽是如何让佛法传播出去，令更多人受益。

蔡丽芬

再来要说的，应该就是服务于师姑室的蔡丽芬师姑。

自述一生历经校门、公门、佛门“三门”的蔡丽芬师姑，一九六四年生，云林人，南华大学生死学、宗教学研究所硕士。

蔡丽芬师姑的人生经历丰富，当她从台湾大学法律系毕业后，便相继于台湾大学、高雄、金门地检署、台湾美术馆等公家机关服务近二十年，并曾担任高雄市“中正文化中心”管理处处长。极富爱心的她，还经常到法院里当义工，辅导因少不更事而一时误入歧途的青少年。

二〇〇五年，在她就读南华大学研究所期间，当我得知她有意写作佛教相关论文时，基于能有这么一位肯为佛学研究发心的人才，我也就做了不请之友，安排她住宿佛光山，好专心撰文。没想到，由于此次写作的因缘，让她更进一步认识了佛光山，而决意终生为佛光山的弘法事业奉献。

因此，在她完成写作后，常住便依其行政管理、人事协谈的专长，安排她于师姑室任职。除了为近百位师姑服务，至今，她在健全员义工各项制度、安顿员义工身心方面，都颇有建树。尤其对于初入佛门者，她总是一本常住“随众安住”的理念，协助他们融入教团里。

蔡丽芬师姑虽然进入佛门的时间不是很长，但是在人事协调和执行事务时，却能兼融佛法慈悲圆融的内涵，让职员们都能无后顾之忧地在常住服务，实在是不可多得的人才。

在佛光山，可钦可佩的师姑还有很多，例如林秀盆师姑，从佛光山开山到现在，在“净土洞窟”服务已有四十多年，期间没有调换过职务，至今还在为常住奉献。又好比曾在“果乐斋”为来山游客烹煮面食的郭道光师姑，在佛光山服务数十年间，从没有闹过情绪，也从未请假或外出。十几岁就来山的她，当年因为年纪小，皈依慈庄法师成为本山第三代弟子，不过现在也已是六十多岁的老人了。另外，在美国西来寺负责宝藏馆展务的郑碧云，任何事情只要交代她，都会有办法完成。可以说，她们都是走过佛光山开山初期艰辛历程的师姑。

佛光山的师姑群。前排左起：黄素霞、陈美娟、辜鸿玉、童纯纯、赖秀惠、李秀梓、杨稳燕；后排左起：何春兰、黄莉莉、韩沁宸、严淑萍、吴淑华、萧碧凉、倪宝琴、黄美素、蔡丽芬、黄美华、郑慧美（二〇一〇年八月二十九日）

在她们之后来到佛光山的，如香港佛光道场的倪宝琴、福利监院室流通处主任黄美素、南华大学董事会助理林淑惠、满香园餐饮部张伯娇、高雄南屏别院张艳英、南华大学人事主任黄素霞，以及分别于佛光山客堂、邮政代办所、总机，一做十几年的何春兰、翁桑匹、许释迦师姑等人，她们在佛光山奉献也都有二十年以上了。

总说佛光山的师姑们，不但积极协助僧众弘法度众，也维护僧团的立场，每当佛光山遭遇不肖之徒扰乱时，她们总是率先挺身维护，真可谓捍卫佛光山的一群女性护法金刚了。

人間歡喜

佛光人的信仰动力

由于对信仰的虔诚，
近十几年来，每年除夕，
都会看到他带领着全家数十人上佛光山，
和数千人一起围炉，吃年夜饭。
尤其是佛光会每次召开会员大会，
或举办佛诞节庆祝大会、
禅净密三修法会等大型活动，
他都鼓励南区会员踊跃参加，
数十年如一日。
所有佛光人都秉持着
“给人信心、给人欢喜、
给人希望、给人方便”的工作信条，
从自身的行持，
进而扩大至利他的菩萨道修行，
以实际行动来昭示自己对信仰的坚定。

在台湾光复初期，要想组织一个社团，尤其是宗教性质的团体，真是比登天还难，因为政府只承认一个“中国佛教会”，此外一概不开放。一九七八年，我有意组织“中国佛教青年会”，而在《觉世》旬刊上，连续发行了两期“中国佛教青年会发起专号”，表达诸山长老和社会各界支持成立“中国佛教青年会”，重视佛教青年未来发展的立场，之后并正式具文向“内政部”申请成立。但是出人意料的是，“中国佛教会”竟起而奔走呼号反对，政府当然也就不予准许了。

为此，时任国民党中央党部社工会主任的萧天赞先生，亲自上山来拜访我，一者，拜托我不要组织“中国佛教青年会”；二者，希望我不要参选“中国佛教会”理事长，转而能担任“中日佛教关系促进会”会长。综观事情发展至此，“中国佛教青年

…“大马好”弘法大会，八万余人参与集会，
…人为佛光信众，四万余人为当日新皈依弟子。
…来西亚 莎亚南体育场（蔡荣丰摄，二〇一二年十一月二十四日）

国际佛光会世界会员大会于佛陀纪念馆举行开幕典礼。前排左起:游象卿、余声清、翁诗杰、本人、吴伯雄、陈淼胜、心定和尚(蔡荣丰摄,二〇一二年十月十日)

会"势也难为,我只有退让一步。

其实,早在一九六〇年,我就曾与道源法师组织佛教访问团前往日本访问,那时我们还拜访了全日本大本山的馆长。但是二十年后,出任"中日佛教关系促进会"会长期间,除了和曹洞宗贯首丹羽廉芳召开过几次友谊会议以外,对于佛教也就别无建树了。

在当时,不仅只成立社团遭遇困难,所有佛教活动也一定要附属在"中国佛教会"的组织之下,才可以进行,离开了"中国佛教会",即使要在寺庙里举办社教活动,政府也大都不同意。

到了一九八五年，好不容易遇到贵人董树藩先生，承蒙他的欣赏，以“蒙藏委员会会长”之尊力挺，要我组织“中华汉藏文化协会”。尽管我从协会名称就看出它未来的发展成就有限，但还是勉强接受，先求其有。之后透过该会，除了召开“世界显密佛学会议”，和藏传佛教的活佛联系交流，也曾为了恢复南传佛教比丘尼戒法，而到印度菩提迦耶传授三坛大戒。由于传戒因缘，又承蒙西藏贡噶多杰喇嘛看重，送了一颗世间稀有的佛牙舍利给我；这是他从西藏逃亡到印度时，用生命护藏的圣物。

不过，在我做了两任会长之后，不见会员增加，自觉不能胜任，就荐请密教院的院长田璧双喇嘛担任理事长。我真是千恩万谢地感激他，肯得继续汉藏文化交流的工作。

一直到了一九八七年，蒋经国先生宣布解严，许多社团如雨后春笋般地纷纷成立，想到当初成立“中国佛教青年会”的困难，现在情况出现了转机，因此在经过一两年的筹备之下，我于一九九一年正式成立了中华佛光协会（后更名为“国际佛光会中华总会”），并且在短短的一两年间，相继成立了五百个分会。可以说，全台湾几乎一半以上的乡镇，都有佛光分会的据点。紧接着，一九九二年我又在美国洛杉矶成立了“国际佛光会世界总会”，不到一年，全世界七十几个国家地区，也都陆续成立了佛光协会。

如今，二十个年头过去了，佛光会在海内外已拥有了三百万名以上的会员，他们都以自称“佛光人”为荣，对于社会灾难的救援、苦难人民的关怀、青年学子的照顾、传播佛法的热心，以及倡导义工的发展等等，可说贡献良多。

首先要提的必然是吴伯雄居士了。他在一九九二年，担任“内政部长”期间，有一次我人在美国，透过越洋电话联系，请他担任国际佛光会世界总会副会长，他一口就答应了。往后，陆续地就有很

世界总会秘书长慈容法师(前排左五)、中华总会秘书长觉培法师(前排右五)率领佛光山法师于莎亚南体育场参与马来西亚弘法大会(蔡荣丰摄,二〇一二年十一月二十四日)

多政治人物跟随着他的脚步加入佛光会,光是“立法委员”当中,就有潘维刚、洪冬桂、丁守中、赵丽云、沈智慧、锺荣吉等人。甚至企业界的潘孝锐、张姚宏影、曹仲植等,也都纷纷加入其中。不过,此处我就不一一地去叙说他们,只以民间几位佛光人为代表,列举他们为教、为会的一二点成就。

陈顺章、沈尤成、赖义明、游次郎

首先就从陈顺章居士说起。陈顺章,一九四七年生,台南人,最初在佛光山分院台南善化慧慈寺协助法务活动,自从佛光会成立以后,先是担任理事,后来又当选中华总会副总会长。

原本他只是一个普通的商人,自从加入佛光会之后,便开始展开社会关怀行动。像是早期他在台南成功大学设立的企业训练班,可以说是现在企业界人士得以进入大学学府在职进修的创始。尤其是他对于“行善”的看法,有别于一般佛教徒。他认为除了从

与佛光人。前排左一为吴伯雄。后排左起：谢明道、沈尤成、赖义明、陈顺章、游次郎、陈隆升（二〇〇二年八月三十日）

事救苦救难的慈善工作以外，教育更是善事中的善事。所以他参与护持佛光山丛林学院，不但捐助奖学金，还主动参加佛教学院学生的社会布教活动；他常说，从中自己也进步很多。

除了慧慈寺，佛光山后来在台南市区设立台南讲堂，他也领导信徒参与道场活动，尤其经常和信众开会，达成护持道场的共识。开会对于一个民间社团来说，确有其必要，不开会，久而久之，没有共识，力量就消减了；经常开会，参与者的力量凝聚，大家助成文化、教育、慈善、共修的发展，弘法事业也就可以轰轰烈烈地展开。

陈顺章居士不仅热心于佛教的教育事业，对于文化工作也一样热烈支持。继柴松林教授之后，他担任“中华福报生活推广协会”理事长，不仅致力于推广订阅《人间福报》，也经常在各地传递人间佛教的理念，每次一谈起，总能滔滔不绝，颇有心得。

由于对信仰的虔诚，近十几年来，每年除夕，都会看到他带领着全家数十人上佛光山，和数千人一起围炉，吃年夜饭。尤其是佛光会每次召开会员大会，或举办佛诞节庆祝大会、禅净密三修法会等大型活动，他都鼓励南区会员踊跃参加，数十年如一日。夫人苏素贤女士更是夫唱妇随，除了陪伴先生打拼事业，其余时间就是参与佛光会的活动。

除了陈顺章居士以外，佛光人的模范还有：台中的沈尤成（一九四六年生）、彰化的赖义明（一九四一年生）、嘉义的游次郎（一九三四年生），这四个人都是同心协力为佛光会卖力的护法。有人开玩笑地说他们是佛光会的"四人帮"，其实他们并没有帮派集团的概念，一心只想护持佛法，推展佛教。

说起他们对信仰的坚定以及对佛教的贡献，例如，赖义明送子上山出家，捐献员林讲堂，每年提供奖学金，赞助公益信托教育基金；游次郎是嘉义"青年救国团"总干事，参与南华大学购地建校不遗余力；沈尤成和夫人洪金娥女士，两人从台中东海道场到现在的惠中寺，对于一切寺务工作，毫不推诿责任，俨然是道场的当家，甚至在英国留学、获得管理学博士学位的女儿沈昭吟小姐，不但在南华大学授课，而今也在本山出家，法名为知贤。

所谓"佛光普照三千界，法水长流五大洲"，佛光会能够发展到今日的规模，可以说，这许多发心的居士们都是幕后的无名英雄。

刘招明

从佛光会创会到今天，表现得最热烈、贡献最多的，应该要算国际佛光会世界总会理事刘招明居士了。

刘招明、陈秋琴伉俪，同为佛光会檀讲师（庄晓谦提供，二〇一二年十月）

刘招明，一九四七年生，台南人，逢甲大学出身。在澳大利亚、泰国、印尼，以及中国大陆等地，都有他的事业据点。二十年前，一家大小移民澳大利亚，在澳大利亚加入佛光会以后，佛光山在布里斯班建立的中天寺，就成为他们的第二家庭了。

他有两位公子、一位小姐，二十年前都还只是高中、大学的在校生，聪明又有活力，尤其跟随父母的信仰，热心于寺院工作，一路从参与童子军、青年团到今日事业有成，仍然继续护持佛教。

夫人陈秋琴也是逢甲大学校友，在中天寺担任“中华学校”校长，办学成绩卓著，每次有家长想要为小孩报名入学，都要排到两年后才有缺额。不得已，后来只有设立分校，以容纳更多的学生。可以说，在佛光山海外各个道场设立的中华学校里，她堪称是模范校长了。

在刘招明居士的信仰理念里，家庭就像是佛光山派下的一个别分院，家人则是寺院里的住众，全体奉行佛法，过佛教的生活。现在，他的儿女都长大了，也受完高等教育，个个一表人才，并且坚持延续“佛化家庭”的理念，男生非佛教家庭的女子不娶，女生非佛教家庭的男子不嫁。若说佛教徒从信佛、拜佛、念佛、学佛到行佛，都要能示范大众，刘招明居士应该是要当选的了。

尤其他不好名，也不好虚荣，更不要人家赞叹，总是默默地在行佛，例如，我在扬州兴建鉴真图书馆，他就派遣公司里的建筑师前去帮忙监工；我建设宜兴大觉寺，初期的五年，他也派了工程师前往协助；甚至还把上海一栋大楼的顶层，约数百坪空间，毫无条件地交给本山成立“大觉文化传播有限公司”，作为推广文化事业之用。所以，现在大陆处处的机场、公共场所，都能看得到我的一些著作摆在书架上流通，真是不能不感谢他了。

特别是近年来，本山为了庆祝佛陀纪念馆落成，举行“百万心经入法身”活动，刘招明居士更是热烈响应，号召亲友、员工参加，还曾集合了千余人在台北道场抄写《心经》，场面之浩大，可谓盛况。像这样的佛光人，不也足为大家的模范吗？

陈嘉隆、陈隆升

继刘招明之后，陈嘉隆、陈隆升也是难得的佛光人。

陈嘉隆，一九五五年生，基隆人。最初在台中大甲妙法寺护持道场，自从有了佛光会之后，进一步又投身会务工作，从会员到分会会长、督导，现在是中华总会的副总会长，一路走来，他办理各项会务活动，始终尽心尽力。

尤其是每次佛光山在台中海线的大甲、清水、梧栖、沙鹿、龙井等地，举办“百万人兴学”行脚托钵活动，他都积极发动民众参加，不但成绩斐然，次序井然的护法队伍也大大提升了佛教形象。

曾在军中担任侍卫官的陈嘉隆居士，可谓是名副其实的金刚护法，经常以所长协助各地道场成立金刚大队，无论是在凯达格兰大道上举行的“法定佛诞节暨母亲节庆祝大会”，还是在佛光山佛陀纪念馆举办的“八二三爱与和平宗教祈福大会”，都可见他带领

国际佛光会中华总会副总会长陈嘉隆(右三)、蔡端浬(左三)的大女儿有圆法师(左四)在佛光山出家,阖家于佛陀纪念馆合影

着干部会员参与维安工作。乃至二〇一一年十二月,佛光山举办“佛祖巡境,全民平安”活动,在二十一天的环岛行脚托钵中,他不仅担任总指挥,还挑选训练了金刚护卫队十六人,全程保护佛陀真身舍利。

想当年,一九九九年台湾发生“九二一”大地震,南投、台中地区受到重创,他毅然决然放下个人事业,全心投入救灾工作,仁尽义至,实在令人感动。甚至灾后,本山在台中地区成立多所“佛光园——心灵加油站”,以及捐建东势中科国小,委由他规划执行,他也都能不负众望地完成任务,让所有捐助者和受惠者皆大欢喜。

近年,拥有多次国际救灾经验的陈嘉隆居士,在四川汶川大地震发生时,又随着佛光会组成的医疗队深入灾区救灾。可以说,对于社会服务或救灾工作,他都是主动发心参与。

除此之外，二〇〇二年陕西扶风法门寺的佛指舍利恭迎来台，为让中区民众也有因缘礼拜，其中一站供奉在台中港区综合体育馆。当时，人山人海，万头攒动，空前的盛况也都是他努力的成果。

国际佛光会中华总会陈隆升理事应澎湖佛光山海天佛刹邀请，讲演“以人生三百岁——谈环保与心的实践”（二〇一一年十二月五日）

不过，陈嘉隆居士最让人感动的，莫过于把静宜大学观光系高才生、最聪明能干的女公子陈玉青小姐，送到佛光山就读丛林学院，几年后，又鼓励在佛光大学佛教学系深造的她出家，法名叫做“有圆”。犹记得出家典礼那一天，他邀约了亲朋好友，一起上山祝贺，阵仗之大，就如同儿女嫁娶般隆重，实在是为出家的神圣和欢喜，做了最好的示范。

还有同样对佛光会付出甚多、现任佛光会中华总会理事的陈隆升居士。陈隆升，一九五六年生，南投人。他于“九二一”大地震发生时，接受佛光会责成，担任九人小组总干事，负责灾区各项赈灾工作的统筹规划。事后，本山在南投援助重建爽文国小、平林国小、富功国小等多所小学，以及成立十数所“佛光园——心灵加油站”，他都义不容辞地尽力协助。甚至当许多民间团体纷纷结束对灾区的援助之后，他仍持续地为灾民提供服务。因救灾有功，陈隆升居士还一度获颁“全台好人好事代表”的肯定。

过去，他身任“玉山国家公园”管理处处长，平时都居住在玉山之上。玉山海拔三千九百五十二公尺，比起日本富士山的三千七百七十六公尺，还要高一些。因此，台湾民间也就一直有日本不甘屈居台湾高山之下，希望有朝一日能占领台湾，好拥有东南亚最高山的传闻。无论传闻如何，身为玉山的管理人，陈隆升居士总是尽责地守护圣山，并且努力地向国际推介玉山之美。

对于地质深有研究的他，不但长年从事林木生态保育工作，更是大力宣导佛光会“环保与心保”的理念。在守护玉山二十五年后，现在他已从“玉山国家公园”管理处功成身退，但是依然不忘要为玉山、为佛光会服务。最近他与我商量，预备让玉山和大陆江西的庐山结成姊妹山，我乐观其成；另外，问及退休以后的规划，他更是本着热忱答说：“今年要先到宜兴大觉寺、扬州鉴真图书馆协助素食博览会的举办。”

我想，佛光人只要肯发心，在佛光会的园地里，永远都有生命的舞台可以发挥。

李耀淳

在陈嘉隆和陈隆升之外，和他们同样热心的，还有中华佛光童军团总部执行长李耀淳居士。

李耀淳，一九四六年生，台北人，平日热心于佛光事业，特别是在推广童军教育上，由于他的促成，而让佛光童军团成为佛教首创的台湾童军团。目前佛光童军在他的领导下，为能达成团务运作的共识，每年都会举行“分区服务员研习会”及“全台服务员知能研习营”。

除此之外，为了开拓童军视野，他还曾率领佛光童军远到日

“第十期佛光童军服务员知能研习营”庆贺佛光童军团成立十周年。第二排左起：国际佛光会中华总会副秘书长如彬法师、世界总会副总会长陈顺章、中华总会秘书长觉培法师、本人、中华会总署理会长慈容法师、中华总会童军总团执行长李耀淳（二〇一〇年九月四日）

本、中国大陆等地，与世界各地童军团交流联谊。甚至每遇社会发生重大灾难，他也都一马当先地带领着佛光童军团投入第一线赈灾工作。例如，南亚海啸的募款、“八八”水灾的善后清理、汶川大地震的物资统筹等，他都曾参与其中。

另外，二〇一一年本山举办“佛祖巡境，全民平安”活动，他担任副执行长，和陈嘉隆居士并肩合作，担负起全程护持佛车的任务。可以说，参与童军活动近五十年的李耀淳居士，时时刻刻都在奉行童军“智、仁、勇”三达德的精神。

每次国际佛光会召开会员代表大会或理监事会议时，都能见新成立的童军团参与授证仪式，童军人数增加之快，他的努力实在功不可没。尤其是每两年至四年在本山举办一次的“世界佛光童军大会师”，现在更是已经成为佛光山上的盛事。当然，能带领着上千名儿童及青少年，在童军活动中实践“三好”——做好事、说好话、存好心，奠定人生良好基础的重要推手，自是李耀淳执行长莫属了。

除了上述几位发心的男众佛光人，还有更多默默为佛教奉献的男众护法。如桃竹苗区协会会长张清川、副会长游象进、中区协会会长戴登钟、南区协会会长郭铭群、副会长杨政达、北区协会副会长李德全、苗栗第一分会创会会长谢启光，乃至在教育界发心的花莲四维高中董事长黄英吉、小琉球退休教师许春发、宜兰黎明国小退休校长陈林泉，以及热心于监狱教诲的林清志、校园讲座的锺茂松等，他们长期以来对于佛光会在地方上的生根茁壮，都付出了极大的心血。

朱唐妹

除了男众佛光人代表，也有一些堪为表率的女众佛光人，例如桃园的朱唐妹女士。

朱唐妹，一九五二年生，中坜人，家庭美满，先生从事建筑业，总是鼓励她喜舍布施，常做善事。在亲近佛光山之前，她也曾经到过许多寺院，尝试找寻信仰上的归宿，但是一直都没有缘分找到。自从参加佛光会之后，终于有“找到了”的感觉。她不只一两次眉飞色舞地述说她找到信仰的欢喜，我也很为她高兴。

过去，我虽然是佛光会中华总会的会长，但是对于为数众多的会员、信徒，始终不得办法逐一接触。直到有一年，当我得知她担任中坜二分会会长、督导期间，对于会务工作甚为发心时，就和署理会长慈容法师商量，授予她佛光山慈悲基金会北区执行长一职。

承担要职后的朱唐妹，不负众望地为常住完成了许多艰巨的任务。其中，为众人所知的汶川大地震赈灾，她光是来往四川就不下十次以上，有时更是一住就是几个星期。我几次到四川，都亲眼看到她努力的情形，尤其她和当地台办、宗教事务局局长的往来，就好似老友般融洽，可谓彻底展现了佛光人“给人欢喜”的精神。

左起为如彬法师、蔡青桦、陈嘉隆、沈尤成、国际佛光会中华总会会长赵丽云、觉培法师、朱唐妹、陈隆升、吴钦杉于佛陀纪念馆前合影(二〇一〇年二月七日)

不过,尽管她在慈善事业上的贡献不同凡响,却从来没有到我的面前为自己炫耀过一句,反而谦虚地说“感谢常住给予的因缘”,实在难得。

说起汶川大地震,犹记得事发当时,佛光会中华总会秘书长觉培法师立即联络中华、长荣两家航空公司合作,以专机将救灾物品送到四川。就在各国救援队伍都还难以进入灾区时,佛光会得以先驱直入,最要感谢的应该是国家宗教事务局叶小文局长;那时,他通知四川宗教局协助,我们的救援物资才能顺利进入灾区。

随后,毕业于澳大利亚医学大学、对护理工作非常内行的觉弘法师,又率领着一群具有医护专业的佛光人,到灾区前线协助灾民,还曾经从瓦砾堆中救出生还者。

除了物资的捐助、医疗的救护、救难队的支援,佛光会还分别捐建了两所高中校舍和医院，并捐赠了千辆轮椅及七十二部救护车。在当地，医院里能有一部设备齐全的救护车，可说罕见，因此，佛光会在紧要关头能及时伸出援手，增加救援动力，自是皆大欢喜。尤其是灾后，我们对于灾区的关怀始终没有间断，甚至还邀请受灾青年学生来台交流访问，待为佛光山上宾；这当中诸多的联系和安排，朱唐妹是有很大贡献的。

再有，就是“佛祖巡境，全民平安”环岛行脚托钵活动，来到桃园的这一站，是由朱唐妹负责召集的。光是在桃园多功能艺文园区的祈福法会，她就集合了万人以上的民众参加，甚至还把民间信仰的土地公、城隍爷、王爷统统都请出来迎接佛陀，县市首长和地方上的邻里长更是全部出席。

大家在风和日丽的白天参与行脚托钵，到了灯火通明的夜晚则是聚会集合，回向功德。据桃园讲堂的住持永严法师表示，虽然晚上八点半活动就结束了，但是一直到了十点人潮都还不散。为什么不肯走？我想，大家必然还是热血沸腾的。而能有这样的结果，当然也是朱唐妹最大的收获了。

其实，朱唐妹不但有菩萨心肠，还有侠女性格。当初慈济功德会执意买下佛光山台北道场大楼下面的三层楼，作为活动场所时，明眼人都纷纷提出疑问：两个在佛教界都有成绩表现的道场，同在一栋大楼里，是要打对台吗？不过，说实在，就算是慈济觉得有必要这么做，也应该和早就落脚此处的佛光山配合，否则没来由地在大楼里设立据点，当然就要让人有挑衅之感了。

有感于慈济的做法欠周，朱唐妹一度住到台北道场，并且自告奋勇地表达担任大楼管理主任委员的意愿，希望大楼的管理能够公平公道。因此，日后对于慈济的一些蛮横行为，乃至违建行径，她都毫不畏惧地予以阻止。偶尔见她一副侠气干云的气势，我都

与国际佛光会中华总会北区协会会长赵翠慧(右二)、副会长胡素华(右一)、桃竹苗区协会会长张清川(左二)、副会长游象进(左一)于佛光山如来殿大会堂合影(二〇一〇年四月四日)

告诉她:“和谐为上,让人一步吧!”但是她热心护法,仗义直言,每次都说:“师父们,你们不必管,由我们在家众来监督,一切依法处理就好了。”

在佛光会里,对于男众护法,我们称之为“金刚”。“金刚”是佛教的专有名词,例如寺院中的四大天王像,俗称“四大金刚”。这许多金刚护法们,每次在本山或佛光会举行活动时,都会担负起维护交通、安全、秩序乃至协助道场布置等工作,而现在能有女性出头做金刚护法,也是非常难得的事了。

除了朱唐妹女士,在众多优秀的女性佛光人中,还有以寺为家、曾任国际佛光会中华总会监事的王碧霞;热心推动佛光会务的佛光会中华总会副总会长赵翠慧;资深心灵辅导老师、现为佛光会檀讲师的李虹慧;成立三好体育协会啦啦队、目前为佛光会北区协会副会长的胡素华；推广儿童生命教育、现任中华总会监事的庄月香，以及喜舍结缘的中华总会理事陈瑞珍，巨龙文化出版社创办人郑羽书等。光是在佛光会各协会、分会的会长、干部以及檀讲师当中，女性人数就占了一半以上。所以，现代女性对于佛教的贡献，已不只是洒扫、炊煮，她们还更进一步发挥所长，投入佛教各项弘法事业。

总而言之，佛光山是一个行解并重的菩萨道场，所有佛光人都秉持着"给人信心、给人欢喜、给人希望、给人方便"的工作信条，从自身的行持，进而扩大至利他的菩萨道修行，以实际行动来昭示自己对信仰的坚定。